PART 02 | 믿을 수 있는 확실한 전문기관을 찾자!

PART 01
상담에 입문하기

PART 01

상담에 입문하기

1. 지금 내 아이에게는 상담이 필요하다!
−상담이 필요한 아동·청소년 문제−

1) 더 이상은 안 돼! 아이 문제를 발견하는 순간들

- 아이가 말이 늦어서요. 크면 나아지겠지 했는데 말이 늘지 않아요.
- 아이가 말을 더듬어요. 언제부터인가 말을 더듬어서 걱정이 많이 돼요.
- 애가 너무 산만해요. 아이가 한시도 가만히 못 있어요.
- 우리 아이는 화가 나면 못 참아요. 자기 몸을 막 때리고 물건을 던져요.
- 애가 밤에 오줌을 싸요. 잠을 너무 푹 자서 그런지 못 일어나고 이불에 지도를 그려요.
- 아이가 원래 내성적이어서 말이 없어요. 다른 사람 앞에서는 더 심해요.
- 우리 애는 매일 사 달라고 졸라요. 아이가 너무 떼를 써서 힘들어요.
- 엄마가 없으면 밤에 잠을 못 자요. 잠잘 때 꼭 제 팔을 만지면서 자요.
- 유치원이나 학교를 안 가려고 해요. 아침마다 전쟁이에요.
- 아이가 눈을 깜박이거나 소리를 내요. 괜찮아질 줄 알았는데 점점 더 심해져요.
- 아이가 의욕이 없고 아무것도 안 하려고 해요. 엄마한테 모든 것을 다 해 달라고 해요.

부모는 자녀를 키우면서 다양한 경험을 합니다. 사람들이 저마다의 모습으로 살아가듯이 아이들도 저마다 다른 개성을 지니고 살아가며 각기 다른 특이성을 지니게 됩니다. 이에 따른 부모의 양육방식에도 차이가 있습니다. 아이의 문제행동을 해결하기 위한 부모의 대처방식도 각양각색입니다. 간혹 이미 알고 있던 아이 문제행동이 어느 날 문득 부모의 눈에 크게 보일 때가 있습니다. 또는 부모가 아이의 문제행동을 전혀 인식하지 못하다가 어느 날 갑자기 알게 되기도 합니다. 모두가 부모로서 참으로 당황스럽고 걱정되는 순간이지요.

부모는 아이의 범상치 않은 증상을 보고 놀라움, 혼란스러움, 절망, 좌절, 불안 등 많은 걱정을 하게 됩니다. 그동안 부모가 확신을 갖고 실천한 양육방법에 대하여 좌절감, 자책감과 회의로 앞으로 어떻게 아이를 키워야 할지를 고민하게 되면서 자신감이 떨어집니다.

부모는 문제를 해결하기 위해 주변 양육 선배들에게 조언을 구해 봅니다. 친정부모, 시댁부모, 친구, 이웃집 아줌마, 직장 동료들……. 마음을 털어놓을 수 있다고 생각되는 사람들이라면 가리지 않고 얘기를 해 볼 것입니다. 그들로부터 듣게 되는 말들은 대충 이렇습니다. "우리 애도 만만치 않아." "우리 집 내력이다. 아이 아빠도 어려서 그랬어." "크면 괜찮아. 애들은 다 그래!!"

이런 말을 들으면서 부모들은 위안을 받기도 하지만, 한편으로는 해결되지 않은 문제를 계속 가슴에 담아두고 괴로워합니다. 이렇게 얻은 조언은 아이가 변화, 발전하는데 영향을 줄 수 없기 때문에 부모가 느끼는 고민의 무게는 달라지지 않습니다. 그래서 부모는 현재 아이 문제행동이 문제행동의 심각성, 문제행동의 원인, 아이의 성장발달에 미치는 영향, 부모의 양육방식에 대해 알고자 상담실 문을 두드리게 됩니다.

아래에서는 부모가 아이문제를 처음 인식하게 되는 다양한 문제행동에 대한 에피소드와 경험에 대해 이야기해 볼까 합니다. 대부분의 부모들이 공통적으로 경험하는 일이니 자신의 경험과 비교해 보시길 바랍니다.

2) 부모의 소망이 좌초된 순간

모든 부모들은 자식을 잘 키우고 싶어 합니다. 그래서 자녀를 양육하면서 자신만이 소망하는 자녀의 모습을 그려 갑니다. 그리고 가능하면 부모가 소망하는 모습으로 키워내고자 열심히 노력합니다. 이 과정 동안 부모는 고생스럽지만 부모로서 얻는 행복감, 성취감, 만족감이 있었습니다. 어느 날은 기쁨, 즐거움, 행복감으로, 또 어느 날은 안타깝고, 속상하고, 실망스러움으로 가슴을 채우며 부모와 자녀는 세상 속에서 함께 살아갑니다.

다소 우려곡절은 있지만 그럭저럭 흘러갈 줄 알았던 아이 키우는 일은 어느 날 큰 빙산을 만납니다. 아이는 노력하고 기대했던 것과는 전혀 다른 모습으로 다가와 실망을 줍니다. 처음 부모가 이 사실을 알게 되었을 때 아이가 낯설게 느껴지면서 문제행동을 받아들이기 힘들게 됩니다. 부모가 때때로 아이의 문제에 대해 외면해 왔거나 무시해 왔던 문제행동에 직면하게 됩니다. 이때부터 부모는 양육방법과 엄마로서 자신의 모습에 혼란을 느끼고 이제까지 자녀에게 노력해왔던 모든 것이 수포로 돌아갔다는 허망감과 함께 우울의 늪속에 들어가게 됩니다. 다음에 제시된 다양한 에피소드들은 부모가 아이의 문제를 발견하는 경로에 대한 예입니다. 나 혼자만의 경험이 아니라 이 세상 많은 부모들이 경험하는 것이므로 마음의 실타래를 한 올씩 풀어가는 데 도움이 되길 바랍니다.

〈어느 엄마의 참관수업 후기〉

"여보, 창식이가 문제가 좀 있는 것 같아. 글쎄, 참관수업 하는데 애가 잠시도 가만히 앉아 있지를 못하는 거야. 다른 애들 다 수업 잘 듣고 앉아 있는데 혼자 손들고 말하고 선생님이 주의를 주어도 계속 하는데 정말 창피했어. 근데 다른 엄마한테 들었는데 우리 창식이가 수업시간에 종종 떠들고 일어나서 돌아다닌다고 애들이 집에 와서 말한대. 좀 방해가 된다고 하네."

당황스럽기도 하고 놀란 아내에 비해 남편은 "그 놈 날 닮아서 장난꾸러기야. 밝고 좋지 뭐. 요즘 엄마들이 너무 극성이어서 그래. 괜찮아. 남자애들이 다 그렇지 뭐."라고 말합니다. 엄마는 '그런가? 내가 과민반응한 건가?'라고 생각했지만, 창식이의 행동을 보는 엄마들의 시선이나 아이들의 반응이 계속 생각납니다.

창식이 어머니가 학교 공개수업에 가서 경험한 일입니다. 엄마는 공개수업이라 기대되는 마음으로 학교에 갔는데 전혀 생각하지도 못한 아이의 행동으로 너무 놀랐습니다. 그런데 더 놀라고 속 타는 일은 아빠의 대수롭지 않은 반응입니다.

〈어느 부부의 이야기〉

"여보, 우리 애가 눈을 깜박이는데 좀 이상해." 엄마가 아이의 행동을 보고 아빠에게 조심스레 말을 꺼냅니다. "그래? 그렇지 않아도 나도 좀 그런 걸 발견했는데 아이한테 보기 안 좋으니까 그냥 하지 말라고 말했는데 그런데 눈을 깜박이는 것도 문제가 되나?" 아빠는 오히려 엄마에게 궁금하다는 듯이 물어봅니다. 부부는 인터넷을 통해 아이의 증상에 대해 알아보았고 어떻게 해야 하는지, 다른 사람도 이런 경우가 있었는지 지인에게 전화를 걸어 봅니다.

부모들은 자녀의 문제행동을 예기치도 않게 어느 날 발견하게 됩니다. 부모가 아이의 행동을 판단하는 기준 중에 가장 큰 비중을 차지하는 것은 부모 자신의 아동기 경험이고, 그동안 귀동냥으로 들은 양육정보나 교육에 대한 정보입니다. 일단 아이의 문제가 발견되면 부모는 그 문제행동에 대해서는 극도로 예민해지면서 아이의 모든 행동을 의구심을 가지고 바라봅니다. 자녀의 행동에 부모가 예민해지고 신경이 과민해지면서 감정상의 동요가 심해집니다. 엄마의 불안한 마음은 가정 분위기와 평온하던 일상생활을 어지럽히기 시작합니다. 이런 일은 해당 자녀와 형제들에게도 영향을 끼쳐 가족의 분위기가 무겁고 긴장된 정서는 가족들 개개인에게 퍼져 갑니다. 결국 당장은 나타나지 않지만, 시간이 지날수록 또 연관된 문제들이 형제들에게 나타나게 됩니다. 특히 부부가 아이의 행동문제에 대한 견해가 다르면 부부갈등으로 연결되고 부모의 심리적인 고통은 더욱 가중됩니다. 부부의 이견은 간혹 누구의 의견이 맞는지에 대해 불필요한 대립으로 발전됩니다. 부부가 아이의 문제행동에 대한 이견으로 부부싸움을 하거나 협조를 하지 않는다면 그 결과는 고스란히 아이에게 돌아갑니다. 이때 아이는 자신의 문제로 인해 가족이 피해를 본다고 생각하여 죄책감과 피해의식이 생기게 되고 가족안에서 자신의 위치를 불안하게 생각하게 됩니다. 결론적으로 가족 중의 한 사람이 겪는 어려움은 도미노처럼 서로에게 영향을 주게됩니다. 그 결과 부모가 해결해야 할 짐은 이중 삼중 눈덩이처럼 불어납니다.

☞ **이렇게 해 보세요**

자녀에게 문제행동이 발견되면 우선 부부가 아이의 행동을 지속적으로 관찰하고 의견을 나누어야 합니다. 서로의 의견을 존중하고 열린 마음으로 의견을 수용하는 것도 필요하겠지요. 함께 필요한 정보를 찾고 문제의식을 공유하는 것은 문제해결의 첫단추로 매우 중요합니다. 부부의 동일한 문제의식은 같은 지점에서 출발하여 각자 할 수 있는 역할을 수행함으로써 아이에게 효과적으로 도움을 줄 수 있게 됩니다.

부모가 문제의식을 가지고 아이들을 관찰하는 경우, 문제의 종류와 빈도, 강도, 문제로 인한 다양한 에피소드에 대한 정보를 많이 가지고 있기 때문에 상담을 하는 경우 자녀의 행동문제를 진단하는 데 많은 도움이 됩니다. 그리고 상담자는 부모가 파악한 정보를 바탕으로 문제를 해결하기 위한 방법을 찾기 때문에 상담 진행에 많은 기여를 하게 됩니다. 일단 부모가 문제를 인식한다는 점은 자녀의 문제를 해결하는 데 유리한 고지를 점령한 셈입니다.

아이의 문제를 인식하면서 '아이가 나아지겠지'라는 낙관적인 기대를 하는 경우도 있습니다. 어떤 일에서든 긍정적으로 생각하고 낙관적인 기대를 갖는 것이 중요하지만, 지나친 낙관주의는 문제제기를 어렵게 하고 성장과 발전을 저해할 때도 있습니다. 가슴으로는 아이를 안아주되, 눈과 머리로는 냉철하게 아이행동을 관찰할 필요가 있겠지요. 아이 문제에 대한 부모의 지나친 낙관적 태도는 문제를 키워 더 심각해질 수 있음을 명심하십시오.

(2) 교사의 문제제기와 상담 권유

〈어느 날 걸려온 전화 한 통〉
담임선생님: 어머님, 수정이 담임인데요. 수정이가 학교에서 말을 안 합니다. 친구들과는 간간이 말을 하는 것 같은데, 저나 다른 교과 선생님하고는 말을 거의 안 하니까 수업시간에 전혀 참여를 못하고 있어요.
수정엄마: 아, 그래요. 우리 애가 워낙 수줍음이 많고 내성적이어서요. 크면 나아지겠지 했는데 많이 심한가요? 다른 애들도 내성적인 애들이 종종 있는 것 같은데 문제가 되나요? 성격인 것 같은데……

어느 날 담임교사로부터 걸려온 전화 한 통. 부모의 마음을 휘저었습니다. 내 속으로 낳은 자식이기에 전부는 아니더라도 대부분은 알고 있다고 생각했는데, 예상하지 못한 담임 선생님의 이야기는 부모를 충격과 혼란에 빠뜨립니다. 부모는 문제를 인정하기 어려워 선생님의 말에 순간 거부감이 들면서 외면하고 싶어집니다.

신학기에 문제가 제기되는 경우에는 아직 아이를 파악하지 못했기 때문이라고 부인 해봅니다. 담임이 경력이 짧은 선생님이거나 학부모보다 연령이 어리고 미혼인 경우에는 양육의 경험이 없기 때문에 문제가 아닌것을 크게 문제삼는다고 생각합니다. 이러한 이유로 선생님의 문제의식을 수용하지 못하면서 빠져나갈 구멍을 이리저리 찾아봅니다. 그러나 그 어떤 부모도 담임교사가 전화한 내용에 대한 생각을 쉽게 떨쳐버릴수는 없습니다. 대부분의 부모들은 교사라는 권위 있는 대상으로부터 아이의 문제를 제기받는다면 순간 당황하고 위축될 수밖에 없습니다. 이미 부모가 알고 있는 일이었을지라도 선생님이 말씀하시니 더욱 심각하게 느껴지기도 합니다.

☞ 이럴 때 이렇게 생각하세요

부모에게 꺼내기 어려운 말을 해주는 교사는 용기 있는 사람입니다. 우리 아이의 삶을 진정으로 생각해 주는 부모 이외의 중요한 사람입니다. 교사의 입장에서 부모에게 아이를 칭찬해주는 것은 쉽지만 문제를 제기하는 것은 쉬운 일이 아닙니다. 부모 입장에서는 아이를 좋게 보지 않고 문제를 끄집어내는 선생님이 밉고 야속하겠지만, 이렇게 부모에게 아이의 문제를 말하고 상담을 권유하는 교사는 용기 있고 진심으로 아이에 대한 책임을 다하려는 분이라는 겁니다.

교사는 부모보다 아이들을 객관적으로 볼 수 있는 눈을 가졌고, 그런 상황

속에 있습니다. 즉, 아동의 행동문제를 제기할 때는 다른 아이들과 비교해 정상발달을 기준으로 판단합니다. 교사는 다양한 아동과 접하면서 아동 연령에 따른 적절한 신체, 정서, 인지발달 과정을 경험하게 됩니다. 보편적인 아동발달 기준에 근거한 교사의 문제제기는 아동의 특성으로 인정할 수 있는 범위를 벗어난 경우라고 볼 수 있습니다. 대부분 아동에게 볼 수 있는 문제행동은 일반적으로 모든 아이에게 나타날 수 있는 특성입니다. 그렇기 때문에 문제행동의 정도와 강도에 따라서 이상과 정상이 결정됩니다. 이러한 기준에 입각해서 교사는 부모에게 아동의 문제행동에 대해 알리고 전문가의 도움을 받도록 권유하는 것입니다. 아이의 문제행동을 볼 수 있는 상황도 부모와 다릅니다. 특별한 문제를 갖는 아동의 경우에는 집단생활에서 항상 눈에 띄게 되고, 교사나 또래로부터 부정적인 피드백을 받게 됩니다.

만약 아이의 행동문제가 방치되거나 마음으로 부정적 피드백을 축적해가고 있다면 아이는 마음으로 상처를 받고 자존감이 계속 낮아집니다. 결국 다른 건강한 발달에도 부정적인 영향을 주게 되지요. 아동의 문제행동이 시간이 지남에 따라 개선된다고 해도 그동안 아동은 비난과 질책으로 인한 심리적 손상은 아이에게 남아있게 됩니다. 따라서 문제행동을 개입하는 경우에 아동의 정서발달을 침해하는 일은 없어야 하고 이를 위해 부모의 적극적인 관심과 개입은 매우 중요합니다.

교사의 문제제기는 부모의 수용적 태도에 따라 관철될 수도 있고 거부될 수도 있지만 아이의 삶을 위한 소중한 불씨였음을 잊지 마시기 바랍니다. 어렵게 꺼낸 그 불씨를 아이의 건강한 삶을 위해 불을 지피는 데 사용할지 그냥 덮어 두어 대형 화재를 만들지는 부모의 몫입니다.

(3) 주변사람들의 발견

〈티타임에서의 유레카!!〉

낙관형-알아서 되겠지!

이웃집 아줌마1: 진희 엄마! 내가 좀 할 얘기가 있는데, 진희가 좀 다른 애와 다른 것 같아. 기분 나쁘게 듣지 말고 다른 애들보다 좀 산만해 보여. 내가 알고 있는 사람도 아이가 진희와 비슷해서 상담을 받았는데 효과 좀 봤다고 하더라고……

진희 엄마: 애들이 다 그렇지 뭐! 근데 영철이도 만만치 않은데 뭘……. 우리 큰애도 진희 같았는데 괜찮아지던데!

아전인수형-세상을 내 아이 중심으로 해석하기

이웃집 아줌마2: 태진이가 적극적인 건 좋은데 너무 강해서 아이들이 같이 놀기 힘들어 하더라고요. 승부욕이 좀 남다른 것 같아요. 태진이가 있는 팀이 지면 화를 내고 상대 아이를 공격해서 분위기가 좀 험악해지는데, 알고 계셨나요?

태진 엄마: 태진이가 워낙 욕심이 있어서 걱정이에요. 애들이 놀리면 못 참더라고요. 그리고 욕심이 없는 것보다 낫지 않을까요? 원래 욕심이 있는 애들이 공부도 잘 하더라고요.

적극적 수용형-일단 귀담아 듣기

이웃집 아줌마3: 찬우가 똑똑하긴 한데 찬우 말을 잘 못 알아듣겠어!

찬우 엄마: 그래요? 난 잘 모르겠는데?

이웃집 아줌마3: 그래 엄마는 잘 알겠지. 근데 우리는 찬우가 하는 얘기가 무슨 말인지 잘 몰라. 그래서 말인데 검사를 받아 보면 어때? 애들도 가끔씩 말을 못 알아들어서 놀다가 재미없다고 하던데……

찬우 엄마: 그래요? 그럼 어디 가서 물어 보면 되나? 일단은 고마워요, 말해주어서……

부모나 아이를 잘 아는 사람들이 자녀의 문제를 이야기하며 도움을 받아볼 것을 권유할 수도 있습니다. 이 경우 대부분의 부모는 심기가 불편해집니다. 특히 자녀의 친구 부모가 이런 문제를 제기하면 아동과 친구관계, 부모 간의 관계가 어색해지는 경우도 있습니다. 반면, 이웃의 의견을 잘 받아들여 도움을 받게 되고 어려운 아이의 문제를 허심탄회하게 대화할 수 있는 좋은 지지자를 얻기도 합니다.

이웃은 아이가 경험하는 작은 사회입니다. 같이 경험하고 생활 속에서 만나기 때문에 주변사람들의 반응은 비교적 객관적인 경우가 많습니다. 만약 이러한 정보를 부모가 간과한다면 아이가 최초로 접한 작은 사회에서의 예비 Test를 무시하는 것이고 문제를 개선할 수 있는 귀한 기회를 놓치게 됩니다. 물론 적절한 적응방법을 배우고 실천할 장도 함께 잃어버려 전반적인 손실이 온다고도 볼 수 있겠지요.

☞ **이렇게 생각해 보세요**

대체로 주변사람들의 권유는 권위를 지닌 교사의 조언보다 좀 더 수용하기 어렵기는 하지만, 아이가 생활에서 함께 하는 친구들과 관계문제를 생각해 본다면 충분히 귀 기울여야 할 부분입니다. 주변 사람들의 조언은 부모가 발견하지 못한 아이의 문제를 찾아준 양육 도우미로 생각하는 것도 필요합니다. 그리고 부모의 과잉 이해와 수용과는 달리 다른 사람이 아이의 문제를 수용할 수 없는 부분이 있음을 반영한 것입니다. 이웃으로부터 이런 이야기를 듣는 것은 참으로 마음 불편한 일입니다. 그러나 자녀의 잘못된 행동을 비춰주는 하나의 대형 거울이라고 생각하면 그 거울의 존재가 오히려 감사하게 여겨질 것입니다.

2. 상담을 해야 될까요? 갈팡질팡 부모 고민

아이 문제를 인식하고 나면 이제부터는 부모의 마음, 아이를 보는 눈, 아이와의 관계, 집안 분위기 등 아이와 관련된 생활영역 전반에 거친 파도가 일어납니다. 혼란스럽고 속 타는 마음부터 문제를 부인하거나 확인하고 싶은 마음도 생깁니다. 그렇지만, 부모는 결국 전문적인 도움을 받아야 하는가에 대한 고민에 이르게 됩니다. 다음은 부모의 심리적 과정을 이해하고 어떻게 마음의 파도를 잠재워 가는지에 대한 이야기들을 풀어 보겠습니다. 지금 부모의 마음이 아이의 행동으로 힘들고 괴롭다면 아래의 다양한 부모 심리를 읽고 자신의 마음과 행동을 알아차리고 명료화 하는데 도움을 받으시길 바랍니다. 부모의 마음이 혼란스러울 때일수록 자신의 마음을 잘 알아차리는 것은 아이 문제해결을 위한 첫발을 잘 내딛는 과정입니다.

1) 혼란과 고민으로 속 타는 민지 부모

"세상에 우리 아이가? 민지에게 그런 면이 있었다고?"
민지의 문제행동을 보고 부모는 어떻게 생각해야 하는지 머릿속으로 잘 정리되지 않아 혼란스러웠습니다. 어떤 때는 혼자 한탄하고 어떤 경우에는 어렸을 때부터 생각해 보면서 민지를 혼낸 일, 엄마가 우울하다고 아이에게 무신경했던 일 등등 하나하나 생각날 때마다 모두 엄마 잘못인 것 같아서 미안하고 우울하고 견디기 힘들었습니다. 때로는 '어려운 상황에서도 최선을 다해서 키웠는데……' 하는 생각에 억울하기도 했습니다. 그리고 괜스레 아이가 보기 싫어지고 민지 때문에 모든 것이 무너진다는 생각에 화가 나기도 했습니다. 하지만 아무에게도 이런 이야기를 할 수 없어서 가슴이 너무 답답했습니다.

신문지상에 나오는 사건·사고보다 내 아이의 문제는 부모에게는 더 큰 사건·사고입니다. 사건·사고를 수습하기 위해 부모는 하나씩 문제를 풀어가야 하는데 무엇부터 먼저 풀어야 할까요? 부모는 아이 문제로 속만 타고 너무나 괴로워 아무것도 할 수가 없습니다. 남편과 시댁까지 괜한 원망감이 생겨 예전의 일까지 들춰가며 미워하고 화도 내봅니다. 아이에게도 마찬가지가 되지요. 나름대로 한다고 했는데 다른 애들처럼 잘 자라주지 않는 것이 화가 나 아이의 작은 것을 문제 삼아 꾸중도 합니다. 그러다 아이에게 잘못했던 생각이 나서 죄책감도 올라오고 아이가 불쌍해 잘해 주기도 합니다. 하루 종일 일이 손에 잡히지 않고 온통 그 생각뿐입니다. 이럴 때 부모들은 우선 혼란스러움과 당황해하는 자신의 모습을 알아차리고 자신의 마음을 먼저 보살펴야 합니다. 문제에 대해 생각을 멈추고 다른 생각을 해 보는 방법, 아이의 문제에 거리를 두고 보는 방법을 취해 보면 훨씬 객관적이고 이성적으로 상황을 볼 수 있게 됩니다. 그리고 이 세상에는 해결되지 않는 일은 없다고 자신과 아이를 믿어 보십시오. 문제의 늪에 빠져 허우적거리기만 한다면 빠져 나오는 방법은 영원히 찾기 힘듭니다. 보다 이성적, 객관적으로 현실을 볼 수 있기 위해서는 부모의 마음을 먼저 안정시키는 것이 중요합니다.

2) 부인하고 싶은 수철 엄마 마음

"절대 내 아이가 그럴 리가 없어. 수철이가 아닐 거야! 수철이는 학원 갔다 더 공부 하고 온다고 했는데!"
수철이 부모님은 수철이가 몰래 PC방을 다닌다는 사실이 믿기 어렵고 누군가 PC방에서 나오는 다른 사람을 잘못 보고 말하는 것이라고 믿고 싶습니다. 수철이 엄마는 혹시나 하는 생각은 있었으나, 직접 아이의 문제를 발견한 그 순간 그 자리에 있었던 것조차 후회가 되고 사실을 알게 된 순간, 모두를 부인하고 싶어집니다.

부모들 중에서는 괴로운 상황을 버틸 내적인 힘이 부족하여 문제가 되는 상황을 피하거나 모면하고자 하는 분들도 계십니다. 가장 문제있는 아이와 비교하면서 별문제가 아닐 것이라고 부인합니다. 하지만 이것은 힘든 순간을 벗어나기 위한 임시방편이기 때문에 결국은 원상태로 돌아올 수밖에 없습니다. 부모의 마음속에 새겨진 의구심을 떨쳐 내는 게 쉽지 않습니다.

　부모의 머릿속은 아이의 의심되는 행동에 대해 궁금해지면서 급기야는 병원, 상담실 등을 다니면서 객관적인 정보를 듣고 싶어 합니다. 다시 말해 아이에게 문제가 없다는 말을 권위를 지닌 전문가가 부모에게 확인시켜주기를 기대합니다. 가족이든, 친구든, 상담센터든 모든 사람들로부터 부모가 듣고 싶은 시간을 보냅니다. 이렇게 부모가 문제를 부인하는 동안 아이의 증상은 더 심각해지고 그럴수록 아이와 부모의 불안은 커져만 갑니다. 이런 경우 대부분은 결국 상담센터로 오게 되고 안타깝게도 그 대가는 상담기간이 더 많이 필요하게 되거나 깊어진 문제양상으로 인해 치료과정이나 효과가 더디게 나타나는 결과로 고스란히 부모와 아동에게 되돌려 집니다.

3) 확인하고 싶은 부모 마음

(1) 엄마, 나도 이랬어? 친정엄마에게 확인하기

"엄마, 난 어렸을 때 어땠어? 나도 수진이처럼 말을 잘 안 해서 학교에서 힘들어 했었어?"

수진이 엄마는 아이가 학교에서 말을 너무 안 해서 문제가 된다는 담임선생님 말을 듣고 친정엄마에게 물어봅니다. 혹시 나는 어땠는지, 내 성격을 닮아서 말이 없는 것은 아닌지 궁금했기 때문입니다.

문제를 부인하고 싶은 부모의 마음은 끝없이 확인하는 행동으로 표현됩니다.

"엄마 얘는 왜 그럴까? 나도 그랬어?"라고 물으면 어머니들께서는 "말 마라. 너는 더 했다." 혹은, "우리 애들은 그런 적이 없는데 얘는 별나다! 애비 닮아서 그런가 보다."

어머니들의 경우 가장 먼저 친정 부모에게 물어 보면서 위안을 받고 싶어 합니다. 아이의 행동에 대한 조언을 받고자 하는 목적도 있지만 성인이 된 후에도 많은 사람들은 힘들 때 부모를 찾아 에너지를 얻고자 합니다. 친정 어머니는 어머니가 원했던 답을 주시는 좋은 안식처가 되어 주지요. 친정 부모는 부모만큼 아이 행동을 잘 알지는 못하나 딸의 불안을 풀어놓기에 아주 좋은 상담자가 되어 줍니다. 친정어머니는 딸의 불안을 도와주고자 유사한 에피소드나 생생한 이웃집 이야기를 들려주며 문제가 없다는 쪽으로 저

울을 기울여 줍니다.

다시 말해 부모들은 이런 이야기를 듣고 마음에 큰 위안을 얻어 일시적이지만 부인했던 마음에 작은 확신을 보태게 됩니다. 그러나 친정 어머니가 준 확신은 부모의 불안을 줄여주는데 큰 도움이 되었지만, 아이 문제를 해결하는데 도움이 되지 못합니다. 시간이 지나면서 친정어머니의 조언은 어머니의 불안을 감소시키기 위한 것이었다는 것을 알게 됩니다. 그리고 아이문제 행동 해결과정에서 구체적인 방안을 찾기 어려워집니다. 아이의 문제행동을 해결하는데 필요한 점은 아이의 특성과 행동문제를 반영한 효과적인 개입 방안을 찾는 것입니다.

(2) 애들 키울 때 어땠나요? 엄마들한테 확인하기

"지수 엄마, 지수 2학년 때 학교에서 친구들이 안 놀아준다고 울었을 때 어떻게 했어요? 내가 우리 민정이 때문에 좀 속상해서……." 친구 문제로 맘이 잔뜩 상한 민정이 엄마가 예전에 지수 엄마에게 들은 이야기가 생각나서 물어 봅니다. 지수 엄마는 어떻게 지수의 어려움을 해결했는지 알고 싶어서 말입니다. 지수 엄마는 "응, 크면 괜찮아, 그때 우리 애가 힘들어했는데, 원래 그 아이들이 못된 애들이어서 반에서 여러 번 문제를 일으켰대"라고 하면서 상대 아이들의 험담을 늘어놓습니다.
그러면 우리 민정이도 상대 친구들이 못된 아이들이어서 힘든 것인가?

친하게 지내는 엄마들에게 양육문제나 아이의 문제에 대해 상의하고 조언을 구합니다. 친한 이웃일수록 서로 속속들이 알고 있어서 이야기하기 좋은 대상입니다. 그러나 서로 친밀한 관계가 있기 때문에 어려운 부분이나 서로의 관계를 손상시키는 이야기는 피하게 됩니다. 도움이 되기도 하지만,

간혹 오해가 생기면 엄마들과의 관계나 아이들과의 관계까지 어그러져서 곤란한 상황이 벌어지기도 하기 때문이지요.

즉, 그들은 관계에 손상이 오지 않고, 책임질 수 있는 영역 안에서만 말해준다는 것을 염두에 둘 필요가 있습니다. 또 어떤 이웃 아줌마인지에 따라 경험과 생각에 차이가 있고 문제해결방안이 달라집니다. 그들의 아이들과 우리 아이는 엄연히 다른 유전자 조합이고 서로 다른 환경에서 자랐기 때문에 같은 방식으로 아이의 행동을 이해하고 대처방법을 적용하는 것은 무리가 있습니다.

(3) 다른 아이들은 어떤가요? 또 다른 지인들에게 확인하기

어머니는 다른 지인에게도 조언을 구해 봅니다. 원했던 답을 반복적으로 얻으려 하고 있거나 앞에서 얻었던 답들이 신뢰가 가지 않아 미해결된 감정을 해결하려고 하는 시도입니다. 시간이 지나면서 어머니들은 보다 솔직해지고 과감해지면서 다른 사람에게 더 오픈된 마음으로 정보도 주고 조언을 받아들이는 힘도 많아졌습니다. 반면 그간 수집한 정보와 혼선을 빚어 객관적인 조언을 수용하기 어렵습니다. 친한 사람이 아니라면 조금의 거짓말이나 치명적인 이야기를 숨기기도 하겠지요. 그래서 이들로부터 얻은 반복된 확인은 이제 부모의 마음을 별로 움직이지 못합니다. 그들의 대답이 형식적인 듯 느껴지기도 하고 잘 몰라서 하는 말 같기도 합니다. 그렇습니다. 우리 자녀의 문제에 대해서 어느 누가 나만큼 알고, 나만큼 정성을 가지고 고민해줄 수 있을까요? 그런 사람들에게 부모가 원하는 속 시원한 말을 들을 수 있을까요? 상황을 한번 들여다보십시오. 부모의 감정을 해결하기 위한 일을 하고 있는지, 아이의 행동 문제를 해결하기 위한 현실적인 노력을 하고 있는지……. 부모만큼 이 문제 대해 절실한 사람은 없고 잘 아는 사람은 없습니다. 큰 위로나 좋은 해답이 되지 못한다고 생각되면 이제 그만 그 확인 기계는 끄는 것이 좋습니다.

(4) 인터넷 검색, 서적 읽으며 알아보기

> 지만이는 지나치게 불안해하고 작은 일에도 예민하게 반응합니다. 급기야는 하교 후 집에 돌아오면 목욕부터 합니다. 또 학교 물건은 더러워서 씻어야 한다면서 지나치게 씻기를 반복합니다. 지만이 엄마는 방송에서 본 것을 토대로 관련 책을 찾아 읽었습니다. 그리고 아이에 대해 이해하게 되었고 지만이와 유사한 아이의 사례를 읽으면서 대처방법 또한 얻을 수 있었습니다. 그런데 집에서 지만이에게 적용해 보아도 책에서 말한 그 반응과 효과가 보이지 않습니다. '이상하다!' 하면서 또 다른 책을 찾아봅니다.

요즘은 인터넷 포털사이트에 필요한 정보와 관련된 키워드 입력만으로도 우리가 필요로 하는 정보를 충분히 얻을 수 있습니다. 그리고 방송이나 서적을 통해서도 궁금증을 풀 수 있어 우선 발등의 급한 불을 끄는 데 도움이 됩니다. 이 방법은 믿을 수 있는 지식과 정보를 얻을 수 있는 방법이지만, 정보대로 실천을 하기에는 어려움이 따르고 우리 아이에게 맞는지가 확신이 들지 않습니다. 책에서 제시한 방법을 사용해 보지만, 금방 효과가 나타나지 않아 과연 우리 아이에게 맞는 방법인지 의심하고 반복되는 좌절감을 느낍니다. 중요한 건 세상에 많은 명약이 있어도 우리 아이에게 효과적인 약과 용량, 먹는 방법은 따로 있다는 것입니다.

(5) 사이버 상담 시도하기

진호 엄마는 아이가 무기력해 하는 모습에 이제는 안 되겠다 싶어서 아동상담센터에서 운영하는 사이버 상담실에 진호 이야기를 비밀글로 남겨 상담을 신청했습니다. 친절하게 아이의 상태에 대해 설명해 주는 말을 읽고 고개를 끄덕였습니다. 그리고 안심이 되었습니다. 그런데 다음에 진호를 위해서 어떻게 할 것인가에 대한 물음은 해결이 안 됐습니다. 그래서 다른 사이버 상담실에 문의했습니다. 그런데 이번에는 다른 상담결과가 나왔습니다. 엄마는 처음 이야기할 때보다 더 혼란스러워졌습니다.

부모는 고민을 해결하기 위한 또 다른 방법으로 사이버 상담실 문을 두드리면서 아이의 문제를 호소해 보기도 합니다. 사이버 상담은 답을 해주는 사람이 일반인이 아니고, 관련분야의 지식을 가진 사람이고 궁금해하는 것에 익명성을 보장받으며 질문할 수 있는 장점이 있습니다. 그나마 이전 방법들보다 안전하고 전문가의 의견을 들을 수 있는 방법입니다. 사이버 상담을 하는 경우에는 지면으로 아이 문제를 읽다 보니 문제의 요점과 간단한 해결방안을 제시하는 데 그치는 아쉬운 점이 있습니다. 그들도 제한적인 정보에 준하여 책임질 수 있는 말만 해야 하므로 명확한 답을 주지는 못합니다. 또한 아이의 상황과 정도를 가늠하기가 어렵고 부모의 글솜씨나 상황에 대한 설명이 정도에 따라 내용이 다르게 전달될 수 있습니다. 아이의 문제에 대해 도움을 줄 수 있으나, 정확하게 아이 문제를 파악하거나 구체적인 실천방안에 대해 제시하는 데 한계가 있다는 것이지요. 그럼에도 불구하고 사이버 상담은 일단 목마른 목을 축일 수 있게 되고 부모가 아이의 문제에 대해 문을 두드리는 용기를 낸 첫걸음이니 일단 박수를 드립니다.

4) 해결을 위해 조급해진 부모 마음

(1) 제가 한번 해결해 보려 했어요

수지 엄마는 결심했습니다. '그래 내 속으로 낳은 자식이니까 내가 해결해야지'라고 생각하고 수지에게 필요한 양육방법이라고 들은 방법을 총동원합니다. 가급적이면 혼내지도 않고 아이의 욕구도 수용해 주고 웃으면서 이야기하고……. 달라진 태도에 수지도 이상하지만, 혼나지 않아서 좋아합니다. 그런데 아빠가 퇴근하고 들어와서 수지를 책망하기 시작합니다. 미리 전화를 해서 말했는데 아빠는 전혀 엄마의 방침에 따르지 않습니다. 하루 이틀 지나면서 아이의 행동에 변화가 올 줄 알았는데 아이는 달라지지 않습니다. 여전한 모습에 엄마는 내가 오히려 아이에게 이용만 당했다는 생각에 더 많이 화가 나고 노력하는데 아무도 알아주지 않는다는 생각에 더 속상하고 우울해집니다.

어머니들 중에는 문제를 인식하고 스스로 해결하고자 시도하는 분들이 있습니다. 지금까지 다양한 방법을 통해 얻은 지식을 동원하여 부모가 직접 문제를 해결해 보려는 첫걸음입니다. 다양한 방법을 동원하여 아이에게 적용해 보기도 하고 가족들에게 도움을 청하기도 합니다. 하지만 어려운 일에 협력적인 부부관계가 아니면 문제를 인식하고 앞서가는 한쪽 부모의 열성만큼 따라오기가 쉽지가 않습니다. 오히려 보약이 되는 방법을 일관되게 적용하기 어렵고 자신의 방법이 옳다고 옥신각신하게 되어 더 많은 갈등을 겪게 됩니다. 자신의 문제행동으로 인한 가족의 지속적인 갈등은 자녀로하여금 자책감, 우울감, 수치심을 경험하게 합니다. 또한 부부가 아이에 대한 문제의식이 일치하여 문제 해결에 적합한 방법을 사용할 때 아이가 금방 나아질 것을 기대하여 해결방법을 융통성 없이 적용하고 아이에게 지나치게 강요한다면 효과도 없고 부모는 쉽게 좌절합니다. 오히려 그 방법을 사용하지 않았을 때보다 문제는 이중 삼중으로 꼬이게 됩니다. 부모가 아이의 문제에 대해 의지를 세우는 것은 중요하지만, 적절한 방법과 방식을 찾고 부모가 지속적으로 서로를 격려하는 환경을 조성하는 것이 더 중요합니다.

(2) 전문적 도움을 받고 빨리 해결해야겠어요

그동안의 고민을 마친 어머니들은 이제 마음이 급해졌습니다. 괜히 시간을 지체했다는 후회감도 생기고 달콤한 위로를 해주었던 주변사람들에 대한 원망감도 일어납니다. 모든 일을 제치고 인터넷과 지인을 통해 상담센터와 병원을 알아보고 상담을 받고자 합니다. 이때 문제는 부모의 조급한 마음입니다. 조급한 마음이 전문적 도움과정을 그르치게 되는 경우도 많습니다.

오늘 바로 시작할 수 있는지, 한 달이면 치료가 끝날 수 있는지, 몇 달이 지났는데도 왜 효과가 나타나지 않는지 등으로 상담자의 마음을 흔들어 대는 경우가 많습니다. 아이의 문제행동이 하루아침에 생겨난 것이 아니듯 그 행동을 없애거나 바꾸는 일도 신속하게 해결되지는 않습니다. 전문적 도움을 받고자 한다면 조급한 부모마음을 잘 다스리고 시작하는 것이 궁극적으로 얻고자 하는 도움을 받는 지름길입니다.

5) 갈팡질팡하는 부모 마음 다스리기

(1) 기다리며 천천히 차근차근 해결해 나가자

부모의 마음속에는 '자녀'라는 큰 방이 있는 것 같습니다. 부모는 어디를 가나 무엇을 하나 늘 자녀의 방에서 떠나지를 못합니다. 큰 방만큼이나 온 마음으로 사랑하고 정성을 쏟지만, 그 결과는 노력한 만큼이나 기대한 만큼 안 될 때가 더 많습니다. 아이 문제는 시간이 걸리고 노력이 필요하며 인내를 가지고 기다려야 해결될 것들이 더 많다는 것입니다. 그동안 연체된 세금고지서는 한꺼번에 은행에 가서 내면 그만이지만 안타깝게도 아이 문제는 한번에 해결되지 않습니다. 부모님 마음이 자꾸 조급해 진다면 기다리며 천천히 주문을 외우며 마음을 다스려 보십시오.

(2) 아이가 보내 준 신호에 감사하자

아이문제행동에 대한 생각을 바꾸어 보는 것도 좋은 방법입니다. 아이들의 문제행동은 아동이 성장하는 데 필요한 과정이고 내적으로 경험하는 정서나 심리상태의 한 측면이라는 견해를 가지면 어떨까요? 현재 생활속의 어려움에 적응하려는 노력이기도 합니다. 그렇기 때문에 문제행동은 행동만 수정하면 될 문제가 아니라, 그 행동이 나타나게 된 이유와 배경을 포함한 원인을 알아야 근본적인 문제를 해결할 수 있습니다.

(3) 나도 그동안 열심히 노력했어

상담을 하는 중에 아이의 문제가 너무 심화되어 온 경우에 이런 질문을 하게 됩니다. "오래전부터 아이의 문제에 대해 생각해 보셨는데 왜 그 당시에 도움을 청하지 않았습니까?" 이 질문에 부모들은 대부분 크면 나아질 줄 알았다고 합니다. 부모가 해결할 수 있다고 생각해서 다양한 방법을 사용했는데 결과는 별로 효과적이지 못했다고 합니다. 이러한 대답을 하고 부모는 아이에 대해 미안한 마음이 들고 자신이 무능하다는 생각에 침울한 기분을 감추기 어렵습니다. 부모가 부적절한 방법을 사용하였지만, 문제를 해결하려는 부모의 노력과 정성은 헛된 일이 아닙니다. 부모는 이미 아이에 대해 잘 알고 있고 다양한 방법을 알고 사용해 보았기 때문에 상담을 하면서 효과적인 양육방법을 더 잘 찾게 됩니다.

(4) 전문가의 도움을 받으며 잘 해보는 거야

자녀의 문제 행동을 수정하는 과정은 부모의 결심만으로 해결하기 어렵습니다. 그 이유는 아이의 성장에는 자녀의 타고난 기질과 양육환경이 많이 영향을 미치기 때문입니다. 기질은 양육방법에 따라 아이에게 긍정적으로 작용할 수도 있습니다. 양육환경은 경제적, 물질적인 환경이외에 심리적인 환경으로 부모의 성격이 주요한 영향요인입니다. 특히 핵가족화 되면서 부모 개개인의 특성은 더 많은 영향력을 행사하고 부모의 양육에 대한 미숙함은 낮은 문제해결력을 지니고 아이의 문제행동에 대한 유연한 태도를 갖기 어렵습니다. 점점 아이의 기능을 중시하는 사회적인 분위기도 자녀의 문제를 양산하고 유지하는 데 큰 몫을 차지합니다. 자녀의 양육에 영향을 주는 요인에는 부모의 정서적인 어려움, 성장과정에서 미해결된 문제, 부모의 성격, 부부갈등 등이 있습니다. 이러한 문제들은 혼자서 해결하기 어려운 일입니다. 주관적인 느낌으로 문제를 해결하는 것은 때론 위험한 선택이 됩니다. 전문기관에 의뢰를 하게 되면 아이의 증상을 객관화하고 최선의 방안을 찾는 데 도움이 됩니다. 전문상담기관에서 부모는 자녀문제를 상담하면서 아이의 특성에 따른 양육방법을 인식하고 실천함으로써 아이에게 긍정적인 양육환경을 조성할 수 있습니다. 아동에게 긍정적인 양육환경은 인내심과 환경에 적응하는 유연함으로 나타납니다. 긍정적인 자존감이 형성되어 이전에 보인 문제는 아이의 장점으로 승화됩니다.

(5) 이제부터가 중요해!!! 지금 여기서 나는 무엇을 할까

부모는 자녀의 문제행동 자체에 관심을 갖거나 과거의 잘못한 일들을 들추며 죄책감 버전으로 들어갑니다. 그러나 부모가 관심을 둘 부분은 문제해결방법과 지금부터 잘할 수 있는 양육방법을 찾는 것입니다. 물론 문제를 일으킨 원인과 양상을 발견한 시기는 문제행동을 진단하고 문제행동의 강도와 정도를 가늠하는 중요한 정보임에는 틀림없습니다. 그러나 초점은 '앞으로 어떻게 할 것인가?'에 대한 대답입니다. 부모로서 고민해야 할 부분은 '아이의 성장을 위해 무엇을 고민할 것인가?' '아이의 특성에 맞게 어떻게 양육해야 하고 어떤 도움을 주어야 하는가?'입니다. 아주 용한 점쟁이라고 할지라도 과거가 아닌 미래를 정확히 알아맞히기는 어렵습니다. 자녀를 양육하는 것은 용한 점쟁이처럼 과거에 집착하는 것이 아니라 미래를 내다보는 일입니다. 그렇기 때문에 '현재와 미래를 어떻게 만들어갈 것인가?'에 대한 응답이 양육의 초점이 되어야 합니다. 아이의 성장은 연속선상에 있고 인생은 길고 깁니다. 긴 인생의 여정의 한 지점이 현재이고, 현재는 앞으로 나아가는 바탕입니다. 현재의 문제를 어떻게 준비하는가는 아이의 미래를 튼튼하게 만드는 작업입니다.

3. 꼭 상담센터에서 해결해야 할 문제행동유형

아동의 문제행동에는 다양한 유형이 있으며 개인마다 다르게 표현됩니다. 아동은 우울감을 느낄 때 무기력한 모습을 보이는 아이도 있고, 짜증이 심하고 불안정하게 행동하는 아이도 있습니다. 주의집중에 어려움이 있는 아이 중에는 과잉행동이나 충동적인 행동을 보이지만, 과잉행동은 없으면서 물건을 잘 잃어버리거나 작은 실수를 반복하기도 합니다. 또는 모든 아이들에게 나타나는 행동이 아닌 특이한 행동이 나타나는 경우도 있습니다.

아이에게 나타나는 행동문제는 마치 물고기를 낚는 어부가 던진 그물에 물고기가 걸리듯이 끌어올리면 올릴수록 거대한 그물 안에 여러 가지 문제들이 함께 걸려납니다. 아이의 문제행동에는 여러 가지 다양한 요인들이 연관되어 있다는 의미거든요. 따라서 충분한 시간을 가지고 문제의 원인을 탐색합니다. 그 다음에 아이에게 맞는 해결방안을 모색하고 실천해 보면서 부모 자녀 사이를 돈독하게 할 새로운 양육방법이 생활속에 안정되어야 합니다. 아동의 문제행동은 연령, 가정환경, 증상, 정도, 지속성, 강도와 생활에서 보이는 적응정도, 생활에 미치는 정도를 종합적으로 판단하여 진단합니다. 진단과정은 접수면접과 종합심리검사(인지, 정서, 기질 등) 결과를 임상 심리전문가의 종합분석을 통해 이루어 집니다. 심리평가 과정은 아동의 건강한 성장발달을 위해 어떤 도움을 주어야 하는지 결정하는 중요한 작업입니다. 간혹 부모들이 문제에 직면하기를 두려워하거나 결과에 대해 불안하고 문제행동을 대수롭지 않게 여기고 싶어하고 비용문제로 인해 검사를 거부하기도 합니다. 문제양상이 가벼울 경우에는 검사의 필요성이 제기되지 않을 수 있습니다. 아이의 증상에 따라서 의학적인 처치가 필요하고 성장발달에 부정적인 영향을 줄 가능성이 많고 부적응 문제가 심각한 경우에는 검사를 통한 진단과정이 반드시 필요합니다.

1) 발달문제

인간은 발달을 통해 성장과 성숙을 하게 됩니다. 특히 영·유아기 발달은 일생 동안 영향을 미치며 이 시기의 인지·언어·사회정서 발달은 아동기, 청소년기, 성인기의 초석이 됩니다. 그래서 부모는 영유아의 발달에 대한 민감한 관심을 가져야 합니다. 간혹 성장하면 나아지는 문제도 있고 특별한 도움을 주어야 성장발달이 정상적으로 이루어질 수 있습니다. 부모가 주는 약간의 도움은 발달과정에서 나타나는 어려움을 잘 극복할 수 있는 바탕이 됩니다.

상담실에 영·유아들이 상담에 의뢰되는 경우는 언어발달에 대한 문제로 의뢰되는 경우가 많습니다. 예를 들어 말을 안 한다, 말이 늦다, 말을 더 듬는다, 발음이 부정확하다는 등이 있습니다. 언어는 영유아의 발달 이상을 가장 두드러지게 나타내는 영역입니다. 영아들의 경우 36개월 전후로 언어문제를 가장 많이 제기합니다. 언어문제로 상담실에 내원하였으나, 실제 아이의 평가결과는 언어문제이외에도 전반적인 발달에 문제를 제기하며 경우에 따라서는 발달지체, 지적장애 발달장애, 자폐 등이 진단될 수 있습니다.

(1) 전반적인 발달지연

- 아이가 장난감을 일렬로 늘어놓아요. 다른 장난감을 줘도 가지고 놀던 것만 달래요.
- 아이가 핸드폰만 좋아해요. 지나가는 사람 핸드폰도 막 가지고 만져요. 그래서 곤란했던 적이 많아요. 혼내거나 타일러도 그때뿐이에요.
- 아이가 걷고 말하고 노는 모습이 동생에 비해 많이 떨어져요. 아이가 소심해서인 줄 알았는데 점점 격차가 심해져요.
- 아이가 혼자는 잘 노는데 같이 안 놀아요. 친구에게도 관심이 없고 엄마가 불러도 안 돌아봐요. 처음에는 집중력이 있는 줄 알았는데 아예 상관을 안 해요.
- 아이가 눈을 안 마주쳐요. 엄마하고는 조금은 되는데 다른 사람이 불러도 돌아보지 않고 필요할 때는 손만 잡아당겨요.

영아는 월령에 따라 성취해야 할 발달과업이 있습니다. 영아기 발달은 주로 신체발달과 운동발달이 두드러지게 나타납니다. 이때의 신체·운동발달은 대표적 발달수준을 의미하기 때문에 생후 12개월까지 신체운동발달에 대해서는 예민하게 관찰할 필요가 있습니다. 간혹 개인적인 차이로 인해 몇 개월의 차이는 있을 수 있으나, 6개월 이상 발달에 차이가 나타난다면 발달문제를 제기할 수 있습니다. 국민건강의료보험공단에서 실시하는 영아건강검진은 생후 4개월에서 60개월에 해당되는 영·유아가 검진기관으로 지정된 소아과에 가서 검사를 받게 됩니다. 이 검사의 취지는 영·유아기의 발달을 정기적으로 실시하여 조기에 개입하는 것을 목표로 하고 있습니다. 만약 검사결과 이상소견이 있다면 자세한 발달검사와 더불어 조기개입 방안을 계획해야 합니다. 발달문제는 검사를 통해 지적장애, 발달지연, 신경학적인 손상 유무, 뇌성마비, 지적장애, 발달장애, 자폐 등에 대한 진단, 예후, 조기개입에 대한 정보를 얻을 수 있습니다.

(2) 언어발달문제

- 36개월 남자 아이인데요 아이가 말을 하지 않아요. 옹알이는 했는데 엄마 아빠도 안 해요.
- 엄마인 나는 말을 알아듣는데 아빠나 다른 식구들은 아이 말을 거의 알아듣지 못해요.
- 아이가 혀 짧은 소리를 해요. 처음에는 어려서 그렇다고 생각했는데 이제는 유치원에서 애들이 놀려요.
- 아이가 말을 더듬어요. '어어어……' 하면서 말을 시작하기 힘들어해요. 처음에는 혼냈는데 점점 심해지고 다른 사람 앞에서 아이가 이상해 보일 것 같아서 걱정이 돼요.

- 5살인데 아이가 말을 잘 못해요. 또래에 비해 말이 늦는 것 같아요. 필요한 것이 있으면 "물", "우유" 이렇게 단어만 말하면서 손가락으로 가리키고 그래요. 그림책을 보여 주면서 말을 가르쳐도 아이가 전혀 사용하지 않아요. 그래서인지 유치원에서 친구들과 못 어울려요.

언어문제는 영·유아 발달을 측정하는 좋은 발달의 한 측면입니다. 아이들은 말을 하면서부터 부모나 주변사람들과 의사소통을 적극적으로 하기 시작합니다. 이를 통해 인지 발달과 사회정서 발달이 왕성하게 이루어집니다. 특히 언어능력은 앞으로 영·유아가 사회적인 관계나 지식, 정보를 얻는 데 있어서 매우 중요한 역할을 합니다. 영·유아기는 모국어를 습득하는 데 필요한 발음, 어휘, 표현을 배우는데 최적의 시기입니다. 특히 언어는 놓치면 회복하기 어렵고 다른 발달과업에 영향을 크게 미치기 때문에 매우 중요합니다. 집안내력이나 다른 집 아이의 예가 중요한 것이 아니라 우리 아이의 상태가 어느 정도인지 부모가 민감하게 관찰하고 그 정보를 진단과정에서 전문가와 충분히 공유하여 가능한 정확한 상태를 파악하는 것이 필요합니다.

언어는 일정한 단계를 거쳐 발달합니다. 생후 2개월부터 옹알이를 시작으로 해서, 점차 '맘마', '엄마' 등 한 음절의 단어, 한 단어, 두 단어 문장으로 발달하게 됩니다. 언어발달에서 발화만이 아니라 말을 하는 데 필요한 비언어적인 메시지 활용도 중요합니다. 예를 들어, 눈 맞춤, 베이비 사인, 얼굴표정, 행동표현 등은 발달과정에 있는 영·유아의 부족한 어휘를 보충해주고 의미를 명료하게 전달하는 수단입니다. 그렇기 때문에 비언어적인 메시지를 전달하면서 말이 늦은 아이와 비언어적인 메시지를 전혀 주고받지 못하는 아이는 진단에서 큰 차이를 보이게 됩니다.

언어는 상호작용이기 때문에 습득한 언어를 의사소통에 활용해야 합니다. 따라서 언어발달의 정도와 영유아의 사회 정서적인 태도는 함께 고려됩니다. 아이의 언어발달이 의심된다면 발달시기를 어느 정도 지연시키고 있는지, 눈맞춤의 정도, 비언어적인 메시지 사용, 놀이행동, 영유아가 사용하는 어휘 종류를 생활 속에서 어떻게 언어를 활용하고 사용하는지 부모가 관찰해야 합니다. 또한 의학적인 점검으로 중이염 경력, 청각기능, 설소대 상태 등을 자세히 관찰하고, 이 부분이 문제가 발견되면 적절한 의학적인 처치를 먼저 받아야 합니다. 그리고 언어의 문제를 개선하기 위해 언어치료를 합니다.

언어발달에는 문제가 없었으나, 만 3세 이후에 말더듬을 시작하는 아이들이 있습니다. 이러한 경우에는 말더듬 패턴과 말더듬는 상황, 말더듬에 대한 부모의 태도 등이 고려되어야 합니다. 말더듬은 일시적일 수 있으나, 말더듬이 지속되는 경우에 언어적인 상호작용에서 부정적인 평가를 받고 사회성이 발달되는 시기에 또래 관계에 손상을 줄 수 있습니다. 말더듬은 자존감 손상, 위축, 불안, 부모자녀 관계문제, 또래관계, 사회성발달에 부정적인 영향을 미칩니다. 언어발달이 문제가 되는 경우, 지적장애, 자폐, 언어발달지연, 발달장애, 부모의 부적절한 양육을 의심하게 되며 이에 대한 감별을 위해 언어검사와 함께 발달검사를 실시하게 됩니다.

2) 행동문제

아이들은 일반적으로 생활의 어려움이나 문제양상을 행동으로 표현합니다. 행동으로 나타나기 전까지는 정서적으로 견딜 수 있는 만큼 참고 나름 적응하려고 다양한 방법을 시도했습니다. 아이에게 문제행동이 드러났을 때는 마치 발효음식이 발효되는 데 시간이 걸리듯이 충분히 내적인 과정을 거친 결과입니다. 아동은 다양한 방식으로 욕구를 표현할 수 있어야 합니다. 또 욕구가 만족되기까지 견디는 방법까지도 습득해야 합니다. 아이의 행동문제에 대해 부모가 지나치게 변호하는 경우가 있습니다. 자신을 잘 알아주는 부모가 있다는 점은 아이에게 긍정적입니다. 그러나 부모가 자녀의 행동을 지나치게 옹호한다면 오히려 아동의 성장과 발달을 방해하는 것이고 언제 어디든 항상 부모라는 변호인을 아이가 대동해서 문제를 해결하는 결과를 초래합니다. 아이의 행동을 많은 사람이 이해할 수 있고 세상과 교류할 수 있는 길을 열어 주기 위해서는 부모의 공감적 태도와 함께 변화의 길도 함께 열어 주어야 합니다.

(1) 주의력의 문제

- 아이가 너무 덜렁대요. 지나가다 걸려 넘어지는 경우도 너무 많고요. 항상 다리나 팔에 상처가 있어요.
- 공부할 때 집중을 잘 못해요. 근데 자기가 좋아하는 일에는 불러도 못 들을 정도로 꼼짝도 안 하고 집중해요. 숙제는 얼마나 엉망으로 하는지 글씨를 알아볼 수 없어요.
- 싫어하는 일을 시키면 대충대충……. 안 시키는 게 더 나아요. 근데 신기한 건 좋아하는 일은 정말 잘해요. 그때마다 아이가 저를 놀리는 것 같아서 화나요.
- 매일매일 하는 일을 잘 못해요. 가방 챙기기, 급식준비물 챙기기, 알림장 쓰기 등을 매번 못 챙겨요. 늘 하는 일이고, 힘든 일도 아닌데 엄마를 왜 이렇게 힘들게 할까요?
- 집중을 너무 못해요. 조그마한 소리에도 돌아보고 참견하고 한 가지를 끝까지 하지도 못하고 얼마나 산만한지 공부를 시키려면 너무 힘들어요.
- 아이가 흥분했다가 기분이 조금만 나쁘면 금방 성질을 내고 감정조절을 잘 못해요. 그리고 힘이 얼마나 좋은지 지치지도 않아요. 놀러갔다 오면 다 자는데 혼자만 놀아요. 우리 애는 정말 에너자이저예요.

최근 조기교육의 광풍이 불기 시작하면서 주의집중 문제가 자녀양육에 있어서 중요한 이슈로 떠오르고 있습니다. 아이들이 아프리카 밀림이나 아마존 정글에 산다면 주의력은 다른 평가를 받게 될 것입니다.

현대사회에서 주의력의 문제는 생활패턴과 사회가 요구하는 가치, 교육환경을 많이 반영한 결과입니다. 주의력은 사물에 대한 지각, 사고, 감정 유지, 상황 파악 및 이해 등을 위해 반드시 필요한 능력입니다. 주의력은 단순히 학습에서만 영향을 미친다고 볼 수 없으며 광범위하게 사회성 발달, 대인관계능력, 문제해결력, 사회적 기술, 인지발달, 정서발달에 영향을 미칩니다.

주의력에 문제가 있으면 자기를 적절히 통제하고 조절하기 어려워집니다. 충동적이고 부주의한 특성 때문에 사소한 실수도 많이 하게 됩니다. 과잉행동이나 충동적인 유형의 아이들은 행동적으로 많이 드러나기 때문에 쉽게 눈에 띄게 됩니다. 반면 부주의한 유형의 아이들은 건망증이나 한눈을 파는 정도로 평가되고 생활에서 아이다운 사소한 문제들을 일으키는 것으로 간과하기 쉽습니다. 특히 여아들의 경우 남아들에 비해서 행동적인 문제를 많이 보이지 않기 때문에 심각성이 잘 드러나지 않습니다.

주의력 문제를 보이는 아이들은 학습을 하거나 대화를 나눌 때 자주 주의력이 흐트러집니다. 호기심은 많지만 한 가지를 지속하는 것을 어려워합니다. 말이 많고 사고가 점핑되며 기분에 따라 학습의 결과가 많이 좌우됩니다.

대인관계에도 영향을 미치기 때문에 친구들과 사이좋게 지내지 못하거나 지속적인 관계를 유지 발전시키는데 어려움을 나타내는 경우도 있습니다. 하지만 유사한 증상을 보인다고 해서 모두 주의력의 문제로 진단을 하지는 않습니다.

주의력 문제를 보이는 아동의 경우 객관적인 검사를 통해 그 원인과 증상의 정도를 정확히 파악한 후 심리상담이나 약물치료 등의 계획을 세우는 것이 좋습니다.

(2) 반항 & 공격

- 자기 맘에 안 들면 버럭 화를 내면서 아무에게나 성질을 부려요. 아이지만 그럴 때는 무서워요.
- 엄마가 뭐를 시키면 왜 해야 하냐고 꼬치꼬치 따지기만 하고 하지는 않아요. 아이에게 시키려면 내가 더 힘들어서 포기하게 돼요.
- 친구나 다른 사람이 싫다고 하는데 계속 괴롭혀요. 다른 사람이 싫어한다는 걸 알고도 그러는 것 같아서 아이지만 미울 때가 많아요.
- 자기 말대로 해주지 않으면 화를 내고 그게 엄마 때문이래요. 안 되는 것을 요구하고 오히려 적반하장이에요.
- 한 달 전에 친구랑 싸운 적이 있는데 끝까지 앙심을 품고 복수하려고 해요. 성에 차지 않으면 계속 괴롭히고 보복해요. 우리 애는 잊어버리지도 않아요.
- 자기가 하기 싫으면 못 들은 척하거나 계속 반문하면서 모르는 척해요. 분명히 알았다고 말해놓고 잊어버렸다고 해요.
- 친구나 동생을 때리고 안 했다고 거짓말하거나 말을 안 해요. 아무리 물어봐도 대답을 안 해서 알 수가 있나요.
- 아무리 말하고 타일러도 달라지지 않아요. 아이들을 때리고 꼬집어서 소문도 많이 나고 창피해요. 다음 주에 참관수업이 있는데 가고 싶지 않아요.

독립성을 획득해야 하는 시기인 24개월 전후부터 아이들은 "내 거야, 내가 할래!"라는 말을 하기 시작하면서 독립성을 획득해 나가게 됩니다. 이 시기 영아들에게 나타나는 반응은 아주 작은 반항으로 인정되고 귀엽게 받아들여집니다. 그러나 이 모습을 버릇없다고 생각하거나 반항으로 받아들여 초기에 바로잡아야 된다고 생각합니다. 부모가 훈육의 매를 들거나 과도하게 대처하는 것은 자율성이나 독립성 발달 그리고 형성에 문제가 될 수 있습니다.

그러나 반항이 귀여운 정도를 벗어나서 아동이 불순종과 적대적인 감정으로 지시나 규범, 규칙을 따르지 않는다면 부모는 양육방법과 부모자녀관계, 반항의 정도 유아기관에서 적응 정도에 대해 살펴봐야 합니다. 생활문제에 대처하는 아이의 태도나 방법, 사회적인 문제해결기술, 친구관계, 적대적인 태도의 심각성, 욕구표출의 방법과 욕구를 획득하는 아이의 전략등도 함께 관찰해야 합니다. 그리고 이러한 정보는 상담기관에 내원했을 때 상담자와 공유하시면 아이를 진단하고 개입방안을 수립하는데 효과적으로 도와줄 수 있습니다.

반항행동은 공격행동을 수반하게 됩니다. 아이들은 울고 떼쓰면서 엄마에게 발버둥치거나 손으로 엄마를 툭툭 치는 행동을 하게 되는데 감정이 격해질수록 강도가 강해집니다. 반항심의 정도가 심해지면 타인에게 적개심이나 분노감이 강해지고 공격행동으로 자신의 감정을 표출하게 됩니다.

공격성은 초기에는 자신을 방어하는 수단으로 나타나다가 성장하면서 타인에게 피해를 주는 목적으로 사용됩니다. 아동은 교육과 훈육을 통해 사회적으로 용인된 방식으로 공격성을 표출하도록 배웁니다. 여아들은 남아들에 비해 언어 발달이 빠르기 때문에 신체적인 공격보다 언어적인 공격을 더 많이 하게 됩니다. 남아들은 신체적인 공격행동을 유아기까지 지속하는 경우가 많습니다. 아이의 공격성을 관찰해보면 문제를 해결하는 양식과 자신의 감정을 조절하는 정도, 분노감, 자신의 행동에 대한 자아 성찰의 정도, 사회적인 규범에 대한 내면화 정도를 알 수 있습니다. 아이가 공격성을 표출할 때 부모가 적극적으로 아이의 행동을 대변하고 아이가 화가 났기 때문에 그럴 수 있다고 옹호합니다. 어떤 부모는 아이의 공격적인 행동에 대해 지나치게 꾸짖고 비난합니다. 이러한 방식은 아이의 공격적인 태도를 개선하기보다 더욱 고착시키는 결과를 낳을 뿐입니다.

수동공격성은 공격성의 다른 유형입니다. 자신의 감정을 직접적으로 나타내는 것과는 달리 타인이 알아주기를 원하는 태도나 타인이 자신의 의도대로 움직이게 하고 싶은 욕구에서 나오는 태도입니다. 이러한 아동의 태도는 욕구와 맞지 않으면 삐치거나 울거나 마음에 들지 않는 요구에 대해 못 들은 척하는 태도를 통해 자신의 욕구에 반하는 것에 대한 공격성을 표현하게 됩니다.

공격적인 태도는 사회성 발달이나 또래관계 형성에 부정적인 영향을 줍니다. 공격적인 태도로 인해 아동은 지속적으로 비난을 받게 됩니다. 아이는 적절한 문제해결방식이 미숙한 상태에서 반복적인 행동과 그에 대한 반응으로 문제가 해결되지 않고 오히려 악순환을 경험할 뿐입니다. 그리고 스스로 보호하는 태도를 형성하지 못하여 피해의식이나 분노감, 타인에 대한 원망 등을 더 강하게 지니게 됩니다. 그렇기 때문에 공격적인 행동이 지나칠 경우에 문제행동만을 소거하기보다 원인을 파악해야 합니다. 아동의 정서사회발달을 촉진할 수 있도록 개별상담을 통해 기본적인 신뢰감을 형성하고 부정적인 감정을 해소하도록 도와야 합니다. 그리고 사회성이나 문제해결력을 향상시킬 수 있도록 개별 심리치료뿐만이 아니라 집단 경험을 통해 연령에 적절한 사회적인 기술을 습득해야 합니다.

(3) 사회성

- 어린이집에서 혼자 놀아요. 친구들이 말을 걸어도 대답도 안 하고 재미없다고 어린이집에 가기 싫대요.
- 친구들을 싫어하고 같이 놀면 자주 싸워요. 혼자 노는 게 더 좋고 친구는 필요 없대요. 다 귀찮게 한다나요? 걱정이에요. 내년에 학교 가는데……
- 왕따를 당한 후 혼자 있으려 해요. 친구들이 또 자기를 무시하고 왕따 시킬까봐 겁난대요. 그래서 매일 엄마만 귀찮게 하는데 나도 안 놀아주면 상처받을 것 같고 어떻게 해야 할지 모르겠어요.
- 학교에서 친구들로부터 배척되고 외톨이예요. 애들하고 못 어울리고 아이들이 뭐라고 하면 상처받고 집에 와서 울어요. 전혀 대응을 못 하는 것 같아요.
- 친구들에게 할 말을 못하고, 하자고 하는 대로 따라만 해요. 좋아하는 인형이 있는데 친구가 달라니까 그냥 줘요. 그리고 애들이 얘가 잘 주니까 물건만 받고 놀 때는 자기네끼리 놀아요.
- 친구들을 자기 마음대로 하려고 해서 오래 놀지 못해요. 친구들이 자기 명령대로 하지 않으면 화를 내요. 그러니까 아이들이 자꾸 애를 빼고 놀려고 해요.

인간을 사회적 동물이라고 하지요. 그래서인지 영아기 아이들은 대상을 인식하고 나면서부터 혼자 있기보다 부모나 가족구성원과 함께 있으려 하고, 관계를 통해 자신을 인정받고 싶어 합니다. 사회 속에서 인간은 적절한 자기 표현기술을 늘려 가면서 대인관계기술이나 사회적인 규범을 습득하게 되고, 어떻게 하면 어울려서 잘 살 수 있는지를 배우게 됩니다. 흔히 사회성은 저절로 생겨나는 것이라고 알고 있으나, 알게 모르게 사람들 속에서 생활하면서 배운 것이고 모방하며 상황에 따라 적용해 보면서 발달하게 됩니다. 사회성은 저절로 된다고 생각하지만, 긍정적이든 부정적이든 다양한 사회적인 기술을 아주 어려서부터 배우고 익힙니다. 그러나 때로는 사회성을 발달시키기 어려운 환경이 있습니다. 아이의 특성에 따라 사회성을 발달시키는 데 도움이 필요한 경우도 있습니다. 상담실에 아이의 사회성 문제로 내원하는 경우에 부부가 상담원 앞에서 갈등하는 모습을 보입니다. 한쪽 부모는 아이들이 크면 나아진다고 생각하고 다른 부모는 문제행동이라고 생각하여 서로의 이견을 좁히지 않은 상태에서 개입방안이 합의되지 않는 경우가 있습니다. 아이가 친구관계에서 왕따를 당하거나 소외당하는 경험을 반복 하는데도 상담비가 비싸다거나 상담이 불필요하다고 생각해서 정작 어려움을 겪는 아이의 문제가 뒷전이 되는 경우가 종종 있습니다.

사회성은 유아기를 지난 아이들에게 사회적인 구성원으로 인정받을 수 있는 기회입니다. 사회성은 대면하는 사람들과 그때그때 융통성 있게 활용되기 때문에 다양한 경험을 통해 체득이 되어야 유용하게 활용할 수 있습니다. 또한 사회성은 아동이 집단 안에서 존재감을 확인하고 또래와 교류를 통해 개인이 사회적 존재로서 성장발달을 하는 기본틀이 됩니다. 아이의 사회성에 문제가 있다면 현재의 부적응 문제와 더불어 앞으로의 성장발달에 큰 걸림돌이 됩니다. 사회성은 눈에 보이지 않지만, 보이지 않는 손으로 아동의 모든 인간관계를 좌우합니다.

(4) 틱

- 아이가 눈을 깜박거려요. 처음에는 가끔 한 번씩 그랬는데 지금은 너무 많이 그래요.
- 아이가 어깨를 들썩거려요. 만화를 보면서 그런 행동을 하기에 그러지 말라고 했는데 아이가 계속 해요. 아이는 오히려 저에게 화를 내요.
- 가끔 코를 킁킁 거려서 비염인 줄 알았어요. 근데 학교 선생님이 수업시간에 계속 소리를 낸다고 말씀하시더라고요. 요즘에는 소리가 점점 더 커져요. 그리고 내는 소리가 다양해져요. 말을 빠르게 하기도 해요.

틱은 다양한 형태를 통해 나타나는데 운동틱, 음성틱 그리고 복합틱으로 나눠지며, 개인마다 다른 증상을 보이는 것이 특징입니다. 틱은 아이에게 내적인 소인이 있으면서 생활에서 스트레스를 심하게 경험하는 경우에 증상이 더 강하게 나타납니다. 틱이 심해지면 운동틱과 음성틱이 같이 나타나거나 두세 가지 틱이 복합적으로 나타납니다. 틱은 아이 스스로 조절하기 어려운데 주변 사람이나 부모로부터 비난을 받기 쉽기 때문에 틱으로 인해 정서적으로 위축될 수 있습니다. 틱이 발생되었다면 지속성 여부와 환경적인 특성, 부모자녀관계, 개인의 스트레스관리능력, 자아강도 등에 대한 평가가 필요하고 이를 바탕으로 상담이나 의학적인 개입이 이루어져야 합니다.

틱 증상은 다음과 같습니다.

① 운동틱: 눈 깜박임, 얼굴 근육 움찔거리기, 어깨 들썩이기 등
② 음성틱: 킁킁거리는 소리내기, 짧은 음절어를 반복적으로 말하기 등
③ 복합틱: 운동틱과 음성틱이 복합적으로 나타남

(5) 자위행위

- 유치원 선생님이 그러는데 아이가 의자 모서리에 성기를 자꾸 문지른대요. 조용한 놀이를 할 때 주로 그러고…… 선생님이 주의를 몇 번 주니까 이제는 눈치를 본다고 해요. 집에서도 몇 번 봤는데 뭐라고 말해야 할지 모르겠어요. 여자아이라 걱정이 돼요.
- 아이가 바지 속에 손을 넣고 성기를 만지거나 엎드려서 바닥에 성기를 문질러요. 만화 볼 때 혼자 누워서 그러는데 이상해요. 원래 초등학생에게 이런 일이 있나요?
- 아이들에게 부부관계를 들킨 적도 없는데 아이가 자꾸 성행위 동작을 해요. 성에 관련된 인터넷 그림을 보려고 하고요. 어떻게 하지요?

아이들은 성정체감이 발달하면서 점차 성에 대한 질문이나 성기에 관심 보이기, 성에 대한 자극을 추구하는 행동을 합니다. 자위행위는 행위를 하는 아이보다 이를 발견한 부모가 더 많이 수치심을 느끼고 당황합니다. 부모는 아이의 행동에 대해 크게 실망하고 우울해합니다. 적절한 정보를 통해 자위행위를 하지 않도록 할 수도 있으나, 근본적으로 자위행위를 하게 된 원인을 알고 대처를 해야 재발되거나 심화되지 않을 수 있습니다. 아이가 자위행위를 하는 경우에 부모는 아이를 잘 관찰하고 특히 언제, 어떻게 자위행위를 하는지와 성교육의 정도나 성에 대한 노출 정도를 알고 있어야 합니다. 이러한 정보는 상담 시 아이의 문제를 진단하는 데 유용한 정보로 사용됩니다.

(6) 컴퓨터 과몰입

- 컴퓨터 게임을 너무 많이 해요. 하지 말라고 하면 나가서 친구 집에서 하거나 문방구 앞에 있는 오락기에서 해요.
- 컴퓨터 게임을 하면서 집전화로 돈을 너무 많이 결제해서 전화비가 너무 많이 나왔어요.
- PC방을 너무 많이 가요. 그리고 가끔씩 지갑에서 돈이 없어져요. 아이에게 물어보면 아니라고 말하지만, 계속 의심이 돼요.
- 새벽이나 밤에 게임을 해요. 식구들이 잠든 새벽에 일어나서 게임을 하더라고요. 하루는 성인게임 사이트에 들어간 걸 아빠가 알고 혼낸 적도 있어요.
- 게임이나 닌텐도, 핸드폰 게임을 절제하기 힘들어해요. 엄마가 뭐라고 하면 그때뿐이고 온 정신이 게임에만 집중되어 있어요.

최근 인터넷 보급으로 인해 다양한 게임프로그램을 손쉽게 접할 수 있게 되었습니다. 그 영향으로 일부 아이들은 너무 오랜 시간 동안 게임을 하거나,

연령제한을 무시한 채 게임을 합니다. 성장과정 중에 있는 아이들에게 컴퓨터 게임은 뇌신경 발달에 좋지 않은 영향을 미칩니다. 인터넷이라는 가상세계를 통한 게임은 현실 지각력을 떨어뜨립니다. 인간관계를 통한 사회적 상호작용을 컴퓨터라는 매체로 대신하기 때문에 정서, 사회적인 발달 측면의 문제를 일으키게 됩니다. 컴퓨터 과몰입은 행동문제에서 시작하지만, 아이의 전반적인 발달문제, 현실적인 관계문제, 자기조절문제, 학습문제, 부모자녀관계문제 등을 일으키고, 게임을 하기 위해 각종 비행을 저지르기도 합니다. 초등학교 고학년이나 중학생의 경우에는 오랫동안 지속된 문제이기 때문에 행동을 변화시키기가 더욱 어렵습니다. 따라서 아이가 게임으로 인해 갖게 된 변화, 경험, 태도, 학습에 미치는 영향을 파악하는 것이 중요합니다. 또한 게임에 몰입하게 된 환경적인 영향, 개인 내적인 특성에 대해서도 알아보는 과정이 필요합니다. 아이의 상담과 동시에 부모 또한 자녀에게 맞는 양육방법을 배우거나 생활전반을 개선하기 위한 검토 시간을 가지는 것이 도움이 됩니다.

(7) 말을 하지 않는 경우

- 아이가 말을 안 해요. 집에서는 곧잘 하는데 유치원에서 말을 안 해서 선생님이 지나치게 내성적이라고 하네요.
- 아이가 원래 수줍음이 많아서 말을 안 하는데 선생님이 그것도 모르고 문제라고 해요. 원래 우리 집이 좀 내성적이고 아이가 나를 닮은 것 같은데 선생님이 아이를 이해하지 못하는 것 같아요.
- 어려서 말을 안 해서 크면 나아질 거라고 생각했는데 달라지지 않네요. 학년이 올라가도 말을 안 해서 걱정이에요. 다른 사람이 어떻게 볼까 걱정도 되고 우리 애는 답답하지도 않은가 봐요. 본인은 편하대요.

언어발달에 문제가 없음에도 불구하고 말이 지나치게 없거나 말을 할 때와 안 할 때 차이가 큰 경우가 있습니다. 이런 경우, 모르는 사람이 있거나 어른, 교사에게는 말을 안 하다가 집에서 놀거나 친한 친구나 부모를 대할 때는 전혀 다른 태도를 보이게 됩니다. 부모는 아이가 워낙 내성적이라고 말하지만, 아이는 이런 태도로 인해 학교생활이나 또래관계에서 어려움을 겪게 됩니다. 만약 마음의 상처가 되는 큰 외상을 경험한 이후에 이런 증상을 나타내는 것이라면 외상에 대한 일시적인 반응이라고 생각할 수 있습니다. 그러나 외상에 대한 반응일지라도 기간의 정도, 증상의정도와 양상을 주의깊게 살펴보고 양상을 주의 깊게 살펴보고 전문가와 상의해야 합니다. 아이가 말을 하지 않는 것이 크게 문제가 되지 않을 것이라고 생각하거나, 크면 나아질 거라는 낙관적인 생각, 그리고 부모와는 의사소통이 되기 때문에 상대적으로 불편감을 덜 느끼는 경우, 적절한 상담이나 치료의 기회를 놓치기 쉽습니다.

3) 적응문제

아이들은 성장하면서 새로운 환경을 경험하고 다양한 성격을 지닌 사람들과 만나게 됩니다. 아이는 다양한 장소에 맞는 행동과 태도를 익히게 되면서 보다 적응적이고 편안한 생활을 할 수 있습니다. 그러나 각 장소나 대상에 따른 태도에 문제가 생기면 아이와 부모의 어려움은 이루 말할 수 없이 커집니다. 다음은 적응문제를 경험할 때 나타나는 현상입니다.

(1) 분리불안

- 아이가 어린이집을 안 가려고 해요. 안 가겠다고 울고 다녀와서는 내일도 가야 하냐고 계속 물어 봐요. 대답하기도 지치고 달래도 안 간다고 해요.
- 유치원을 안 간다고 하는데 막상 선생님은 교실에서 잘 논다고 해요. 누구 말을 믿어야 할지 헷갈려요. 아이는 다녀와서 유치원 불만만 이야기해요.
- 아이가 유치원에 안 간다고 하고 현관에서 하도 막무가내로 안 들어간다고 울고 악을 써서 오늘도 그냥 집으로 데리고 왔어요. 내년에 학교를 가야 하는데 걱정이에요.

유아들의 경우 부모와 분리될 때 나타나는 분리불안은 자연스러운 현상입니다. 분리불안은 발달과정에서 나타날 수 있는 자연스러운 반응이지만 부모와 떨어져 있는 동안 아이가 생활에 적응하는 정도에 따라 평가는 달라집니다. 분리불안의 정도와 기간이 중요합니다. 분리불안에 대한 문제는 유아기 교육기관이나 어린이집에 적응하는 데 어려움을 주고 분리된 동안 부모도 불안과 죄책감에 시달리게 됩니다. 분리불안은 불안이 지속되는 정도가 한 달 이상 되고 아이가 유치원이나 학교 적응이 어려울 정도가 되면 부모와 전문가의 개입이 필요합니다.

(2) 등교거부

- 아이가 오늘 학교를 안 가겠다고 해서 안 보냈어요. 친구가 자꾸 괴롭힌다고 가기 싫다고 해요.
- 학교에 안 가려고 아이가 아침에 안 일어나요. 담임선생님과 사이가 나빠서 전학시켜 달라고 해요.
- 학교 간다고 나가서 학교에 안 갔다고 해요. 혼자 밖에서 놀다가 하교시간에 맞춰서 집에 왔더라고요.
- 학교 가라고 하면 소리 지르고 방을 엉망으로 만들고 벽을 때리면서 화를 내니까 무서워요. 그러다 큰일 날 것 같아서 아이에게 학교 가라는 말을 못하겠어요. 아이를 어떻게 달래야 할지 모르겠어요.
- 아이가 친구들에게 놀림받을 것 같다고 학교에 안 가겠대요. 친구들은 그러지 않는 것 같은데 자꾸 자기를 비웃는다고 해요.
- 엄마가 일찍 출근을 해서 아이들끼리 학교에 가는데 안 가고 집에서 놀았다고 하네요.

아이들이 가방을 메고 친구들과 어울려 이야기하며 등교하는 모습을 보고 있으면 절로 입가에 미소가 지어집니다. 그런데 학교 앞에서 혹은 집 근처에서 엄마는 설득하고 아이는 고개를 숙인 채 학교를 안간다고 고집을 부릴 때 부모의 심정은 이루 말할 수 없을 만큼 속상하고 마음이 무겁습니다. 머릿속에서 별별 생각이 다 들면서 아이가 영원히 안 간다고 할까봐 걱정을 하게 됩니다. 청소년들의 경우에는 집에서 학교 안 간다고 화를 내며 일방적으로 결정을 내리고 부모에게 통보하고 부모의 반대에 맞서 싸우기도 합니다. 간혹 충동적인 행동을 하려고 하거나 아예 잠자리에서 일어날 생각조차 안 합니다. 부모는 속을 끓이고 힘없이 지켜보거나 며칠 지내다 보면 좋아질 것이라 기대하지만, 이미 아이는 학교를 안 가는 재미에 푹 빠져 있게 됩니다. 이런 경우에는 부모가 아이의 등교 거부에 대한 이유를 파악한 다음 적절한 대응방안을 통해 하나씩 문제를 해결해야 합니다. 실랑이만 하게 되면 부정적인 말이 오가며 서로의 관계만 손상될 뿐 문제는 해결되지 않습니다. 이런 경우 학교나 학원, 친구관계, 학업성취정도, 진로에 대한 관심 등에 대한 전반적인 정보를 가지고 상담자와 아이의 상태를 진단하고 등교거부의 이유와 개입 방안을 생각해 볼 수 있습니다.

4) 관계문제

우리는 태어나는 순간부터 대상과 관계를 맺습니다. 출생과 더불어 생활을 함께하는 엄마와 아빠를 만나면서 세상을 만나고 관계 맺기를 시작합니다. 아이가 자라면 주변사람들과 관계하면서 더불어 사는 법을 배우고 함께 살기 위한 다양한 규범과 관습을 습득합니다. 관계 안에서 살아가는 인간이기에 관계에서 비롯되는 다양한 문제들이 있고 이 문제들은 관계 안에서 해결할 수밖에 없게 됩니다. 상담실을 내원하는 많은 부모들이 자녀의 관계문제를 염려하여 상담을 받기 원합니다. 행동문제로 내원하였지만 오히려 심각한 관계문제를 가지고 있는 아이들도 있습니다. 이 경우 부모자녀관계문제가 해결되면서 문제가 술술 풀어지기도 합니다. 아이들이 경험하는 다양한 관계문제는 다음과 같습니다.

(1) 부모자녀관계

- 아이가 말을 너무 안 들어요. 그리고 그 애 때문에 동네엄마들과도 문제가 생기고 아이가 나에게 무슨 원수가 졌는지 아이가 미워요.
- 아무리 아이에게 잘 해주려고 해도 칭찬할 일이 있어야지요. 그리고 아이가 오히려 내가 싫어하는 말만 골라서 해요. 남편이 저에게 하는 말 중에서 제가 싫어하는 말이 있는데 꼭 그 말을 저에게 해요. 일부러 저를 공격하는 것 같아요.
- 직장생활 때문에 할머니 댁에 7살까지 맡겼고, 초등학교 입학 무렵에 데리고 왔는데 아이가 엄마를 좋아하지 않고 할머니 말만 들으려고 해요.
- 아빠가 시아버지와 사이가 안 좋았다고 해요. 그래서인지 아들하고 사이가 나빠요.

모든 관계의 기초는 부모자녀관계에서부터 출발합니다. 부모자녀관계는 천륜이라는 말이 있듯이 탄생과정부터 출생까지 한 몸이었다가 출생과 더불어 아이와 엄마는 두 몸으로 분리됩니다. 하지만 정신적인 분리가 되기까지는 36개월이라는 시간이 필요합니다. 이 시간을 거치면서 아이는 사람과의 관계에서 필요한 모든 기초를 형성하게 됩니다. 이러한 이유로 부모자녀관계는 자녀의 모든 관계 형성에 매우 중요한 요소입니다.

부모자녀관계를 형성하는 데 있어서 부모의 성격, 부모와 원가족과의 관계, 정서색채 등 부모 요인이 많은 영향을 미칩니다. 자녀와 부모 사이에 이루어지는 경험과 관계양상에 따라 부모자녀관계는 결정됩니다. 아동을 상담할 때 반드시 부모 상담을 병행하게 되는데, 이때 건강한 부모자녀관계를 회복하는 것이 중요한 상담 목표가 됩니다.

반면, 부모자녀관계에는 자녀의 요인도 영향을 미칩니다. 자녀의 기질, 발달정도, 장애 유무에 따라서 자녀에 대한 양육방법이나 양육스트레스가 달라지기 때문입니다. 부모자녀관계에 문제가 생기면 부모는 자녀에게 정서적 거리감을 느끼고 갈등을 겪게 됩니다. 아무리 노력해도 한 번씩 아이에게 폭발적으로 화를 내게 되거나 부모의 부정적인 감정이 들킬까봐 과잉보호를 하게 됩니다. 과거 부모에게 힘들었던 기억으로 인해 자녀의 문제를 과장되게 지각하거나 모른 척하고 싶어지기도 합니다. 다른 사람은 모르는 혼자만의 갈등으로 인해 자녀양육을 더 힘들어할 수도 있습니다.

상담에서는 겉으로 드러나는 행동문제만을 다루는 것이 아니라 부모의 양육을 지원하면서 부모가 경험하는 양육상의 갈등을 해소하고 더 좋은 양육을 할 수 있도록 돕습니다. 부모의 과거 성장기 경험으로 인해 갈등과 어려움이 있다면 상담을 통해 과거에 미해결된 문제에 대한 해결방안을 지원하고 현재 자녀와의 관계에 미치는 부정적인 영향을 긍정적인 방향으로 선회하도록 돕습니다. 부모자녀 관계문제로 인한 어려움이 있을 경우에는 더 늦기 전에 부모와 건강하고 돈독한 관계를 형성할 수 있도록 지원합니다. 만약 부모자녀 관계 해결이 늦으면 늦을 수록 자녀나 부모에게는 점점 불리해지기 때문입니다. 부모자녀 관계의 문제로 인해 심각한 방치와 학대가 있었을 경우에는 반응성 애착장애가 있을 수 있습니다. 대부분 부모 자녀 관계문제로 인해 성장기 심리적인 불안정, 불안, 위축, 우울이 있을 수 있으며 이러한 스트레스가 기질적인 특성과 함께 외현적으로 나타날 경우에는 틱, 유뇨증, 공격행동, 친구관계, 반항성, 각종 행동문제 등이 발생할 수 있습니다.

(2) 또래관계

- 친구랑 자주 싸워요.
- 친구들과 놀고 싶으면서도 친구들에게 다가가지 못하고 주변만 맴돌아요.
- 친구를 지나치게 좋아하고 모든 것을 다 해줘요. 그런데 친구는 귀찮아하며 결국 아이를 싫어하네요.
- 아이가 친구들 사이에서 인정받고 싶어서 물건을 사 달라고 하고 나눠주고 그래요.
- 아이가 집에 친구들을 데리고 와서 놀 때는 친구들이 잘 노는데 밖에 나가면 아이들이 우리 애를 부르지 않아요. 우리 애가 이용만 당하는 것 같아요.
- 친구 한 명이 우리 아이에게 명령하고 지시하고 우리 애는 그 아이의 허락을 받고 행동합니다. 마치 군대 졸병같아요. 그래도 좋다고 하네요. 이럴 땐 어떻게 해야 하나요?

아이들이 가정 이외에 경험하는 작은 사회 중 하나가 친구관계입니다. 만 36개월을 전후로 해서 아이는 다른 사람에게 관심을 보입니다. 이 시기가 되면 놀이터 등에 모여 있는 아이들에게 관심을 보이고 그 속에 끼어들고 싶어 합니다. 명절 때나 모임에서 아이들은 아무리 나이 차이가 커도 아이들과 같이 놀고 싶어 합니다. 이것은 아주 자연스러운 발달과정이며 놀이경험을 통해 다양한 감정과 관계경험을 갖게 됩니다. 부모는 아이가 사람들과의 관계 속에서 어떤 행동을 보이는지 알고 있어야 사회적인 태도에 대해 조언할 수 있는 중요한 힌트를 얻을 수 있습니다.

사회적 기술의 부족, 지나치게 친구관계에 밀착하기, 친구에 대한 무관심, 공격행동, 왕따시키기, 왕따당하기, 괴롭히기, 괴롭힘당하기 등이 또래관계에서 흔히 나타나는 문제입니다. 특히 자녀에게 또래관계 문제가 발생하면 부모는 자기 자녀를 피해자로 가정합니다. 그리고 상대 아이를 가해자로 정해놓거나 아이의 입장을 적극적으로 변호하면서 주변 아이들을 탓하는 경우가 있습니다. 부모가 이런 태도를 유지하면 자녀의 문제 행동을 객관화시킬 수 없고 행동을 개선하거나 자녀와 관계문제를 해결하기 어려워집니다.

또래관계 문제는 시간이 지나면서 자연스럽게 해결되는 경우도 있습니다. 그러나 많은 경우에 더 심해지거나 성격 형성, 지속적인 관계문제, 학습에 부정적인 영향을 미치게 된다는 점을 고려해야 합니다.

또래관계에 문제가 있는 경우, 부모가 아이의 친구관계 특성을 파악하는 것이 중요하고, 가족 내에서 나타나는 자녀의 태도와의 연관성을 파악해보면 상담과정에서 부모로서 개입방법을 찾는 데 도움이 됩니다.

(3) 형제관계

- 아이들이 너무 싸워서 힘들어요. 뭐 큰일도 아니고 작은 일로 매일 싸우고 일러요. 이럴 때마다 심판을 하기도 힘들어요.
- 작은애가 먼저 큰애를 약 올리고 때려요. 때린 애 편을 들 수도 없고 맞은 큰애를 혼낼 수도 없고 어떻게 해야 하나요?
- 아빠가 큰애 편만 들어요. 애들이 싸우면 이유도 묻지 않고 일방적으로 큰애 편만 들어서 걱정이에요. 작은애가 점점 아빠를 싫어하고 반항심만 커져요. 작은애는 큰애가 하는 것을 다 해 달라고 해요. 아직 어려서 할 수 없는데 해 달라고 조르고 안 해주면 몰래 큰애 물건을 만져서 고장을 내요.

아이들이 매일 집에서 사소한 일로 아옹다옹할 때 부모들이 어떻게 해야 하는지에 대해 많은 질문을 합니다. 부모가 너무 힘겨울 때는 질문을 넘어서 하소연을 하게 됩니다. 형제를 둔 부모들의 경우, 둘째를 낳게 된 이유로 가장 많이 말하는 것이 혼자 외롭지 않기를 바랐다는 것입니다. 그런데 부모의 기대와는 달리 형제가 거의 원수가 되어서 걱정이라고 생각합니다. 혹자는 싸우면서 크는 거니까 문제가 안된다고 그런데 부모는 왜 힘들까요? 아이들이 너무 자주 싸워서? 아니면 다른 이유가 있을까요? 다른 관점에서 왜 그렇게 많이 싸우게 될까요? 부모는 공평하게 똑같이 해준다고 하는데 왜 이런 일이 일어날까요?

많은 부모들은 처음에는 형제끼리 싸우는 문제에 대해 이야기하다가 점차 본인의 형제관계에 대한 이야기로 화제를 전환하게 됩니다. 그리고 부모가 아이들에 대한 심리적인 거리감이나 친밀감의 차이를 이야기합니다. 형제간의 문제 또한 관계문제의 일부이고 자녀가 가정에서 경험하는 정서적인 핵심감정을 표현하는 방식입니다. 둘째라고 욕심이 많고 첫째여서 듬직하다는 형제순위에 따른 고정관념에서 아이들을 바라보기보다는 가족관계 안에서 자녀의 입장과 마음을 파악하는 것이 중요합니다. 그리고 부모의 정서적인 친밀감의 정도 또한 중요한 상담내용이 됩니다.

아동이 가정에서 맺는 관계 경험은 외부 세계와 관계를 맺는 데 기초가 되고, 가정에서 사용한 패턴이 외부 세계에 그대로 반복됩니다. 따라서 형제관계에서 나타나는 문제를 가족의 문제나 '우리 집은 원래라는 편견에서 벗어나 다시 조명해 볼 필요가 있습니다. 상담에서 형제관계가 문제되는 경우에는 부모의 양육패턴이나 부모의 형제관계를 조명해 보게 됩니다. 부모의 어려움을 자녀에게 반복하지 않도록 도우면서 가족이라는 안전한 틀 안에서 안정감을 가질 수 있도록 돕게 됩니다. 가정은 누구에게나 휴식처가 되어야 합니다. 그런데 경쟁과 갈등의 장소가 된다면 아이들은 마음의 안식처를 침해당하는 것이 됩니다.

(4) 부부관계

- 원래 신혼 초부터 사이가 안 좋아서 아이들이 부모가 싸우는 것을 많이 보고 자랐어요. 아이들에게 나쁜 영향이 있지 않을까 걱정이 돼요.
- 아빠가 술을 먹으면 폭력적으로 변해서 아이들이 불안해합니다. 가끔씩 저를 때리기도 해요. 아이들이 어려서는 무섭다고 하다가 이제는 아빠에게 화를 내서 집안싸움이 커져요.
- 부부갈등이 심해서 싸우면 부인이 집을 나가요. 그리고 며칠 후에 집에 들어오는 일을 반복해요. 애들이 엄마가 집을 나가면 불안해하고 언제 오냐고 물어볼 때 뭐라고 말해야 할지 난감해요.

사람들은 사랑해서 그 사랑을 평생 나누고자 결혼을 합니다. 부부는 신혼시절부터 현재까지 다양한 사건과 경험 속에서 서로를 인정하며 가정을 유지하려고 노력합니다. 모든 경우에 조화를 이루기도 하지만, 갈등의 불씨가 아직도 진행 중이어서 부부간의 긴장과 갈등이 반복적으로 문제가 되기도 합니다. 경우에 따라서 심한 부부싸움을 하거나 냉전이 지속되고 상황이 더 악화되면 하숙생과 주인집 아줌마의 관계로 하락하거나 겉으로는 잉꼬부부인 것처럼 보이지만 안에서는 치열한 결투를 벌이는 부부도 있습니다. 급기야는 부부문제를 해결하고자 별거나 이혼을 하게 됩니다.

부부가 갈등 속에서 문제에 부딪치고 상처받고 수습하는 가운데 아이들은 어떻게 부모의 갈등을 바라볼까요? 그리고 부모의 갈등을 보면서 무슨 생각을 할까요? 우리가 아주 아름다운 크리스털 접시를 가지고 있는데 너무 약해서 조금만 부딪쳐도 깨진다고 합시다. 아이가 그 접시를 가지고 사람들이 많은 곳을 통과해야 한다면 아이는 어떤 마음으로 접시를 운반할까요? 다른 경우로 똑같은 크리스털인데, 특수처리가 되어 있어서 흠집이나 깨지지 않는 튼튼한 접시를 운반한다면 누가 더 안정감 있게 목적지까지 접시를 운반할 수 있을까요? 접시가 가족이고 사람들로 가득 찬 거리가 아이와 가족이 함께 지내야 하는 시간이라고 한다면 아이들의 심정이 이해가 갈까요?

아무리 감춘다고 하여도 아이들은 본능적으로 부모의 갈등과 정서를 직감적으로 감지합니다. 그리고 이러한 상황에서 아이는 살아가기 위해 다양한 전략을 사용합니다. 부부갈등에 대해 무심하기, 잘해서 우리가족 행복하게 만들기, 엇나가서 관심을 돌리게 하기, 피하기 등으로 아이들은 접시가 깨지지 않기 위한 나름대로 할 수 있는 노력을 합니다. 그러면서 마음속에 병이 나기 시작합니다. 부모는 아이들이 기댈 수 있는 비빌 언덕이어야 하는데 아이가 바라본 부모는 깨질 언덕이니 어디에 기대겠습니까?

그래서 부부갈등이 심하거나 오랜 기간 지속되었을 때 아이는 부모 안에서 성장시키고 해소했어야 할 문제를 상담에서 해결합니다. 상담은 부모에게 아이 욕구나 정서적인 어려움을 지각하는 데 도움을 줍니다. 부모상담은 가정문제로 대두되는 부부문제에 대한 적절한 해결방안과 부부갈등으로 빚어진 부정적인 영향을 줄이고 안정된 양육환경을 조성하기 위해 실시됩니다. 부부관계문제는 부부만의 문제가 아니라 가족의 문제이고 아이에게는 본인의 문제입니다. 부부가 갈등을 해결하려면 시간이 필요합니다. 부모는 부부갈등을 해결할 동안 불안정한 가정환경에서 성장하는 자녀에 대한 배려가 필요합니다.

5) 심리적인 문제

성장과정에서 자아형성과 정체감형성에 필요한 심리적 기제가 있습니다.

이러한 심리적인 기제들은 때로는 성장을 돕는 역할을 하지만 경우에 따라 정도가 심하면 오히려 건강한 자아를 형성하는 데 문제를 야기합니다. 아래 제시된 불안, 우울, 위축은 자녀 성장에 많은 영향을 미치는 심리적인 요인입니다. 아래의 내용을 참고하시어 자녀의 심리적 특성에서 기인한 문제들에 대해 생각할 기회를 갖기 바랍니다.

(1) 불안

- 밤에 무서워서 혼자 자기 싫어. 엄마랑 같이 잘래.
- 자꾸 이유 없이 걱정이 되고 무슨 일이 일어날까 걱정이 돼.
- 낯선 곳에 가지 않으려고 해요. 아이에게 이야기하고 설명을 해야 겨우 간다고 말을 해요. 아이를 데리고 가기도 전에 지쳐요.
- 물건이 흔들리면 무섭다고 해요. 그래서 작은 모빌 하나도 달아놓을 수가 없어요.

불안은 인간의 기본적인 심리적인 기제이고 불안을 통해 인간은 자기성장을 도모합니다. 아이들은 성장하면서 불안을 경험하고 이를 해결하는 과정에서 자신이 불안을 견디고 해결하는 다양한 전략을 습득하면서 현실에 적응하게 됩니다. 간혹 불안감으로 인해 현실생활을 어려워하는 경우가 있습니다. 흔히 볼 수 있는 경우는 분리불안, 악몽, 강박적인 행동, 낯가림, 주의산만, 불안정한 정서 등으로 내적으로는 불안이지만, 외부로 드러날 때는 아이마다 다르게 나타납니다.

외부의 행동으로 드러나는 것보다 불안으로 인한 영향은 심각하여 성장하면서 문제양상이 심각해지고 해결하기가 더욱 어려워지는 특성이 있습니다. 불안을 해결하는 개인의 방식은 저마다 다르기도 하지만, 억지로 행동을 소거해 버리면 다른 행동으로 대치해서 나타납니다. 그렇기 때문에 행동을 하느냐 안 하느냐가 문제가 아니라 행동을 좌지우지하는 불안과 불안을 통제하고 자아를 조절하는 능력이 어떻게 변화발전 했는지 알아야 합니다. 아이들이 불안으로 인해 환경적응에 문제가 생긴다면 상담을 통해 아이가 느끼는 불안을 다루고, 아이 스스로 불안을 조절하고 견딜 수 있도록 하는 것이 필요합니다.

(2) 우울

- 아이가 의욕이 없고 방에 누워만 있으려고 해요.
- 아이가 짜증을 내거나 화만 내요. 그래서 엄마가 뭐라고 말을 하기 어려워요.
- 아이가 너무 산만해요. 불안정해 보이고 한 가지에 집중을 하지 못하고 뭔가 붕 떠 있는 느낌이랄까.
- 학교 담임선생님 말씀이 아이가 항상 기운이 없고 의욕이 없다고 해요.

과거에는 우울을 성인에게 주로 나타나는 증상이라고 보았지만 최근 들어서 아동기 우울에 대한 관심이 높아지고 있습니다. 조기교육과 빈부의 격차, 사회경제적인 불안정으로 인해 아이들은 무기력감과 무능감을 과거보다 더 심하게 경험하고 있습니다. 우울한 아이는 짜증이 늘고 스스로 무능하다고 여기고 늘 기운이 없고 무기력한 모습을 많이 보입니다. 반대로 과잉행동을 하기도 하고, 부산하거나 반항적인 행동을 할 수도 있기 때문에, 아이의 우울함을 알아차리기 어려울 수도 있습니다.

아이들이 생활에 활력을 보이지 않는다는 것은 아이에게 자기 성장과 발전에 사용할 에너지가 고갈되었음을 의미입니다. 아무리 자동차에 시동을 걸어도 기름이 없어서 자동차가 움직이지 못하는 상태라고 말할 수 있습니다. 자동차가 움직이게 하기 위해서는 자동차를 점검하고 기름을 넣고 시동을 걸어 자동차가 안전하게 움직이도록 하는 것처럼, 상담을 통해 아이에게 활력을 주도록 돕습니다.

튜브에 바람 넣듯이 처음부터 아이에게 생기를 넣어주는 것이 아니라, 아이의 우울감을 충분히 공감하고 수용하면서 조금씩 아이 스스로 우울감을 덜어내면서 생기를 불어넣습니다. 아이들이 우울하다는 것은 아이 스스로 세상을 즐겁고 행복하게 살 수 없다고 생각하는 것입니다. 부모의 입장에서 아이를 아무리 행복하게 해준다고 해도 아이가 즐기고 누릴 마음이 없다면 소용없는 일입니다. 앞으로 성장하면서 경험할 많은 도전 앞에 스스로 무릎을 꿇어 버릴 수 있습니다. 우울한 아이의 마음에 생기를 불어넣는 일은 아이의 인생을 찾아주는 것과 같습니다. 상담에서는 부모와 함께 이러한 작업을 하게 되고 아이를 양육하는 부모에게도 인생의 즐거움과 행복을 찾을 수 있도록 돕습니다.

(3) 위축

- 아이가 자신감이 없어요.
- 친구들 사이에서 주장을 못하고 항상 좋은 것을 다 뺏겨요. 그렇다고 친구에게 달라고 하지도 못해요.
- 아이가 존재감이 없어요. 어디서든지 있는 듯 없는 듯해요.

자녀가 언제나 자신감 없고 사람들 사이에서 이리저리 치이고 의견도 없고 주장도 없고 자기 것도 뺏기고 있다면……. 이런 자녀의 모습을 보는 부모는 가슴이 답답하고 화가 나고 안타까워하기도 하면서 무너지는 마음을 이루 헤아릴 수 없습니다.

부모는 아이에게 화를 내거나 핀잔이나 비난을 할 수도 있고, 오히려 안쓰러워서 보호하게 되거나 부모도 견디기 힘들어 외면하는 경우도 있습니다. 부모가 고개를 돌린다고 해서 아이의 행동이 달라지거나 없어지지 않습니다. 다만 아이는 의지할 곳 없이 홀로 남아 모진 비바람을 맞을 뿐입니다.

자아개념과 정체성을 형성하는 데 위축은 부정적인 영향을 미칩니다. 또한 위축된 모습 이면에 내적으로 어떤 마음이 있는지는 아무도 알 수 없습니다. 겉으로 드러나는 모습과는 달리 내적으로는 강력한 공격성과 세상에 대한 강한 분노감을 가지고 있을 수 있고, 위축되어 표현하지 못했거나 성취하지 못한 욕구들로 인해 왜곡된 생각을 할 수 있습니다. 위축은 관계문제에서 비롯되기도 하지만 관계문제를 더 악화시키기도 합니다.

위축된 아이에게 자신감을 키워주기 위해 우선권을 부여하고 많은 혜택과 원하는 것을 들어준다고 해결되지 않습니다. 본인의 욕구나 감정을 인식하고 현실 가능한 방법으로 실천해 갈 수 있도록 돕는 것이 필요합니다. 아이에게는 안전하게 자신을 표현하도록 돕는 과정이 필요합니다. 알에서 병아리가 깨어나듯이 아이가 스스로 자신을 개방하도록 신뢰감을 형성하고 심리적, 공간적으로 안정감을 주는 과정이 필요합니다.

이 과정이 상담과정이며 부모와 함께 아이가 온전히 세상과 마주할 수 있도록 돕는 작업을 하는 것입니다. 위축이 지속되면 현실에 대한 회피반응이 점점 심해지고 무기력해집니다. 판타지 게임이나 만화에 빠져서 위축되고 자신 없는 마음을 위로받으려고 할 수도 있습니다. 아이가 잘못된 해결방법을 오래 사용하다 보면 행동패턴이 굳어져 개선하기가 더 어려워지기도 합니다. 따라서 아이가 오랫동안 위축되어 있거나 다른 문제 행동까지 보인다면 상담을 통해 반드시 해결해야 합니다.

6) 외상 경험

한 치 앞을 볼 수 없는 인간의 미래에 대해 장담할 수 있는 것은 없습니다. 신문지상에서 오르내리는 사건·사고들 중에서 미리 알고 있었던 것보다 갑작스럽게 당한 일들이 더 많습니다. 마찬가지로 부모도 아이를 키우면서 다양한 사건을 경험하게 되지만 갑작스러운 사건은 정서적인 큰 상처를 남깁니다. 이러한 경험을 외상적 경험이라고 하는데 외상은 그 당시에는 문제가 해결된 듯하지만, 지속적으로 영향을 미치고 성장한 후에도 그와 유사한 사건을 접하게 되면 과거의 외상 기억이 합세하여 생활을 더욱 힘들게 합니다.

그렇기 때문에 외상을 경험했을 때는 현재 아무런 문제가 나타나지 않았을지라도 상담을 받기를 권유합니다. 다음은 아동이 경험하는 외상을 정리해 놓았습니다.

(1) 학대

- 엄마가 성격이 불같고 다혈질이어서 아이들을 많이 때려요. 처음에는 버릇을 고치는
  차원이었는데 점점 때리는 강도가 심하고 욕설도 하고 남자인 제가 봐도 무서워요.
- 아빠가 아이들을 심하게 때리는데 술을 먹으면 더 심해져요. 그 문제로 아이들을 데리고
  가출을 한 적도 있었는데 정신이 돌아오면 잘못했다고 빌어요. 근데 술을 마시면 다시 폭력을
  행사해요.
- 아이가 사촌오빠에게 성폭행을 당했어요. 아이가 그 후부터 남자만 보면 무서워하고
  자위행위를 해요.
- 엄마가 우울증이 심해서 아이들을 돌보지 않고 밥도 겨우 주고 병원도 안 데리고 가요.
  이웃집에서 아이들이 방치된다며 신고를 해서 알게 되었어요.

학대는 성학대, 신체학대, 정서학대, 방임으로 나누어집니다. 학대 내용에 따라 아동이 경험한 피해내용이 달라지고, 아동의 성장환경과 학대의 심 각성과 지속성에 따라 아동이 받는 피해 정도가 달라집니다.

최근 학대에 대한 사회적인 관심이 커지면서 과거보다 인식이 많이 개 선되었지만, 가족관계 안에서 학대가 이루어지기 때문에 적절한 조치를 취하 기가 어려운 경우도 많습니다. 상담을 통해 학대문제를 해결하고 싶으면서도 가족 간의 협의가 안 되거나, 현실은 괴롭지만 변화에 대한 두려움으로 상담받기를 피하여 진행되지 않는 경우도 많습니다.

학대에 대한 고통을 부모가 제일 잘 알고 있습니다. 반면 상담은 부모의 선택이고 부모가 선택하지 않는다면 아동은 여전히 학대를 지속적으로 받아야 합니다. 학대는 성장기에 있는 아동에게 지속적인 영향을 미치기 때문에 신체는 성장하더라도 정서적인 성장이나 내면의 성장에는 심한 손상을 주게 됩니다.

따라서 부모나 자녀가 지속적으로 학대를 경험할 경우 즉각적으로 상담이나 학대예방센터의 도움을 받아 성장기에 있는 아동을 최대한 보호해야 합니다. 만약 부모가 의지는 있으나 용기를 내지 못하는 경우에는 주변 친인척이나 지인이 지원과 지지를 통해 도움을 받을 수 있도록 돕는 것이 필요합니다.

(2) 부모 이혼

- 이혼을 했는데 아빠가 갑자기 학교로 찾아와서 아이가 무섭다고 해요. 아빠가 데리고 갈까봐 겁난다고 해요.
- 이혼을 했는데 아이가 꿈에서 엄마나 아빠를 잃어버리는 꿈을 꾼다고 해요. 정말 엄마 아빠가 없어질 것 같아 학교에 가기 싫다고 해요.
- 부부 사이가 나빠서 이혼을 하려고 하는데 아이들이 걱정입니다. 아이들에게 어떻게 이야기해야 할지 모르겠어요.
- 이혼 과정에서 아이들이 힘들어하는데 어떻게 도움을 주어야 하나요? 애들이 커서 이해한다고 하는데 아이들이 점점 우울해하는 것 같아요.

어느 날 집이 홍수로 떠내려가거나 화재로 하룻밤 사이에 재가 되었다면 어떻게 될까요? 아이들에게 부모가 이혼하는 경험은 하루아침에 집이 없어지는 것과 같은 큰 충격입니다. 아무리 무심하고 괴롭히고 무능한 엄마나 아빠라도 아이들은 부모가 자신을 떠났다는 사실이 큰 상처가 됩니다. 상실에 대한 심리적인 공허감은 아동의 성장에 많은 영향을 줍니다.

이혼은 부모의 결정이기 때문에 아이의 입장을 고려한다고 하더라고 피할 수 없는 과정이기도 합니다. 그렇기 때문에 이혼을 최대한 피하면 좋으나, 피할 수 없다면 과정이 중요합니다.

오랜 부부갈등이 지속되는 경우에 부모는 상대방에 대한 부정적인 감정을 감추기 힘들고 자녀에게서 그와 유사한 특징이 발견되는 경우에는 아이에게 감정이 폭발됩니다. 이혼 과정이나, 이혼 후에 부모자녀관계문제는 상대방에 대한 부정적인 모습에 대한 감정을 아이에게 퍼붓거나 지나치게 예민하게 반응하여 과도하게 억압하는 경우가 발생합니다.

아이의 행동은 정상적인 아이의 특성인데 과잉지각하여 비난하거나 지나치게 반응하면 연령에 필요한 욕구를 해결하고 건강하게 성장할 기회를 놓치게 됩니다. 부부가 이혼이라는 형태로 형식적인 분리가 되었으나, 그 감정이 정리되지 않아서 정신적인 분리가 안 이루어진 경우입니다.

반대로 이혼을 했는데도 상대에게 막연한 기대를 지속하여서 아이들이 혼란을 경험하는 경우도 있습니다. 상대부모에 대한 비난으로 인해 아이들이 부모에 대한 절실한 감정을 억제하고 드러내기 어려운 경우도 있습니다.

부부는 결혼과정만큼이나 이혼과정도 중요합니다. 부모는 부부 이외에 자녀에 대해 고려해야 하고 경제적·사회적으로 독립하는 문제, 아동의 연령에 따른 이혼에 대한 이해 등을 고려해야 합니다. 양육권, 친권, 재산 분할 등 법적인 문제를 해결하는 데 부부의 입장만이 아니라 자녀의 입장과 양육에 대해서도 생각해야 합니다.

이혼을 하는 경우, 절차와 과정이 순조롭게 이루어지기보다는 갈등이 반복되면서, 경우에 따라서는 진흙탕 싸움으로 이어져 아이에게는 보여서는 안 되는 경우도 발생합니다. 부부가 행복한 결혼을 하면서 평생 동안 행복한 삶을 약속하듯이 헤어질 때도 서로를 돌아보고 그들 사이에서 태어난 아이를 조금이라도 배려한다면 특별한 과정을 통하여 아이를 보호할 수 있도록 해야 합니다.

그렇기 때문에 이혼과정에서 상담을 받는 것은 아동을 보호하면서 부모 또한 숙려기간을 가지고 부부관계를 되돌아볼 수 있는 기회가 됩니다.

(3) 부모 사망

- 교통사고로 아빠가 죽었고 아이들이 같이 타고 있었어요. 아이들이 충격을 많이 받은 것 같은데 어떻게 해주어야 하나요?
- 엄마가 심한 우울증을 겪다가 자살을 했어요. 아이에게는 충격을 받을까봐 엄마가 아파서 외국에 병 고치러 갔다고 했는데 아이가 안 믿는 눈치예요.
- 아빠가 직장에서 사고로 죽었는데 요즘 자꾸 아빠가 어디 갔냐고 찾아요. 그리고 장례식을 끝내고는 괜찮았는데 요즘 더 힘들어하는 것 같아요.
- 직장 때문에 낮에 할머니가 아이를 봐주셨는데 갑자기 돌아가셨어요. 그 후부터 아이가 할머니 보고 싶다고 하네요. 혹시 아이가 많이 놀랐는지 궁금해요.

부모는 언젠가는 세상을 떠나겠지만 아이들은 그날이 영원히 오지 않았으면 하고 소망합니다. 유아기를 지나 아동기가 되면 아이들은 엄마와 아빠가 할머니와 할아버지가 된다는 사실을 알게 되고 죽음을 떠올립니다. 이 시기에 아이들은 엄마와 아빠는 언제 죽는지, 정말로 죽는지, 그리고 내 나이가 언제쯤이면 그런 일이 있는지에 대해 궁금해하고 질문하면서 자기랑 오래오래 같이 살자고 다짐을 받습니다. 이렇게 아이들에게 죽음이란 아주 추상적인 일이고 멀리 있는 일입니다. 그리고 부모가 없어진다는 것은 상상하기 어렵습니다.

그런데 어느 날 갑자기 준비도 없이 부모를 잃거나 병환으로 부모의 죽음을 경험하는 것은 아이들에게 감당하기 어려운 일입니다. 부모의 상실은 자녀의 연령에 따라 반응이 다르고 미치는 영향도 다르지만, 공통적으로 아동에게 큰 심리적 외상경험입니다. 어른도 죽음을 수용하는 데 일 년 정도의 시간이 걸린다고 합니다. 사건을 즉시 수용하기 어려워하면서 처음에는 부인하고 저항하다가 시간이 지나면서 죽음을 받아들이게 됩니다. 아이들도 이 과정을 경험하게 됩니다. 그리고 성장기 아동의 경우에는 부모의 손길이 절실하게 필요하기 때문에 그리고 아직 분리를 준비하기에는 이른 나이이기 때문에 더 많은 혼란과 고통을 경험합니다.

　아무리 부모와 관계가 나빴어도 해준 것이 없을 정도로 빈약한 관계라도 아동에게 부모가 갑작스럽게 사라졌다는 것은 큰 충격입니다. 그렇기 때문에 아동이 부모의 죽음을 수용하고 스스로의 상처를 치유하는 데 상담이 필요합니다. 상담을 통해 죽은 부모를 애도하는 과정을 갖는 한편 부모와 성장할 부분을 상담과정에서 성장할 기회를 갖게 됩니다. 그리고 아동의 성장을 돕는 대리양육자와의 협력을 통해 안정적인 양육환경을 마련합니다. 상담은 모든 것을 해주는 도깨비방망이가 아니라, 고통과 어려움을 함께하면서 치유하는 과정을 같이 겪고 아동이 성장하는 데 버팀목이 되는 것입니다. 버팀목을 딛고 성장할 수 있도록 부모가 이 과정을 선택한다면 아동은 든든한 뿌리를 가진 튼튼한 나무로 성장할 것입니다.

믿을 수 있는 확실한
전문기관을 찾자!

믿을 수 있는 확실한
전문기관을 찾자!

4. 대체 어디로 갈까?
−상담기관을 선택하는 현명한 방법−

〈5세 남자 아이를 둔 엄마 이야기〉

"6개월 전 동생이 태어나면서부터 잘 다니던 어린이집에 가지 않겠다고 하네요. 어린이집에 가서는 친구를 밀치고, 물건을 양보하지 않고, 원하는 대로 되지 않으면 울어 버리고……. 어린이집 선생님 말로는 아이를 타일러 보기도 하고, 잘못된 행동을 했을 때 혼내 보기도 했지만, 좋아지기는커녕 오히려 더 심각해졌데요. 그러면서 선생님 지도만으로는 어려울 것 같다고 하시며 상담을 받아 보면 어떻겠냐고 조심스럽게 말씀하시네요. 이런 이야기를 듣게 되니까 저도 모르게 아이한테 짜증을 내거나 신경질을 내면서 아이를 혼내게 되더라고요. 혼낸 뒤 아이를 보면 장난감을 가지고 놀아도 신나 보이지 않고, 아이가 좋아하는 만화를 봐도 표정이 어두워요. 이때 확 밀려오는 죄책감……. 그래서 남편과 상의하에 전문가의 도움을 받아 보기로 하고 이곳에 오긴 했지만 사실 여기까지 오는 데 한 달이나 걸렸어요. 글쎄, 인터넷에 '놀이치료'라고 검색을 했더니 병원, 상담센터, 복지관 등 다양한 기관들이 나오는데 어디로 가야 할지 모르겠더라고요. 아이가 다니는 어린이집을 선택할 때 보니 기관을 한번 정하면 바꾸기가 쉽지 않더라고요. 그래서 기관 결정하는 데 신중해지고……."

위 부모의 경우처럼 아이의 문제를 발견했을 때, 정확하게 진단을 받고 도움을 받을 수 있는 기관을 찾기란 쉬운 일이 아닙니다. 인터넷에 원하는 키워드를 넣으면 화면 가득 기관 이름이 나옵니다. 또한, 주변에 발 빠른 엄마들에게 물어보면 각 기관에 대한 장·단점을 생생히 전해주며 많은 정보를 알려주기도 합니다. 그러나 이 모든 정보를 얻고도 어느 기관으로 갈 것인가는 쉽게 결정하기 어려운 문제입니다.

이 장에서는 다양한 기관들의 특성에 대해 알아보며, 기관을 선택하는 요령에 대해 자세히 살펴보도록 하겠습니다.

1) 아동상담전문기관

아동상담전문기관은 각 치료분야의 전문가들이 만든 사설기관으로 전문지식과 풍부한 임상 경험을 토대로 다양한 아동청소년들의 문제를 함께 해결해 나가는 기관입니다.

많은 부모들은 아동상담전문기관의 다양성에 대해 혼란스러워하십니다. 그래서 본서에서는 아동상담전문기관을 세 개의 큰 영역으로 나누어 설명하고자 합니다. 정서적인 문제를 주로 치료하는 놀이치료 전문기관, 학습장애나 학습관련 문제를 해결하기 위한 학습상담전문기관, 언어나 신체, 인지발달 등 아이들의 전반적인 발달문제를 해결하기 위한 발달치료전문기관 등으로 나누어 살펴보겠습니다.

(1) 놀이치료 전문기관

놀이치료 전문기관은 놀이라는 매체를 통해 아동 및 청소년들이 겪고 있는 심리·정서적 문제를 해결할 수 있도록 돕는 기관입니다.
놀이치료 전문기관은 아동심리치료 분야를 전공하고, 놀이치료 전문기관에서 경력을 쌓은 사람들이 모여서 일하는 대표적인 정서·행동치료기관입니다.

'○○놀이치료'란 기관은 없던데요?

놀이치료 기관을 찾을 때 '○○놀이치료'라고 하는 곳의 이름은 흔하게 볼 수 없을 것입니다. 놀이치료를 기관의 상호명에 붙이기보다는 아동·청소년 상담센터, 아동·가족 상담센터, 아동연구소 등의 상호로 등록되어 있습니다.

이는 치료기관에서 놀이치료만 하는 것이 아니고 아동의 문제를 통합적으로 도와주기 위한 여러 가지 치료적 접근(언어치료, 인지치료, 집단사회성 프로그램, 미술치료, 음악치료, 감각통합치료 등)을 함께 병행하고 있기 때문입니다.

놀이치료 전문기관의 상담 절차는 기관마다 조금씩 차이가 있습니다. 대부분의 놀이치료 전문기관들은 상담을 받기 위해 전화 및 홈페이지, 기관 내방을 통한 예약제로 운영하고 있습니다. 놀이치료의 접수상담과 상담과정에 대해서는 이 책의 후반부에 독립적인 장(7·8·9·10장)에서 소개하였기에 이 장에서는 간단한 절차만 설명하고자 합니다.

첫 방문을 위해 전화나 홈페이지, 기관에 직접 내방하여 예약한 후, 정해진 날에 기관에 첫 방문을 하게 됩니다. 보통 접수상담이라고 칭하며 아이의 문제를 보다 명확하게 확인하기 위해 아동과 함께 내방을 하는 것이 좋습니다. 접수 상담에서 상담자는 아동과의 놀이를 통해 문제를 확인하고, 아동의 특성을 파악하게 됩니다. 이렇게 파악된 내용과 부모가 보고한 아동 관련 정보를 종합하여 아동에 대한 정확한 이해를 꾀하고, 아동에게 도움을 줄 수 있는 방법들에 대해 부모와 함께 의논하게 됩니다. 접수 상담이 끝났다면 아동의 인지 및 정서적 상태를 객관적으로 알아보기 위한 심리검사*가 이루어 집니다. 심리검사는 검사 전문 담당자인 '임상심리전문가'나 '임상심리사'에 의해 실시됩니다. 이때 다른 치료와 달리 검사자와 치료자가 구분되는 이유는 검사자가 심리치료를 하게 되면 아이가 치료자와의 관계형성에 어려움을 보이기 때문입니다. 자신에게 무엇인가를 검사하는 사람에게 쉽게 마음을 열고, 자기편으로 느끼며, 문제를 꺼내 함께

---

* 순서가 꼭 정해져 있기보다는 아동의 정서 상태에 따라 치료보다 먼저 이행되거나 아니면 치료 진행 중에 심리검사가 이루질 수도 있습니다.

풀어가는 과정은 쉽지 않기 때문이요. 경우에 따라 차이는 있지만 보통은, 접수상담에서 얻은 자료와 검사자료를 통합하여 치료자는 아동에게 맞는 단기 및 장기 목표를 설정해 가며 치료를 진행합니다. 힘들었던 치료여정를 마치고 아동의 문제 행동이 해결되면 종결하게 됩니다. 종결 후에는 사후관리처럼 부모교육을 실시하거나 추후 만남을 갖기도 합니다.

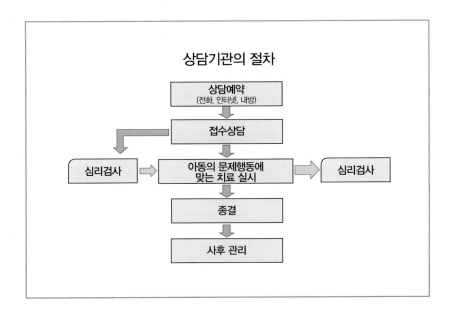

(2) 학습상담전문기관

학습상담전문기관은 학습 능력은 있으나 학습에 대한 흥미가 떨어지고 학업성취 수준이 기대수준 이하로 낮은 경우나 읽기 장애, 계산 장애, 쓰기 장애 등의 학습장애를 가지고 있어 학교생활에 부적응행동을 보이는 아동들을 위한 곳입니다. 여기서는 학습장애아의 문제를 개선하기 위한 치료적 개입이 이루어지거나 학습부진을 가진 아동 및 청소년을 대상으로 학습에 관련된 동기, 방법, 전략, 인지학습 기술 등을 효과적으로 치료, 교육하는 곳입니다. 여기서는 의사 또는 인지치료사, 교육방법이나 교육심리와 같은 학습관련 전공자들이 모여서 일하는 곳입니다. 인터넷 등에 '학습상담', '학습치료' 및 '인지치료', '인지학습치료' 등의 키워드를 입력하고 검색을 하면 '○○학습클리닉', '○○인지치료실', 혹은 병원 부설 학습·인지치료실을 볼 수 있습니다. 학습 상담전문기관의 절차는 위에서 소개한 기관들과 유사하므로 설명을 생략하겠습니다.

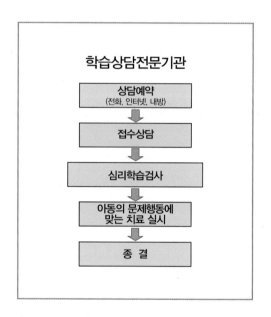

(3) 발달치료전문기관

발달치료전문기관은 발달장애 및 발달지연 혹은 부적응행동을 하는 아동 및 청소년 대상으로 하고 있으며 이들이 생활연령에 맞는 발달과업을 이루도록 돕는 곳입니다. 발달장애 및 발달지연이란 뇌의 불균형적인 발달로 인해 일어나는 장애나 이로 인해 신체 또는 언어발달 등이 늦는 경우, 연령에 비해 조절 능력이 결여된 경우 등을 일컫습니다. 발달치료전문기관은 언어치료 및 작업치료학, 체육 관련학 전공자들이 일하는 곳입니다. 발달치료전문기관은 '○○언어발달치료센터', '○○감각통합치료센터', '○○발달치료센터' 등의 상호로 등록되어 있습니다. 여기서는 언어치료, 인지치료, 미술치료, 음악치료, 감각통합치료, 체계적 체육수업 등을 갖추어 아동 및 청소년이 발달상의 어려움을 극복하고 보다 잘 성장할 수 있도록 도와줍니다.

치료절차는 상담 예약 후 기관을 방문하여 접수상담을 받게 됩니다. 기관 방문 뒤 치료자 또는 발달검사자는 대상자에게 필요한 발달관련 검사를 아동에게 직접 실시하거나 부모가 체크리스트를 통해 작성토록 하여 검사 결과를 얻게 됩니다. 발달에 어려움이 있는 아동들의 경우, 대부분 자기보고식 체크리스트가 어려워 부모의 관찰을 통해 자료를 얻거나 직접 아이의 발달을 검사하는 방법을 사용합니다. 검사를 바탕으로 다양한 발달치료 프로그램을 적용하게 되고, 정서치료와는 달리 주 1회 이상의 치료를 실시하는 경우도 많습니다. 또한, 하나의 치료적 접근보다는 여러 개의 접근을 통합적으로 실시하며 발달 문제를 해결하고자 하는 것이 특징입니다.

2) 아동상담을 받을 수 있는 병원

소아정신과 병원은 광범위한 아동의 심리·정서적인 문제에 대해 약물의 처방과 치료와 같은 의학적 처치를 할 수 있는 곳입니다. 특히 기질적인 문제나 신경의학적인 처치를 요하는 경우 소아정신과에서 적절한 도움을 받을 수 있습니다. 요즘 많은 소아과 병원에서도 놀이치료실, 언어치료실

등과 같은 다양한 치료적 서비스를 제공하고 있습니다. 소아정신과 병원은 종합병원과 개인 소아·청소년 정신과 병원으로 나눕니다. 이들 기관이 어떠한 역할을 하고, 차이는 무엇인지 알아보겠습니다. 아래에서 설명하는 장단점을 잘 숙지하여 현재 아이가 종합병원과 개인병원 중 어디를 내원하는 것이 적합한지 고려해 보시길 바랍니다.

(1) 종합병원

종합병원 내의 소아·청소년 정신과는 기관의 특성상 아동의 연령과 병리 수준에 필요한 의학적 처치를 다양하게 지원받을 수 있는 곳입니다. 종합병원은 오랜 임상 진료 및 치료 실적이 있는 곳으로 많은 환자들이 진료를 받고 치료에 참여하고 있습니다. 다양한 내담자를 만나 치료한 경험이 있는 전문의를 만날 수 있고, 심리검사뿐만 아니라 각종 신경의학적 검사들을 연계하여 한 장소에서 해결할 수 있다는 장점이 있습니다. 또한, 심한 우울증, 정신분열증, 섭식장애, 틱장애 아동 및 청소년들의 경우 입원을 통해 체계적인 관리를 받을 수 있기 때문에 환자 및 가족들의 심리적인 안정에도 큰 도움이 됩니다. 그러나 환자수가 많아 빠른 기간 안에 예약 시간을 잡기가 어렵고, 짧은 외래 진료시간 안에 많은 환자를 만나야 하기 때문에 면담시간이 충분치 않을 수 있습니다. 또한 종합병원 내 보험이 적용되는 치료들은 개인 병원에 비해 대기시간이 길어질 수 있습니다. 이 때문에 종합병원에서는 환자의 거주지 인근 상담 기관이나 협력병원을 소개해주기도 합니다.

(2) 개인 소아·청소년 정신과

개인 소아·청소년 정신과는 종합병원 및 대학병원에서 충분한 임상을 거치거나 전문의로 활동하던 의사들이 설립한 곳입니다. 기관에 따라 조금씩 특성이 다르지만 대개의 경우, 종합병원보다는 예약과정이나 의사와의 면담, 약 처방 등의 의료적 서비스를 여유롭게 받을 수 있습니다. 개인 소아·청소년 정신과에서도 종합병원과 같이 약물치료를 처방받아 진행할 수 있고, 간단한 의학적 검사도 가능합니다. 그러나 신경의학적 정밀검사나 대형 검사장비가 필요한 검사들은 종합병원으로 재의뢰가 되기도 합니다. 요즘 개인 소아·청소년 정신과에서도 개별 심리치료적 서비스를 병행하고 있어 심리치료와 의학적 처치가 병행되어야 하는 내담자들은 이곳에서 도움을 받을 수 있습니다.

다음은 개인 소아·청소년 정신과의 상담과정에 대해 소개하고자 합니다. 보통 소아정신과 병원에 첫 면담을 예약했다면 의사를 통해 치료가 진행됩니다. 병원에 첫 내방을 하면 의사가 초진을 하고 아동의 문제를 파악한 후, 약물처방이 필요한지 아니면 면담치료가 필요한지를 판단하게 됩니다. 최근에는 소아정신과에서 부설 상담센터를 운영하는 기관이 늘어나고 있습니다. 그래서 의사가 아닌 전문상담가들이 첫 접수상담과 본 상담을 실시하는 경우도 있습니다. 이러한 추세와 현상을 부모들이 잘 파악하여 원하는 곳으로 내방의사를 밝히는 것이 좋습니다.

의학적 처치와 심리치료의 병행에 대해 예를 들어 부모들의 이해를 돕고자 합니다. 아동 및 청소년이 보이는 병리적 문제행동에 대한 의료적 처치(검사, 약물처방 등)는 의사들만이 할 수 있는 역할입니다. 예를 들어, 주의력결핍 및 과잉행동장애(ADHD: Attention Deficit Hyperactivity Disorder)나 우울, 품행장애, 사회공포증, 섭식장애, 틱장애 등 유전적·신경학적 요인이 큰 장애나 장기 심리치료에만 의존하기에는 문제의 수준이 너무 높아 일상생활에 큰 지장을 줄 경우 등은 약물치료를 병행하는 것이 더 큰 효과를 볼 수 있습니다. 만약 심리치료 프로그램이 준비되어 있지 않은 기관이라면 가까운 곳의 상담기관을 연계해 줍니다. 반대로 사설 상담센터에서 심리 치료를 받으면서 약물치료를 병행하는 것이 좋겠다고 판단될 때는 상담 센터나 집 근처의 병원에서 약물을 처방받아 복용하며 치료를 진행해 가기도 합니다. 대개의 약물치료들은 복용기간이 길고 한번 처방을 받으면 비교적 오랜 기간 복용하는 특징이 있어 부모들 입장에서도 큰 무리가 없는 방법이 됩니다.

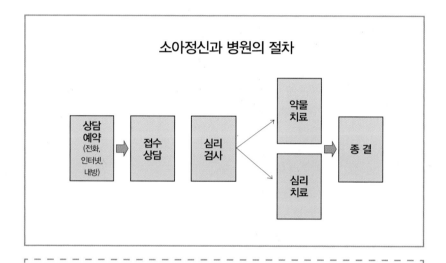

소아정신과 병원의 절차

상담예약 (전화, 인터넷, 내방) → 접수상담 → 심리검사 → 약물치료 / 심리치료 → 종결

Tip 병원에 가면 기록이 남는다고 하던데 괜찮나요?

실제적으로 정신과 치료에 대한 병원 기록 보관은 10년이며, 건강보험심사평가원과 국민건강보험공단에 5년간 기록을 보존하고 있습니다. 타인이 진료 기록을 보는 것은 국가 사무에 필수 절차나 법률적으로 규정된 경우를 제외하고는 열람이 금지되어 있습니다.

3) 지역사회복지관

　복지관 내의 상담실에서는 지역사회 아동과 그 가족의 복지를 위한 서비스를 실시하고 있습니다. 상담원뿐만 아니라 사회복지사와 기관의 다른 부서 직원들도 아동을 위해 실질적인 지원과 도움이 필요할 시에 함께 협력하여 서비스를 지원한다는 장점이 있습니다. 그들은 기관 내나 아동이 거주하는 지역사회 내의 자원을 최대한 활용할 수 있도록 연계해주어 다양한 복지 서비스를 받을 수 있도록 해 줍니다.

　기관의 특성에 따라 다르지만 복지관의 상담서비스는 비영리사업에 속하기 때문에 부모들로부터 받는 상담비가 낮습니다. 그와 더불어 상담사업에 지원할 수 있는 기관의 예산도 한계가 있어 오랜 기간 임상경력을 쌓고 높은 학력을 가진 치료사들에게 좋은 처우를 하기엔 어려운 실정입니다. 그래서 상담원들의 경력이 다소 낮은 면은 있지만 성실히 아동의 어려움을 도와주고자 하는 상담원이 복지관에서 열심히 일하고 있습니다. 사설 상담센타나 병원에서 치료받기에 현실적인 어려움이 있거나 아동의 문제가 발달문제로 장기간 치료가 필요하거나, 다양한 환경적 지원 서비스가 함께 고려되어야 하는 경우 등은 지역사회복지관 내의 치료실을 이용하는 것도 적절한 선택이라 여겨집니다.

　기관의 특성에 따라 조금씩 차이는 있지만 대개의 복지관에서도 사설상담센타나 병원과 같은 치료 진행 절차를 수행하고 있으므로 여기서는 설명을 생략하겠습니다.

4) 대학 부설 아동상담기관

대학 내 부설 아동상담기관은 지역사회 가족복지 증진 및 상담자를 양성하기 위한 목적으로 설립된 곳입니다. 이곳에서도 놀이치료, 모래놀이치료, 음악치료, 사회성 증진 프로그램, 언어치료, 인지학습치료, 청소년상담, 성인상담, 부모교육, 심리평가 등의 프로그램을 운영하고 있습니다.

대학 부설 내 아동상담기관은 두 가지 유형으로 나뉩니다.

아동상담전문기관처럼 임상경력이 있는 전문치료사들이 유료상담을 하는 곳과, 각 치료분야에서 공부하고 있는 대학원생들이 무료상담을 하는 곳이 있습니다.

전자의 경우 앞에서 살펴본 아동상담기관과 유사하니 여기서는 후자에 대해서만 살펴보고자 합니다. 후자의 경우, 2~3학기의 전공과정을 거친 대학원생들이 자신들이 습득한 학문적 지식을 현장에 적용하고 활용해 보는 실습과정으로 무료 아동 및 청소년상담을 실시합니다. 이런 경우 부모는 "공부 중인 학생이 우리 아이 치료를 잘 할 수 있을까?" 걱정하기도 합니다. 하지만 Case를 맡아 진행을 하게 된 대학원생들은 이론교육과정이 마무리될 무렵에 실습을 하게 되고 실습담당 교수들로부터 상담과정에 대한 슈퍼비전을 받습니다. 또한 혼자 치료를 진행하는 것이 아니라 치료과정을 교수와 동료들과 교육 훈련과정에서 함께 논의하며 진행하므로 비교적 성실하게 상담이 이루어지고 있다고 볼 수 있습니다. 이런 경우, 비밀보장의 문제로 상담을 시작하기 전에 슈퍼비전 진행과 상담과정공개에 대한 부모의 동의를 얻는 절차를 거칩니다.

5) 국가보조기관

국가보조기관으로는 아동보호전문기관(아동학대예방센터), 해바라기아동 상담센터, 청소년상담지원센터 등이 있습니다.

(1) 아동보호전문기관(아동학대예방센터)

아동보호전문기관은 아동복지법에 근거하여 아동학대 예방 및 학대받은 아동을 보호하기 위해 설립된 기관입니다. 이곳에서는 아동보호전문기관, 일시보호시설 그리고 아동상담소의 기능을 나누어 수행하고 있습니다. 아동보호전문기관에서는 학대받은 아동을 위해 다양한 전문적 치료 및 서비스를 제공하고 있을 뿐만 아니라, 일반 아동들을 위한 아동학대예방교육 및 아동권리 교육을 실시하고 있습니다. 아동보호전문기관에서 운영하는 일시보호시설은 보호를 필요로 하는 아동을 일시 보호하고 아동에 대한 향후 양육대책수립 및 보호조치를 행하는 것을 목적으로 합니다.

아동보호전문기관에서 운영하는 아동상담소는 학대받은 아동을 대상으로 심리적 안정을 도모하기 위해 1차적인 기능을 하며, 2차적으로는 지역사회 내의 아동과 부모를 대상으로 프로그램을 실시하거나 치료실을 운영하고 있습니다.

아동상담소에서는 심리검사와 면담을 통해 아동의 인지기능 및 발달수준, 부모−자녀 상호작용을 객관적으로 진단하고 심리치료 및 교육 프로그램을 진행하고 있습니다. 각 도마다 운영되고 있으며 아동상담소는 기관마다 진행되는 치료와 심리검사 내용은 다를 수 있습니다. 그러나 공통적으로 홈페이지를 통해 무료 온라인 상담을 받을 수 있으며, 저렴한 비용으로 대면상담 또한 받을 수 있습니다.

〈지역 주민을 위한 아동보호 전문기관〉

기관명	위치	전화번호
서울특별시 아동복지센터 http://child.seoul.go.kr	서울시 강남구 광평로 34실 124	02-2040-4200
서울시립아동상담치료센터 www.donawoori.seoul.kr	서울시 동대문구 답십리로 69실 106	02-2248-4567-9
부산광역시아동보호종합센터 http://adong.busan.go.kr	부산광역시 서구 까치고래로 183	051-242-2000(양육상담) 1577-1391(학대신고 및 상담)
광주광역시아동보호전문기관 http://www.cyber1391.or.kr	광주 서구 내방로 216	062- 385-1391-3
구미아동보호전문기관 http://gumi1391.or.kr	경북 구미시 문정로 110	054-455-1391
제주도아동보호전문기관 http://www.jj1391.or.kr	제주 제주시 원노형로 59	064-712-1391

(2) 해바라기 아동상담센터

해바라기 아동상담센터(http://www.child1375.or.kr)는 아동 성폭력 사건을 통해 상처를 받은 아동 및 지적장애인, 그 가족들을 위해 만들어진 기관입니다. 이곳은 성폭력 피해아동의 신체적·정신적 피해에 대한 도움을 주기 위해 생겨났으며 대상은 만 19세 미만의 성폭력 피해 아동, 성폭력으로 피해를 당한 지적 장애인, 성폭력 피해아동의 가족입니다. 또한, 센터 내에서는 성폭력 예방을 위한 아동 성폭력 인식 개선 캠페인과 더불어 성폭력 예방을 위한 교육 프로그램에 대한 세미나와 워크숍 등이 이뤄지고 있습니다.

성폭력 피해 아동은 해바라기 상담센터에 접수와 동시에 사건에 대한 신고도 할 수 있게 됩니다. 아동과 부모가 다양한 프로그램을 통해 치료받을 수 있도록 하기 위해 아동 프로그램으로는 약물치료, 심리치료가 있고, 부모 프로그램으로는 부모교육, 부모자조 집단, 사후 관리 등이 있습니다.

(3) 청소년상담지원센터

청소년상담지원센터는 국가 보조기관으로 다양한 청소년문제를 상담하고 예방을 위한 교육 및 지원사업을 실시하고 있는 곳입니다.

지역과 기관에 따라 차이는 있지만 여기에서는 위기청소년을 위한 지역사회 청소년 통합지원체계 CYS-Net(Community Youth Safety-Net), 청소년심리상담 및 심리평가, 청소년자립을 위한 두드림 존 프로그램, 인터넷 중독 예방프로그램, 학습클리닉프로그램 그리고 청소년동아리운영 등의 다양한 프로그램을 실시하고 있습니다. 또한, 일반 시민과 학부모를 대상으로 자원상담원 양성교육, 부모교육 등을 실시하여 청소년들뿐만 아니라 시민들에게도 다양한 서비스를 제공하고 있습니다.

이곳에서 실시하는 프로그램은 전화 및 온라인 상담예약 신청을 한 후, 청소년에 맞는 위기 개입뿐만 아니라 집단상담, 전화상담, 사이버 상담, 심리검사, 찾아가는 상담(청소년 동반자 프로그램, 학교출장 집단상담), 찾아가는 학교 상담프로그램, 찾아가는 부모교육 프로그램 등의 도움을 받을 수도 있습니다.

상담서비스의 특징 중 청소년 위기개입 프로그램이나 상담은 회기가 정해져 있거나 기간이 정해진 경우가 있습니다. 청소년의 문제가 정해진 기간 및 회기 내에 해결되지 않을 경우 다른 프로그램 또는 타 기관에 연계를 하기도 합니다.

비용부담이 적고, 청소년 전문기관이라는 장점은 있으나 대도시의 경우 상담서비스를 받기 위해 장기간 기다려야 한다는 단점이 있습니다. 또한, 개인 심리치료보다는 현실적 지원이나 문제에 대한 예방과 교육이 중점 사업으로 진행하는 기관의 경우, 중한 문제인 경우 개별 상담적 도움을 받는 데는 현실적인 한계가 있을 것입니다.

기관명	주소	전화
강원도청소년상담지원센터	강원 춘천시 소양로 167	033-257-9805
거제시청소년상담복지센터	경상남도 거제시 계룡로 175	055- 639-4981
광주광역시청소년상담복지센터	광주 동구 금남로 242- 5	062-226-8181
경기도청소년상담지원센터	경기 수원시 성안구 송원로 55	031-245-1388
경상북도청소년진흥원	경상북도 안동시 축제장길 20	054-850-1000 054-1388
대구광역시청소년상담지원센터	대구 중구 중앙대로 81길 66-5	053-659-6240
대전광역시청소년상담지원센터	대전 중구 유천로 75	042-257-2000
부산광역시청소년종합지원센터	부상광역시 사상구 모덕로 82	051-303-9601
서울시립청소년드림센터	서울시 강남구 봉은사로 114길 43	02-2051-8600
울산광역시 청소년상담지원센터	울산 중구 학성로 76	052-227-2000
인천광역시청소년상담복지센터	인천 남구 경원대로 864번지 10	032-721-2300
제주특별자치도청소년상담복지센터	제주시 구남로 7길 4	061-1388
전라북도청소년상담복지센터	전북 전주시 덕진구 팔달로346	063-274-1388
전라남도청소년미래재단	전라남도 무안구 삼향읍 어진누리 길30	061-280-9021~8
진해청소년상담복지센터	경남 창원시 진해구 풍호동 30	055-547-5511
충청북도청소년종합진흥원	충북 청주시 상당구 대성로 103	043-220-6826
충청남도청소년진흥원	충남천안시 서북구 서북대로 766	041-554-2130

Tip 국가보조기관의 이용 한계

국가보조기관은 아동 및 청소년들의 피해에 적합한 기관을 배치함으로써 적절한 서비스를 제공한다는 장점이 있지만, 일반 아동 및 청소년들이 사용하기에는 제한이 있습니다. 예를 들어 해바라기 아동상담센터는 일반인들에게 성폭력 예방을 위한 교육은 이루어지지만, 상담센터는 성폭력 피해 아동만이 사용할 수 있습니다. 또 아동보호 전문기관에서 운영하는 아동상담소는 기관마다 일반 아동 및 청소년들이 참여할 수 있는 프로그램이 다릅니다. 예를 들어 서울시립아동상담치료센터는 피해학대 아동만이 상담을 받을 수 있지만 서울특별시 아동복지센터에서는 아동 및 청소년들을 대상으로 가끔 무료 검사를 실시하며, 부산광역시 아동보호종합센터에서 운영하는 상담센터는 일반인들을 대상으로 상담치료를 진행하고 있습니다. 지역 국가보조기관을 이용하고 싶다면 사전에 각 기관의 사이트에 접속하거나 이메일, 전화를 통해 기본 서비스 규정에 대해 먼저 확인하는 것이 필요합니다.

Tip 상담기관별 특성 비교

사설아동상담기관, 정신과 병원 그리고 국가보조기관에 대한 내용을 간단히 요약해 보도록 하겠습니다.

기관 유형	사설 아동상담기관	소아□청소년 정신과 병원	복지관 및 국가보조기관
특징	아동심리치료를 전공한 전문가들이 만든 기관	의사가 있는 곳으로 약물이 필요한 아동 및 청소년들에게 약물을 치료하고 처방할 수 있는 기관	지역사회 아동과 그 가족의 심리적 안정을 위해 복지적 차원에서의 도움이 연계 가능한 기관

	○	○	○
상담기록	상담내용은 각 치료사들이 기록을 하고, 센터에 보관을 하게 됨	-법률상으로 건강보험심사평가원과 국민건강보험공단에 5년간 기록 -병원 내에 기록보관 10년. 단, 기록을 열람하거나 복사하는 것은 불법이기에 기밀유지가 됨	-아동에 관련된 상담 기록은 보관됨 -지역사회에서 의뢰된 아동인 경우는 본인 및 부모의 동의가 있을 시, 아동에 관련된 상담 자료가 타 기관에 제공되기도 함
비용 (1회 비용)	대략 5~15만 원	대략 5~15만 원	무료, 대략 1~4만 원
약물치료	×	○	×
전문치료사	○	○	○

6) 상담기관 찾아보는 방법

(1) 인터넷 검색

> 아동상담기관, 우리아이 심리치료받을 수 있는곳 ▾ 　검색

　인터넷 홈페이지에서 상담센터를 방문하여 이곳저곳을 비교하다 보면 대부분이 비슷한 정보를 올리고 있거나 특정 기관이 내뿜고 있는 분위기나 소신에 끌리기도 합니다. 이때 주의할 점은 몇 가지 키워드를 넣고 쉽게 찾은 기관들 모두가 아닐 수 있고, 화려한 홍보에만 열을 올리는 기관이 최고의 기관이 아닐 수 있다는 점을 기억하시길 바랍니다.

　또, 특정 블로그나 사이트에 추천을 부탁하는 글을 올리고 답변을 받는

경우, 답변하는 몇몇 부모의 추천만으로 상담기관을 성급히 결정하여서도 안 되겠습니다. 우리 아이의 증상에 따라 적절한 기관이 다르고, 부모가 중요하게 평가하는 기관의 특성도 다 다르니 자신에게 맞는 기관의 정보를 직접 찾아 모으는 노력이 필요합니다. 인터넷은 얼굴을 보지 않은 많은 사람들이 모여 있는 곳입니다. 서로에게 도움을 주고받는 일들도 일어나지만 그런 과정에서조차도 믿음과 불신이 공존합니다. 주관적·객관적인 정보를 얻는 빠른 수단으로 사용하되, 정보를 얻는 유일한 방법이 되어서는 안 될 것입니다. 인터넷상에서 얻은 정보를 바탕으로 반드시 상담기관에 직접 전화하거나 내방, 이메일을 보내 보다 면밀히 파악하는 과정을 거치는 것이 좋습니다.

(2) 지인의 추천

지인들의 추천을 받아 기관을 찾아가는 경우도 많습니다. 이런 경우, 아무 관련이 없는 낯선 기관에 들어서는 것과는 달리 심리적 부담이 덜하고 보다 편안한 마음으로 첫 방문을 할 수도 있습니다. 기관의 입장에서도 어떤 내담자 부모의 소개라거나 기관 근무자의 소개로 온 경우는 조금이라도 더 잘하려는 노력을 할 수도 있습니다. 지인이 경험했던 곳이나 아는 분이 소개하는 곳이라면 기관과 치료자를 믿고 시작한다는 점에서 큰 효과를 봅니다. 상담 진행에서 가장 중요한 신뢰감을 잘 형성하였기에 아이와 부모들이 보다 치료적으로 협조적이고, 빠른 진전을 보이기도 합니다. 그러나 다른 한편으로는 지인과 연관되어 있어 상담에서 일어나는 일들의 비밀보장에 대해 불안한 마음이 생기기도 합니다. 기관에서는 상담윤리에 근거하여 비밀보장을 철저히 지키려 애쓰지만 내담자 입장에서는 불안한 마음이 생길 수 있습니다. 이런 이유로 접수상담을 마치고 상담을 시작하기 전이나 상담내용이 깊이 들어갈 때 쯤 내담자가 상담을 멈추어 버리는 경우도 있습니다. 따라서 지인의 소개로 상담기관을 찾더라도 개인적 관계가 연결되어 있는지, 기관 그 자체에 대한 평가인지 여러 가지 정황들을 고려하여 결정하기를 권합니다. 위에서 소개한 내용들을 잘 이해하시고 지인의 추천으로 간 기관에서의 상담이 자신에게 어떤 효과를 줄 것인지를 가늠해 보시길 바랍니다.

Tip 밖에서 아는 상담자와 기관에서 상담받을 수 있나요?

상담에서는 이중관계라는 말이 있습니다. 상담자와 내담자와의 관계 이외에 사적이든 공적이든 또 하나의 관계가 더 있어 '이중관계'라고 말하지요. 이중관계는 치료진행에서 득보다는 실이 더 많습니다. 비밀보장이 철저히 지켜지고 상담자의 객관적 태도가 잘 유지되기 위해서는 하나의 치료관계 안에서 두 사람이 만나는 것이 상담효과에 좋습니다. 상담에서 많은 힘든 얘기들을 꺼내 놓아야 하는데 비밀보장이 안 될까봐 걱정을 한다든지, 상담자가 치료실 밖에서의 내담자와 만남을 유지하며 치료실 안팎의 얘기를 구분하지 못한다거나 밖에서의 생각과 감정이 치료과정 중에 흘러들어가게 되는 등으로 치료에 방해가 되는 것은 사실입니다. 이러한 규칙은 상담윤리에 해당하는 것으로 궁극적으로 내담자의 권익을 보호하기 위해 피하는 것이 좋습니다.

(3) 대중매체를 통해 알아보기

▲ MBC 「TV밥상 꾸러기 식사교실」, SBS 「우리 아이가 달라졌어요」, EBS 「생방송 60분 부모」

대중매체에서 상담에 관련된 내용을 다루는 일이 많아지면서 상담기관에 대한 정보와 자녀의 발달과 행동문제에 대한 관심도 많이 높아졌습니다. 공신력 있는 대중매체를 통해 상담기관과 의사, 상담원을 알게 되었다는 것은 어느 정도의 전문성이 보장되어 신뢰할 수 있는 장점이 있습니다. 그러나 대중매체에서 볼 수 있는 횟수와 기관의 전문성과 반드시 비례한다고 볼 수는 없습니다. 대중매체에 소개되지 않고도 높은 전문성을 겸비한 기관과 의사, 치료사도 많기 때문입니다. 그건 기관의 마인드와 소신, 기관 운영방침 등 다양한 변수가 있을 수 있습니다.

간혹 대중매체에 소개된 기관을 맹신하거나 동경하여 집과 먼 거리도 감수해 가며 그 기관을 찾아가는 부모들도 계십니다. 대중매체는 말 그대로 대중을 위해 정보를 소개하는 것이므로 획일적인 정보에 집착하기보다는 부모님과 아이에게 맞는 기관을 찾고 선택하는 소신 있는 행동이 필요합니다.

7) 상담기관 선택 시 고려해야 할 사항

"A센터는 유명하고 잘 알려진 기관이라고 해서 전화를 했더니, 다섯 달 뒤에나 상담 예약이 가능하다고 하고요. B센터는 선생님이 친절하고, 좋았지만 너무 멀었어요. C센터는 우리 아이가 쭈뼛대고, 선생님한테 다가가지 않더라고요. D센터는 동네 엄마가 다니는 곳이라 갔는데 다니다 보니 그곳 선생님하고 제 생각하고 맞지 않았어요."

상담기관 선택을 앞두고 많은 부모들이 고심을 합니다. 어디에 기준을 두고 선택해야 할지가 가장 큰 딜레마입니다. 이 장에서는 기관 선택 시 무엇을 고려해야 하는지에 대해 소개하고자 합니다. 결론부터 말하자면 상담기관의 전문성, 치료자의 역량, 집과의 거리, 경제적 부담 등이 우선적으로 고려되어야 할 사항입니다.

(1) 아동상담 기관의 전문성

기관을 선택할 때는 기관 자체의 전문성과 적합성을 우선적으로 살펴보는 것이 필요합니다. 연령과 증상에 적합한 치료적 개입이 가능한지, 정서와 행동 문제를 중점적으로 상담하는 곳인지, 발달치료를 중점적으로 하는 곳인지, 학습상담을 주로 하는 곳인지, 여러 치료적 접근이 연계될 수 있는지, 그런 준비는 되어 있는 곳인지 등에 대해 고려해 보시는 것이 좋습니다. 특히 각 영역에서 일하는 사람들이 전문적 자격을 갖춘 사람이 배치되었는지, 영역마다의 전문 인력이 분리되어 있는지, 기관의 마인드가 내담자의 권익을 보호하는 것을 우선적으로 하고, 상담윤리를 잘 실천하는지에 대해서도 알아볼 필요가 있습니다. 이런 모든 면들은 아동상담 기관이 전문성을 평가하는 중요한 요소가 됩니다.

(2) 치료자의 전문성

기관의 전문성과 함께 상담자의 전문성 또한 반드시 살펴봐야 할 항목 중 하나입니다. 아동·청소년 상담을 대학이나 대학원에서 전공하였는지, 관련 자격증을 소지하였는지, 그에 상응하는 교육과 훈련과정을 성실히 거쳤는지, 전문적 성장을 위해 어떤 보수교육과 훈련과정을 지속하고 있는지, 상담자로서 자신을 다듬기 위한 개인적 노력은 어떻게 하고 있으며, 어느 정도의 임상 경력을 쌓았는지 등이 중요합니다(본서의 「5장 누구에게 상담을 받을까요?」 부분 참조).

치료자의 전문성은 어느 대학을 졸업했는지보다 어떤 학문을 전공했고, 어떤 경력을 가졌는지가 더 중요합니다. 어떤 학문을 전공했다는 것은 상담에 필요한 전문적 지식을 성실히 쌓았다는 의미이고, 임상경력이 많다는 것은 여러 아이들과의 상담 경험으로 많은 노하우를 가지고 있고, 각 상황에 따른 문제해결력이 뛰어날 수 있다는 것을 의미하기도 합니다. 물론 위에서 소개한 전문적 자질 이외에도 인간에 대한 사랑이 깊고 아이의 어려움을 해결하고자 하는 진정한 의지와 정성을 쏟는 인간적인 자질을 갖춘 상담자인지도 잘 살펴보아야 합니다. 이런 부분은 전문성을 갖춘 기관이라면 치료사를 고용하는 과정에서 중요하게 고려하였다고 생각되어집니다.

(3) 집에서의 거리

상담 기관의 접근성은 치료기관을 선택할 때 중요한 항목 중에 하나입니다. 물리적으로 접근하기가 쉽지 않으면 쉽게 포기하게 됩니다. 예를 들어 대전 거주자가 상담을 다니기 위해 서울의 상담소로 다닌다면 아동과 부모 모두 몇 개월 가지 않아 쉽게 지치게 될 것입니다. 멀리 떨어진 상담기관을 다니는 아동과 부모님의 경우, 상담을 통해 중요한 정보도 얻고 도움을 받기도 하지만 이동 시간이 길기 때문에 지치고 힘들어 하는 모습을 종종 보게 됩니다. 아이 문제에 대해 상담을 받기로 마음을 정하시고 나면 우리 집 주변 또는 근거리에 어떠한 상담기관이 있는지 살펴보시기 바랍니다.

(4) 경제적인 부담

부모님의 경제사정을 고려한 상담비도 상담기관을 선택할 때 중요한 요소입니다. 가계의 수입을 고려하지 않고 상담기관을 선택하여 진행하다 보면 경제적 부담으로 인해 조기종결되는 경우가 간혹 있습니다.

아이 문제에 대해 상담을 받기로 마음을 정하셨다면 보통 4개월에서 1년 정도 상담기간이 걸린다고 생각하신 후 가계에 부담이 되지 않는 비용을 고려하여 상담기관을 선택하시기 바랍니다. 가계에 저축된 부분의 일정 금액을 1년치 상담료로 분배를 한다든지, 수입의 일부분을 상담료로

책정하고 전체 수입에서 제외하여 가정경제를 운용하는 등의 특별충당방법도
생각해보시길 바랍니다. 이러한 준비 없이 무턱대고 비싼 상담을 시작
하였다가 경제적인 부담으로 중단하게 된다면 그간 투자했던 상담료, 노력,
시간, 미해결된 아이 마음 등 많은 것들이 후회와 아쉬움으로 남습니다.

Tip 상담비는 왜 기관에 따라 다른가요?

상담비는 상담기관의 규모나 치료사의 전문성과도 관련이 있기 때문에 기관마다 비용이
다르다고 보시면 됩니다. 또한 그 기관이 어느 지역에 위치해 있는지에 따라서도 달라집니다.

5. 누구에게 상담을 받을까요?
―상담자에 대해 궁금한 모든 것―

평안의 땅(치료 및 적응)을 향한 '소망의 항해'
―항해사(상담자), 아동(내담자), 부모 승선
―키(Key)는 아동이, 방향 지도와 난관 극복의 도움은
　항해사(상담자)가, 부모는 동행자 및 조력자

자녀의 문제를 받아들이고, 부모로서의 고민을 나눌 기관을 결정하기까지 수많은 결단과 노력이 필요하셨을 것입니다. 힘든 과정을 거쳐 드디어 당신은 배를 타셨습니다. 이제 '상담'이라는 소망의 항해를 시작하게 되실 겁니다. 그렇다면 이제 우리 아이의 문제(사회·정서적인 적응·발달·학습 문제)를 함께 고민하고, 아이와 부모인 나를 도와줄 항해사, 즉 상담 선생님을 만날 시간입니다. 이 항해사 선생님은 '아이'와 '나'를 태우고 '평안'의 땅까지 함께하게 됩니다. 평안의 땅에 도착하게 되면 더 이상 배는 필요 없게 되고, 아이도, 부모님도 모두 '평안'의 마음(치료)을 얻게 될 것입니다. 우리는 이러한 소망을 가지고 항해를 시작합니다. 항해사 선생님은 목적지까지 항상 함께할 것입니다. 이 항해에서 우리는 지루하게 느껴질 정도의 잔잔함, 뜨거운 태양, 거센 파도, 비바람을(상담과정에서 겪게 되는 어려움) 만날 수 있습니다. 그렇지만 상담자는 우리가 방향을 잃지 않도록, 그리고 과정에서의 어려움을 잘 이겨나갈 수 있도록 도와줄 것입니다. 독특하게도 소망의 항해에서 배의 키(key)는 '우리 아이'가 쥐고 있습니다. 그렇지만 걱정하지 마세요! 이 항해사 선생님은 아주 베테랑이시거든요. 모양도 크기도, 선원도 모두 다른 배들이었지만 '평안의 섬'까지 무사히 도착할 수 있도록 도왔던 수많은 경험과 전문적인 지식을 가지고 계신답니다.

1) 아동상담 전문가인 상담사 & 치료사

상담기관에 내방한 내담자들의 어려움을 들어주고 조언과 도움을 주시는 분들을 '상담사(counselor)'라고 합니다. 상담사 중에서도 아동과 그 부모를 전문적으로 만나는 분들을 '아동상담자' 또는 '놀이치료사(play therapist)'라고 부릅니다. 기관에서 직접 만나서 이야기하실 때는 아이와 부모님 모두 편하게 '선생님'이라는 호칭을 쓰시면 됩니다.

☞ 아동상담자가 받는 전문적인 교육과정

최근 일부 대학에서는 '상담' 전공을 학부과정에서부터 개설하고 있긴 하지만, 상담자가 되기 위해서는 매우 심도 있는 내용들을 수련해야 하기 때문에 대부분 '석사' 이상의 과정에서 상담 전공을 개설하고 있습니다. 이러한 이유로 상담자는 학부에서 '심리학'이나 '아동학'과 관련된 분야를 전공하고 '석사' 이상의 과정을 통해서 상담과 심리치료 분야 학위를 기본적으로 가지고 있습니다. 좀 더 구체적으로 소개하면, 심리학과 석사과정에는 세부 전공으로 '상담심리전공'이 있습니다. 교육학과 안에는 '교육심리', '교육상담'과 같은 전공이 있고, 아동 관련학과 석사 과정에서도 '아동상담' 또는 '아동 심리치료전공'이 있습니다.

최근에는 아동상담의 가장 주된 심리치료 방법인 놀이치료를 세부전공으로 개설하는 학교도 늘어나고 있습니다. 그 밖의 예술심리치료 전공(미술치료, 음악치료, 무용치료 등)을 특화하는 학교도 생기고 있는 추세입니다. 중요한 것은 아동·청소년 심리치료 분야의 선생님은 심리학적 상담 및 심리치료 백그라운드 이외에 반드시 아동과 청소년에 대한 충분한 이해와 임상적 훈련을 받아야 한다는 것입니다. 아이가 감기에 걸렸을 때 집에서 가까운 내과나 가정의학과, 이비인후과에 데려가는 부모님도 계시지만, 가장 신뢰 있는 곳은 소아청소년과인 것과 같습니다. 특히 자녀의 연령이 어릴수록 더욱 그러합니다.

2) 상담자격증과 효과적 치료를 위한 슈퍼비전

우리나라에서는 대부분 '학회'를 통해서 상담사 자격을 수여받게 되는데, 아동상담분야에서 가장 대표적이고 공신력 있는 기관은 '한국놀이치료학회'입니다. 이 밖에도 한국아동학회의 '아동상담사'나 한국상담 심리학회의 '상담심리사', 국가 자격증인 '청소년 상담사' 등의 자격을 동시에 가지고 있는 상담자도 있습니다.

대표적인 학회 및 국가에서 부여하는 자격을 받기 위해 필요한 수련과정을 간단히 소개하면 다음과 같습니다. 아래에는 비교를 위하여 비교적 유사한 등급이면서 상담현장에서 가장 많이 볼 수 있는 상담사 자격을 중심으로 명시하였으며, 그 외 자격증의 경우 자격수여 기관의 홈페이지를 통해서 자세한 수련 과정을 살펴볼 수 있습니다.

상담자는 학회 및 국가의 자격 취득을 위한 수련 이외에도 최소 1~2년간 '자기 분석'의 과정을 가집니다. 이것은 상담자 자신이 직접 내담자가 되어 심리치료 전문가 혹은 정신과 의사로부터 자기 자신의 성장 과정과 내면의 심리적인 문제를 전문적으로 해결해가는 과정입니다.

자기분석 과정을 거친 상담자는 어떠한 내담자를 만나더라도 자신의 개인적인 문제로 인해 객관성을 방해받지 않고, 치료적 중립을 지킬 수 있게 됩니다. 그 밖에도 상담자는 내담자 이해 및 치료 과정에 필요한 심화 교육이나 사례회의, 워크숍, 학회활동 등을 통해 자기를 개발해 가고 있습니다.

자격수여기관	한국 놀이치료학회	한국아동 심리재활학회	한국 아동학회	한국 상담심리학회	한국 청소년상담원
자격증명	놀이치료전문가 놀이치료사	놀이치료전문가 놀이치료사	아동상담전문가 아동상담사 1급 아동상담사 2급	상담심리사 1급 상담심리사 2급	청소년상담사 1급 청소년상담사 2급 청소년상담사 3급
비교 자격증	놀이치료사	놀이치료사	아동상담사 1급	상담심리사 2급	청소년 상담사 2급
자격시험 응시 가능 학력	놀이치료 관련 학과 석사 학위 이상	관련학과 학사 학위 이상	아동관련학과 석사 학위 이상 2급 취득 후 3년 이상 경력	상담관련 석사과정 또는 이상, 상담관련 학사 학위 취득 후 2년 이상 상담 경력자, 학사학위를 취득 후 3년 이상 상담경력자	상담관련 석사 상담관련 학사 취득 후 3년 이상 실무경력자, 3급 청소년상담사로서 실무 2년
자격시험	필기시험 구술면접	필기시험 구술면접	필기시험 구술면접	필기시험 구술면접	필기시험, 구술면접
임상 수련	300시간 이상의 놀이치료 경험, 1년간 5사례에 대해 50시간 이상을 놀이치료 수련감독자로부터 지도, 임상심리전문가의 지도하에 심리검사 실시와 해석에 관한 수련(5회 이상)	놀이치료관찰 3사례, 30시간 이상 놀이치료 4사례 100시간	5사례, 200시간 이상의 아동상담경험, 30시간 이상의 수련지도	개인상담 5사례, 50회 이상을 10시간 이상 수련감독자로부터 지도, 집단상담 참여 또는 보조리더 2개 집단 이상, 집단별 15시간 이상, 임상심리전문가의 지도하에 심리검사 실시와 해석에 관한 수련(5회 이상)	자격 검정 합격 후 한국청소년상담원에서 실시하는 100시간 연수
기타	공개 사례 발표 및 평가	공개사례 발표 및 평가	공개 사례 발표 및 평가	공개 사례 발표 및 평가	

☞ 상담 효과를 높이기 위한 슈퍼비전

앞서 소개된 것과 같이 놀이치료사는 놀이치료 관련 석사 이상의 학위와 내담자 이해 및 상담을 위한 필수, 선택 과목들을 이수한 후 수련을 시작할 수 있습니다. 또한 슈퍼비전(수련감독)은 놀이치료사가 수련받는 필수

과정일 뿐 아니라 상담자의 자기 발전과 내담자 및 상담과정에 대한 보다 깊은 이해를 위해 반드시 필요한 과정입니다. 이미 놀이치료사나 이에 준하는 자격을 소지하였음에도 불구하고 보다 상위의 자격을 얻기 위해 혹은 기타의 이유에서 수련 과정을 계속해서 밟는 선생님들이 많습니다. 따라서 담당 상담자가 슈퍼비전을 받고 있다고 해서 '상담자로서의 전문성이 부족한 것이 아닐까?'라고 걱정하기보다, '아이에 대해 보다 깊이 있고 객관적인 이해를 하고 있을 거야. 선생님에게 질 높은 상담을 받을 수 있겠구나!'라고 생각하는 것이 더 바람직합니다.

3) 전문 분야에 따른 다양한 상담 전문가

상담 기관에 따라 조금씩 차이가 있습니다. 예를 들어 상담기관이 사회복지 시설 내에 있는 경우는 상담을 전문으로 하는 상담자 외에도 사회복지사나 기타 관련 업무를 처리하는 행정 직원들을 만나게 됩니다. 병원 내 상담실의 경우, 간호사가 행정적 업무를 담당하고, 심리평가만을 전문적으로 담당하는 임상심리전문가가 있으며, 아동의 초기 면접이나 진단은 소아정신과 전문의가 하게 되는 경우가 많습니다. 전문 상담기관의 경우를 보다 구체적으로 살펴보면 다음과 같습니다.

(1) 아동상담사
아동의 문제를 진단하고 상담을 계획하며 이끌어 갈 아동전문 심리치료사입니다. 상담의 내용에 따라 다르지만 주로 놀이치료와 아동상담을 전공한 분들이 아동상담을 맡게 되며 상담 방법에 따라 미술치료나 음악치료를 담당하는 선생님도 있습니다.

(2) 언어치료사, 작업치료사

발달적인 문제로 상담실에 내원하는 경우에는 필요에 따라 언어치료사, 작업치료사와 같은 특수 분야의 선생님을 만날 수 있습니다.

(3) 임상심리 전문가

임상심리학을 전공하고 수련을 받은 분들로서 심리 평가를 전문적으로 담당하는 선생님입니다.

(4) 상담 코디네이터

상담실에 전화를 하거나 방문을 할 때 제일 먼저 만나게 되는 선생님입니다. 이 선생님은 전화 접수와 상담 스케줄 조정, 상담 비용의 처리와 같은 행정적인 업무를 담당합니다.

(5) 인턴 상담사

상담 관련 전공을 준비하거나 석사 과정 중에 있는 학생 신분의 선생님으로서 상담에 필요한 보조 업무들을 하며, 부모상담 시 대기실에서 아동들을 돌봐주는 역할을 합니다.

4) 비밀보장과 인권보회 상담자 윤리규정

간혹 자녀의 상담 내용이 다른 곳에서 이야기되지 않을까 걱정하시는 부모님들을 만나게 됩니다. '치료과정에 대한 비밀 보장'은 놀이치료사를 포함한 심리치료사들이 가장 기본적으로 지켜야 할 치료사 윤리입니다.

상담자가 수련과정 중에 내담아동의 사례를 발표해야 할 때, 혹은 아동이나 부모님이 아동심리치료 분야의 연구대상이 될 때에는 반드시 아동과 부모님의 동의하에, 신분을 유추할 수 있는 모든 내용(나이, 이름 등)을 삭제 후 공개할 수 있습니다.

한국놀이치료학회 소속 놀이치료사는 자격증을 수여받을 때 첫 번째로 '나는 내담자의 인격을 최고의 가치로 받들겠습니다'라는 선서를 합니다. 상담은 상담자가 내담자의 인격과 가치를 존중하고, 아동과 부모가 상담자를 신뢰하고 인정할 때 가장 큰 효과를 볼 수 있습니다. 좋은 기관과 자녀에게 가장 잘 맞는 상담자를 만나는 것 못지않게, 부모님 역시 아동이 상담자와 안정된 관계를 맺을 수 있도록 돕고 상담자를 믿어주는 노력이 필요합니다.

한국놀이치료학회 놀이치료사 윤리전문위원회 규정및 행동 지침 中

I. 사생활에 대한 권리

1. 비밀 보장
놀이치료사는 사생활에 대한 아동의 권리를 존중한다. 놀이치료사의 관심은 오로지 내담아동의 최상의 이익에 두고 내담아동의 치료에 불리하게 영향을 미칠 수 있는 비밀보장 정보의 불법적이고 부당한 공개는 삼간다.

2. 최소한의 공개
서면보고, 구두보고, 자문 등 비밀보장 정보의 공개가 필요한 상황이 발생했을 때, 의사소통 목적과 관련된 필요한 정보만을 공개한다. 치료적 관계, 자문관계, 연구 참여자, 고용인들에 대한 평가자료 등에서 얻은 정보는 학문적 목적이나 전문적 목적을 위해서만 사용하여야 한다.

---

3. 비밀보장의 예외

놀이치료사는 아동의 안전에 의심이 가는 경우, 또는 법원이 비밀을 보장해야 할 정보를 공개하라고 요구할 때, 아동의 법적 보호자로부터의 허락 없이 정보를 제공할 수 있다.

II. 기 록

1. 신원 보호

훈련, 조사연구, 또는 책 발간에 참여하는 놀이치료사는 관련 개인의 가명을 사용하여 익명을 보장해주어야 한다.

2. 신원 공개에 대한 동의

특정 내담자에 관한 정보의 공적인 공개는 내담자 또는 법적 보호자가 그 자료에 대해 완전히 알고, 그 자료들을 검토했고, 그 자료의 공적 공개에 동의했을 때에만 허용될 수 있다. 단, 놀이치료사는 모임의 성격에 따라 구체적인 서면승낙을 받아야 한다.

III. 조사연구 및 훈련

1. 신원 보호

훈련, 조사연구, 또는 책 발간에 참여하는 놀이치료사는 관련 개인의 가명을 사용하여 익명을 보장해주어야 한다.

2. 신원 공개에 대한 동의

특정 내담자에 관한 정보의 공적인 공개는 내담자 또는 법적 보호자가 그 자료에 대해 완전히 알고, 그 자료들을 검토했고, 그 자료의 공적 공개에 동의했을 때에만 허용될 수 있다. 단, 놀이치료사는 모임의 성격에 따라 구체적인 서면승낙을 받아야 한다.

〈놀이치료사 선서(한국놀이치료학회)〉

놀이치료에 종사할 수 있는 자격을 부여받으면서 나는 심리치료 전문가의 도리를 충실하게 수행할 것을 엄숙히 서약합니다.

하나. 나는 내담자의 인격을 최고의 가치로 받들겠습니다.

둘. 나는 양심과 학문에 근거한 치료를 시행하겠습니다.

셋. 나는 내담자와 그 가족으로부터 인지한 비밀을 철저히 지키겠습니다.

넷. 나는 모든 내담자들로부터 배우려고 하는 자세를 버리지 않겠습니다.

다섯. 나는 놀이치료자로서 계속적인 성장을 위해 최선을 다하겠습니다.

여섯. 나는 놀이치료에 종사하는 동료들과 신의와 존중으로 협조하겠습니다.

일곱. 나는 인종과 종교, 국적과 지역, 정당과 정파, 또는 사회적 지위를 초월하여
　　　오직 내담자에 대한 의무를 성실히 수행하겠습니다.

여덟. 나는 어떠한 경우라도 놀이치료의 권위와 명예를 지키겠습니다.

아홉. 나는 나의 은사에 대해 존경과 감사를 잊지 않겠습니다.

아이를 위한 맞춤형 치료법을 선택하라!

PART 03

아이를 위한 맞춤형 치료법을 선택하라!

6. 아이가 받게 될 전문적인 치료 방법 알아보기

이 장에서는 아동상담센터에 준비된 다양한 치료적 방법을 소개하고자 합니다. 각 치료적 방법이 무엇인지와 과정, 그리고 어떤 절차가 포함되는지에 대해 간략히 설명할 것입니다.

1) 놀이치료

5살 서영이는 곧 있으면 동생이 생기게 된다. 방금 전 엄마는 동생을 낳으려고 병원에 가셨고, 서영이는 이모와 함께 집에 있다. 서영이는 평소와 다르게 아무 말 없이 혼자서 곰돌이 인형을 가지고 놀이를 한다. 조금 후에 서영이는 붕대로 곰돌이 인형의 배를 감기 시작했다. 그 모습을 보고 궁금해진 이모가 서영이에게 "지금 뭐하는 거니?"라고 물었다. 붕대를 계속 감으며 서영이가 말했다. "아기가 나오지 못하게 하려고……." 서영이는 지금 무엇을 하고 있나요?

우리는 일상생활에서 아동들이 놀이하는 것을 흔히 볼 수 있습니다. 위의 이야기에서 아동은 인형을 가지고 놀이를 하고 있습니다. 그리고 놀이를 통해서 동생 출생에 대한 아동 자신의 생각과 감정을 표현하고 있습니다. 아동의 놀이를 관찰하다 보면 놀이가 얼마나 신기한지를 새삼 느끼게 됩니다. 우리는 아동이 놀이를 통해 자신의 경험과 관련된 주제를 다른 사람에게 전달하고 있다는 사실을 발견하게 됩니다. 위의 예처럼 동생의 출산을 원하지 않는 아동, 엄마의 사랑을 독차지하고 있는 동생 때문에 화가 나 있는 아동, 유치원에 가기 싫어 아침마다 우는 아동, 또래에게 따돌림을 당하는 아동, 친구를 때리는 아동, 심지어 부모에게 학대를 당하고도 그 두려움과 불안을 표현할 수 없었던 아동, 사고로 부모를 잃어버린 아동 등 살아가면서 예상치 못한 어려움 때문에 고통을 겪고 있는 아동들이 자신의 고통을 '놀이'로 보여 주고 있습니다.

이와 같이 놀이는 아동의 감정이나 생각과 경험을 표현하는 수단이 됩니다. 성인들은 언어를 통해 자신의 의사뿐만 아니라 욕구나 갈등을 표현하지만 아동은 언어가 미숙하기 때문에 언어 대신 놀이를 통해 자신의 경험과 감정, 소망을 표현하게 됩니다. 즉, 아동에게 있어 성인의 언어와 같은 역할을 하는 것이 바로 놀이입니다. 아동에게 있어서 놀이는 표현수단일 뿐만 아니라 아동의 성장과 발달을 촉진하는 수단이 되기도 합니다. 아동은 놀이를 하면서 신체적 능력을 사용하고 숙달시킬 수 있는 기회를 갖게 되고, 언어를 습득하기도 하지요. 그리고 아동은 놀이를 통해 물질세계를 탐색해 나가는 방법을 획득하고, 판단력을 키우며, 성인의 역할을 학습합니다. 아동은 이러한 일들을 놀이를 통해서 자연스럽게 여러 번 반복하여 습득함으로써 발달을 촉진하게 됩니다.

또한 놀이는 아동을 진단하고 평가하는 수단이 됩니다. 아동의 놀이를 살펴보면 아동의 발달 수준을 알 수도 있습니다. 놀이를 통해 아동은 자신의 경험과 감정을 표현하기 때문에 놀이를 관찰함으로써 아동의 성격특성 및 심리적 어려움에 대해서도 이해할 수 있습니다.

놀이치료는 아동과 놀이의 이러한 특성을 고려하여 놀이를 통해 아동들이 갖고 있는 정서적 부적응이나 발달상의 문제를 해결하려는 심리치료 방법입니다.

▲ 놀이치료실 사진(아동청소년상담센터 맑음 제공)

☞ 놀이치료의 과정과 효과

놀이치료는 많은 연구에서 입증한 바와 같이 다양한 문제를 위한 효과적인 치료적 접근으로 알려져 있습니다. 놀이치료는 대상 면에서도 극단적으로 심한 자폐증과 현실감을 잃은 정신분열증을 제외한 모든 범주의 아동에게 효과가 있습니다. 실제 우리나라의 경우, 최명선과 강지희(2008)가 놀이치료를 받고 있는 아이들 120명을 추적 조사한 결과에 의하면 그들 중 87%의 아동이 치료를 받은 후 부모가 처음에 보고했던 주 호소 문제가 좋아졌거나 거의 나았다고 하였습니다. 놀이치료는 다음의 증상을 가진 아동들에게 특히 효과가 높습니다.

– 불안증상(분리불안 포함), 선택적 함구증과 말더듬, 공격행동, 이혼 가정의 아동, 학습문제를 가진 아동, 학대받은 아동, 성폭력 피해아동,

학교 부적응 아동(등교거부 포함), 자해행동, 스트레스, 우울, 표현의 문제, 유분증, 유뇨증, 정신지체아동의 정서적·인지적 문제, 사회성문제, 신체화 증상, 낮은 자아존중감, 자아개념 발달 등(출처: 『놀이치료-아동중심적 접근』, 유미숙·최명선 공역 참고)

2) 모래놀이치료

▲ 모래놀이 사진(아동청소년상담센터 맑음 제공)

모래놀이치료는 모래와 물, 여러 가지 작은 소품을 이용하여 아동이 자신의 감정과 삶의 경험을 모래상자 안에 창의적이고 자발적으로 표현하도록 합니다. 이러한 과정을 통해 아동은 자신의 의식과 무의식을 연결 지으며 성장을 하게 됩니다.

모래상자를 꾸미는 과정에서 아동은 자신의 경험, 소망, 감정, 갈등을 표현함으로써 자기의 마음과 접촉하게 됩니다. 자신의 내적 세계를 외적 세계로 변화시키는 이 과정을 치료자와 함께 공유하는 경험을 통하여 아동은 자기 자신을 알아가게 됩니다. 즉, 아동은 자신이 누구인지, 진정으로 원하는 것이 무엇인지, 자기 마음속에 무엇이 있고, 마음에 따라 자기의 행동이나 생활이 어떻게 영향을 받는지를 이해하게 됩니다. 이러한 과정에서 아동은 자신에게 잠재된 성장과 치유의 힘을 발견하고 키워나감으로써 자신의 어려움을 해결할 수 있을 뿐만 아니라 정신적인 성숙을 이루게 됩니다.

모래놀이치료는 아동의 시각과 촉감을 포함한 전체적인 감각요소를 통합하는 다차원적이고 역동적인 치료방법으로 언어와 논리보다는 감각과 감성을 통한 심리치료입니다. 모래상자를 꾸미는 이러한 작업은 그림을 이용한 방법보다 심리적 부담을 줄일 수 있고 자기를 자유롭게 표현할 수 있어 아동이나 청소년뿐 아니라 성인에게도 도움이 되는 치료입니다.

☞ 모래놀이치료의 과정과 효과

모래놀이치료는 유아, 아동뿐만 아니라 청소년상담, 성인상담, 부부상담, 가족상담에서도 유용하게 사용되는 치료방법입니다. 다시 말해 다양한 내담자들에게 치료 효과를 일으키는 치료적 접근입니다. 증상 면에서도 정신분열증과 같이 자아 기능이 크게 손상된 경우를 제외하고 다양한 심리적 문제를 해결할 수 있는 접근법이기도 합니다. 치료진행 과정상 언어상담의 경우는 내담자가 자신의 문제나 문제의 해결 과정, 자신의 성장을 스스로 인식할 수 있습니다. 그에 비해 모래놀이치료는 치료과정에서 자신의 성장을 쉽게 인식하기 힘들고 내면에 잠재되어 움직이다가 일정 시기에 현실에서 드러나는 특성이 있습니다. 그래서 많은 내담 아동 어머니들과 상담과정에 대한 인식이 가능한 청소년 내담자들은 치료 진행기간 안에 명확한 효과를 볼 수 없어 힘들어하고 치료를 중단하기도 합니다. 그러나 모래놀이치료 과정은 치유여정을 잘 견디고 이겨낸다면 다른 치료적 접근에 비해 심층적이고 근본적인 문제를 해결하는 데 효과적입니다. 내담자의 무의식적 차원의 다양한 문제를 이끌어 내어 해결하고 좋은 삶의 자원으로 활용할 수 있도록 도우며, 보다 견고한 자아의 발달을 이루는 데 효과가 아주 높은 접근입니다.

3) 게임놀이치료

아이들은 자유놀이를 할 때보다 게임을 할 때 정서적인 통제 경험을 더 많이 하게 됩니다. 지적인 능력이나 사회적 기술을 더 많이 활용해야 하며, 실제 아이들의 삶에서 일어나는 다양한 상황들을 경험하게 됩니다. 이는 게임이 자유놀이와는 다른 특성을 가지고 있기 때문입니다. 자유놀이에서는 규칙이 없는 반면, 게임에는 아동의 행동을 제한하는 규칙이 있습니다. 이러한 규칙을 통해 아동은 게임의 목표, 게임 방법, 그리고 게임에서의 제한과 결과를 배우게 됩니다. 아이들의 일상에도 아이들의 행동을 제한하는 규칙이

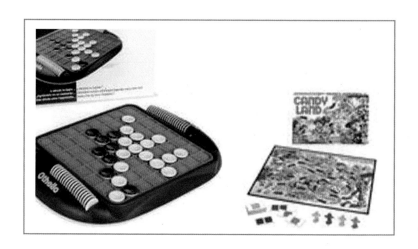

있습니다. 이와 같이 게임에는 인간의 삶의 모습이 내포되어 있어서 게임 진행 시 작은 삶의 상황이 만들어지며 아동은 이를 통해 새로운 역할과 행동을 경험하면서 집단의 규칙과 게임의 요구에 적응하는 기회를 갖게 됩니다. 또한 게임에는 승패라는 경쟁적인 요소가 내포되어 있어 아이들은 일상에서 겪게 되는 사회적 갈등 상황을 놀이 속에서 경험하게 됩니다. 아동은 자기보다 유능한 성인 치료자와 함께 게임을 하는 동안 갈등, 경쟁심, 공격성, 신뢰감과 무력감과 같은 다양한 감정을 표현하게 됩니다. 이러한 과정에서 나타나는 아동의 태도는 아동의 심리적 역동성을 이해하고 적절한 치료적 개입을 하는 데 도움이 됩니다. 다시 말해, 규칙과 경쟁이라는 요소를 갖는 게임놀이에서는 충동조절, 좌절에 대한 인내, 현실검증, 지적인 능력, 집중력 등의 자아 능력을 관찰할 수 있고 이를 치료적으로 활용할 수 있습니다.

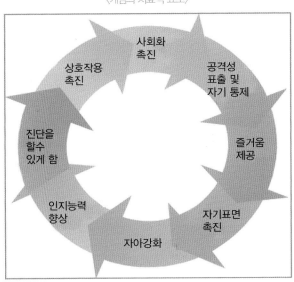

〈게임의 치료적 요소〉

게임이 갖는 치료적 요소를 살펴봄으로써 게임놀이치료에 대한 이해를 돕고자 합니다. 우선, 게임은 아동에게 자연스럽고 즐거운 활동이기 때문에 심리적 불안을 예방하고 완화시키는 힘이 있습니다. 두 번째, 게임은 아동에게 실제 세계가 아닌 단지 게임 상황이라는 인식을 주기 때문에 억압된 감정, 욕구, 경험, 생각을 편안하게 표현할 수 있도록 합니다. 세 번째, 게임에서의 경쟁적 상황은 아동에게 긴장과 불안을 일으키기도 하지만 이런 불편한 감정을 극복할 수 있는 기회가 될 수도 있습니다. 예를 들어, 충동적인 아동은 게임을 잘 마치기 위해 자신을 통제하며 순서를 기다리거나 좌절을 견디는 것을 배우며 자아를 강화시켜 나갑니다. 네 번째, 아동은 게임을 통하여 집중력, 기억력, 행동에 대한 결과 예상, 창의적인 문제해결과 같은 인지능력을 발달시킬 수 있습니다. 다섯째, 게임을 할 때 나타나는 아동의 행동이나 태도는 아동을 파악하고 이해하는 데 유용한 정보를 제공합니다. 예를 들어, 충동적인 아동은 자신의 순서를 잘 지키지 못하며 하고 싶은 대로 하려는 경향을 보입니다. 여섯째, 게임은 보통 2명 이상이 진행해야 하므로 상호작용을 촉진하고, 상호작용을 위한 기본적인 의사소통 기술을 습득하도록 도와 아동의 사회화를 촉진합니다. 일곱째, 게임을 통해 아이들은 공격적이고 지나치게 경쟁적인 주장을 사회적으로 용인된 방법으로 표현하는 것을 배우고 연습할 수 있는 기회를 갖게 됩니다. 예를 들어, 체스나 장기 등의 게임에서는 제한된 규칙 내에서 적절한 전략을 통해 상대방을 공격하여 잡을 수 있습니다.

이와 같이 게임놀이치료는 게임이 지니는 규칙, 경쟁, 통제와 조절, 감정표현, 전략 등의 다양한 속성을 활용하여 아동의 심리적 행동적 어려움을 변화시키는 심리치료적인 방법입니다.

☞ 게임놀이치료의 과정과 효과

게임놀이치료는 하나의 치료방법으로서 그 자체의 장단기 효과를 논하기 전에 치료과정 전반에 나타나는 치료적 효과를 이해할 필요가 있습니다. 상담 초기에 아동과 청소년에게 상담자와의 1:1 대면은 다소 어색하고 언어로 표현된 자기문제를 받아들이기가 쉽지 않습니다. 먼저 마주 앉은 치료자가 편안한 사람인지, 나의 얘기를 잘 들어주고 비밀을 지켜줄 사람인지에 대해 알아보고 싶은 마음도 있을 것입니다. 치료자와의 관계형성이 목적인 치료 초기에 게임은 아동에게 자연스럽게 치료자와 즐거운 활동을 하도록 도와줍니다. 치료자와 무엇인가 맞추고 두드리며 웃고 즐거운 시간을 보내는 동안 아동들은 긴장을 풀고 자신의 방어 행동을 철회하게 되고 상담과 상담자에게 자연스럽고 친숙한 관계의 국면을 맞이합니다. 이러한 효과는 이후 진행될 상담의 진행을 원활히 하고 중기와 후기 상담 효과의 기초가 됩니다.

중기에 진행되는 게임은 아동에게 방어보다는 자신의 억압된 욕구나 생각, 감정을 자유롭게 표현하게 하고 문제를 드러내도록 하여 해결의 실마리를 잡아가는 데 핵심적인 역할을 합니다. 게임은 축소된 아이들의 세상을 보여 주는 것으로 일상 속의 아동의 문제나 해결되지 않는 어려움을 파악할 수 있고, 그 문제를 직접 해결하는 데 필요한 단서를 얻고 연습을 해 볼 수 있는 좋은 기회를 제공합니다. 중기에서의 게임치료는 아동의 문제행동 개선에 큰 물꼬를 트며 직접적인 탐색과 시도를 가능하게 하는 효과를 줍니다. 마지막 으로 후기에 진행되는 게임들은 그간 치료를 통해 해결되었던 정서적 안정을 바탕으로 직접적인 문제해결방법과 대처, 조절 연습, 기술 훈련 등의 측면에서 효과를 지닙니다. 게임놀이치료는 치료과정 전반에서 각기 다른 목적으로 효과를 발휘하며 단순히 가족과 함께 즐기는 게임과는 달리 치료자의 치료 기술이 적용되었을 때 효과를 발휘한다는 점을 잊지 말아야 합니다.

4) 발달놀이치료

발달놀이치료는 주로 신체적 접촉과 자극을 통하여 아동의 발달을 자극하는 치료방법입니다. 애착이론에 토대를 둔 발달놀이치료에서는 최소한 한 명 이상의 성인과의 놀이나 신체적 접촉을 통해 아동이 자기 자신을 인식하고 성인과의 친밀하고 개인적인 관계를 경험하도록 하여 애착관계를 회복하는 기회를 제공합니다. 즉, 건강한 접촉을 경험하는 아동은 자신과 타인의 자아를 지각하고 발달시키면서 자신의 감정을 표현하고 타인과 관계를 맺는 데 힘을 얻게 됩니다. 이러한 발달놀이치료의 기본원리는 능력 있는 접촉 제공자로부터 접촉을 경험한 아동은 건강한 성숙을 향해 성장하며, 초기의 외상과 방임으로부터 치유받는다는 것입니다.

발달놀이치료에서는 기본적으로 정상적이고 행복한 부모와 아동 사이에서 이루어지는 자발적이고 자연스러운 신체접촉을 전제로 하기 때문에 접촉하는 방법이 정해져 있는 것은 아닙니다. 처음에는 아동이 성인의 접촉을 인식하고 받아들일 수 있는 접촉점을 찾아야 하고, 아동이 접촉을 싫어하거나 반응을 보이지 않을 때는 멈추고 기다리거나 다른 접촉방법을 찾습니다. 이 치료법에서는 신체적 접촉을 중요시하기 때문에 치료환경은 치료사가 아동을 대상으로 신체적 접촉을 할 수 있는 안전한 공간이면 됩니다. 치료자와 아동의 친밀한 접촉을 허락하고 촉진시키기 위하여 카펫과 흔들의자 그리고 아동이 자신을 쉽게 표현할 수 있는 매체인 크레파스, 연필과 종이가 있으면 좋고 때로는 로션을 사용하기도 합니다. 이러한 입장을 토대로 고도로 구조화된 발달놀이치료 프로그램도 소개되고 있습니다. 이 프로그램에서는 정서적·사회적 결핍이나 학습결핍을 경험한 아동이 훈련된 성인조력자와 짝을 이루어 놀이활동을 하면서 서로 깊이 관여하고, 보살펴 주고, 수용하는 밀접한 인간관계를 발달시켜 나가는 것을 볼 수 있습니다. 발달놀이치료 프로그램은 아동이 타인과 관계를 맺는 데 하나의 모델이 되는 의미 있는 성인과의 긍정적이고 애정적인 상호작용과 애착을 통해 개인적 어려움을 극복하도록 돕는 프로그램입니다.

☞ 발달놀이치료의 과정과 효과

발달놀이치료는 연령에 비해 발달이 늦거나 이상발달을 보이는 아동들에게 효과가 높은 치료방법입니다. 증상이 매우 심각한 경우는 집중적인 발달치료를 해야 하고 경미한 경우일지라도 앞으로의 발달과정에서 발생할 수 있는 문제를 예방하는 차원에서 아동이 겪을 수 있는 모든 발달상의 어려움을 해결하는 데 도움이 됩니다. 발달놀이치료는 발달상의 전반적인 어려움을 치료하는 것이 목적이라는 점에서 특정 정서적 문제만을 상담의 목표로 하는 정서치료에 비해 효과가 더딥니다. 발달 장애를 지닌 아동은 다른 증상을 가진 아동에 비해 상대적으로 발달적 자원을 충분히 갖고 있지 않으며, 아동의 특성상 치료내용을 소화하는 데도 시간이 오래 걸립니다. 따라서 오랜 기간 동안 치료를 받으러 오는 아동과 부모들은 하루아침에 아이가 달라질 것이라는 과잉 기대를 가지게 되면 오히려 치료효과에 방해가 됩니다. 비현실적 기대보다는 아동의 보다 나은 삶을 위해 성실하게 하루하루 치료에 임하기 바랍니다. 특히 어머니와 아이가 치료실에 오는 것뿐만 아니라 부모상담이나 교육에서 배우거나 들은 조언대로 가정에서 열심히 실천하는 것도 치료효과를 일으키는 데 매우 중요합니다. 무엇보다 부모와 아이의 끈기와 집념이 중요하므로 용기와 희망을 잃지 않고 한 걸음 한 걸음 앞으로 나아가길 바랍니다. 발달놀이치료로 효과를 얻을 수 있는 대상을 소개하면 다음과 같습니다.

- 자폐성향이 있는 아동
- 발달상의 불균형이 심한 아동
- 언어 혹은 인지발달이 지연된 아동
- 신변처리를 스스로 잘하지 못하는 아동
- 상호작용에 어려움이 있는 아동
- 부모자녀관계에 어려움이 있는 아동
- 또래와 관계를 잘 맺지 못하는 아동
- 뇌성마비 아동
- 다운증후군 아동

☞ **발달놀이치료 활동의 예**

파우더나 물감을 이용한 손, 발 찍기
- 아동과 성인이 서로의 손이나 발을 살피거나 마주 대어 본다.
- 성인이 아동의 손에 파우더나 물감을 듬뿍 발라준다.
- 종이(파우더의 경우에는 검은 도화지) 위에 아동의 손을 올려놓는다.
- 아동의 손을 성인이 부드럽게 꼭꼭 눌러준 뒤 손을 떼어 본다.
- 종이에 찍힌 아동의 손을 보며 어떤 모양인지 등에 대해 이야기 나눈다.
- 위와 동일한 방법으로 발바닥 찍기를 해본다.

발달놀이치료에서는 애착을 발달시키는 중요한 방법으로 '신체접촉' 활동을 강조합니다. 이러한 활동을 진행함에 있어서 파우더나 로션 등의 사용은 흥미를 유발시킬 수 있고 부드러운 신체접촉을 가능하게 합니다.

5) 미술치료

미술활동(그림, 조소, 디자인, 서예 등)은 아동 스스로 주도하고 조절하는 활동으로, 아이들의 정신과 감각을 사용하도록 하며 과거나 현재의 사건과 관계되는 생각이나 감정, 심지어는 미래에 대한 생각까지도 표현할 수 있게 해줍니다. 미술활동은 아동으로 하여금 사회적으로 수용되면서 해롭지 않은 방식으로 분노, 적대감 등의 부정적 감정을 해소시킬 수 있는 정화의 기능도 가지고 있습니다. 이러한 기능을 가진 미술활동을 통하여 정서적 갈등과 심리적 증상을 완화시킴으로써 한 개인이 원만하고 창조적인 삶을 살아갈 수 있도록 도와주려는 심리치료 방법이 미술치료입니다.

미술치료에서 아동은 다양한 미술활동을 통하여 아동의 내면이라고 할 수 있는 정신세계를 아동의 외면이라고 할 수 있는 현실에서 작품이라는 구체적인 모습으로 표현하게 됩니다. 이러한 내면세계의 외현화 과정 속에서 아동은 자신의 정서상태나 심리적 갈등을 이해하고 이와 관련된 감정을 해소하며 자기 문제에 대한 변화를 경험하게 됩니다. 즉, 미술치료는 말로써 표현하기 힘든 느낌과 생각들을 미술활동을 통해 표현하여 안도감과 감정의 정화를 경험하게 하고 내면의 마음을 돌아볼 수 있도록 하여 자아성장을 촉진시키는 치료법입니다.

☞ **미술치료의 과정과 효과**

미술치료는 미술활동이나 작품에 대해 남다른 흥미와 욕구를 지닌 아동들에게 특히 효과가 있습니다. 반대로 미술활동에 대한 거부와 저항이 있는 아동들의 경우, 미술치료 경험은 다른 심리치료에 대한 부정적 인식으로 이어져 치료 자체를 거부하는 경우도 많습니다. 전반적으로 다양한 증상을 가진 아동들에게 유용하게 접근할 수 있는 방법입니다. 그중에서도 특히 위축되었거나 자신의 욕구를 말로 표현하는 데 어려움이 있는 아동들에게 더욱 효과가 높습니다. 언어화할 수 없는 문제들을 미술이라는 다양한 매체를 통해 표현하고 알게 되며, 감정 정화를 경험한다는 것은 미술치료의 효과를 나타내는 중요한 요소입니다. 즉, 아동의 내면세계를 미술활동을 통해 외현화하고, 현실적 작품으로 구체화시키는 작업은 언어상담에서 할 수 없는 많은 것들을 해결하도록 도와주는 장점이 있습니다.

6) 집단상담

집단상담이란 상담자의 중재 속에서 비슷한 문제를 가진 아동들이 함께 공동의 문제를 해결하기 위해 진행되는 프로그램입니다. 집단상담에서의 집단 상황은 아동에게 있어서 실제 세계의 축소판과 같아서 아동들은 집단 안에서 애정 및 안정감과 소속감을 가지고 자신의 행동이나 생각을 실제 그대로 시험해 볼 수 있습니다. 즉, 아동들은 집단 상황에서 서로의 생활을 나누고, 또래로부터 자신들의 감정, 사고, 행동에 대한 피드백을 받으면서 상호작용하게 됩니다. 아동들은 개인적 상호관계를 가지면서 효과적이거나 비효과적인 사회적 기술을 습득하게 됩니다. 다른 아동들이 자신을 어떻게 지각하는가를 들음으로써 자기 자신에 대해 알게 되는 시간을 가지기도 합니다. 이를 통해 다른 아동들과 내가 얼마나 유사한가 또는 다른가를 비교해 보기도 합니다. 협동하고 순응해야 하는 것이 왜 중요한지도 알게 될 것이며, 독창적이고 창조적인 사고가 긍정적으로 평가되고 지지를 받는다는 것을 깨닫게 됩니다.

아동 집단상담은 대략 8~15회기 정도로 진행되는 경우가 많고, 대개 성장을 목적으로 하는 경우 8~12회기를, 치료를 목적으로 하는 경우는 10~15회기 동안 집단을 진행하게 됩니다. 집단상담 프로그램은 언어상담부터 놀이, 게임, 미술, 심리극, 독서, 음악 등을 활용합니다.

☞ 집단상담의 과정과 효과

장기적으로 진행되는 개인심리치료와 비교해 볼 때 아동 집단상담은 개인의 문제행동의 감소 정도나 치료효과의 장기 유지 면에서 상대적으로 효과가 낮을 수 있습니다. 그러나 개인 심리치료에서 정서적 문제의 해소와 세상을 살아가는 데 필요한 내적 힘을 충분히 충전받았다면 이후 진행되는 집단상담은 독립적인 집단상담이 갖는 효과의 단점과는 별개로 큰 시너지 효과가 있습니다. 개인적인 심리행동 문제를 완화한 이후 집단상담 경험은 아이가 보다 더 견고해지고 현실로 돌아갔을 때의 시행착오를 줄여 주어 개인치료의 효과를 극대화해 줍니다. 집단 상담의 종류는 구성원의 특성과 치료목적에 따라 다르지만 집단상담의 효과가 입증된 프로그램들은 아래 것들이 대표적입니다.

☞ 효과가 입증된 프로그램
– 집단 발달놀이치료
– 대인관계 기술 익히기

- 사회적 유능감 갖기

- 문제해결력 기르기

- 자아감 향상시키기

- 자기 조절 및 분노조절

- 공격행동 감소

- 또래관계 문제 해결

- 또래 괴롭힘을 당한 아동들을 위한 프로그램

- 자기주장훈련

- ADHD 아동을 위한 집단 프로그램

- 비만 아동을 위한 집단 프로그램

- 일상스트레스 관리 집단 프로그램

- 정서적 문제해결 집단 프로그램

⟨"난 아주 특별해"-자아존중감 향상 집단 프로그램의 예⟩

1회	난 아주 특별해	프로그램의 전반적인 목적과 내용을 이해하고, 집단구성원 간에 친밀한 관계를 형성하여 참여동기를 높인다.
2회	All about Me	자신의 성격특성을 이해한다.
3회	콤플렉스 때려잡기	자신의 장점과 단점을 명료화한다. 장단점 찾기, 단점을 장점으로 전환하기 활동을 통해 유능성을 증진시킨다.
4회	도전! 고정관념	비합리적인 생각을 이해한다. 비합리적인 생각을 합리적인 생각으로 전환한다.
5회	내 마음의 신호등	다양한 감정의 인식 및 표현 능력을 기른다. 특정한 감정을 유발하는 상황을 이해하고, 적절한 감정 표현을 연습한다.
6회	내 인생의 사과나무	자신에게 의미 있는 사람들을 찾는다. 자신이 사랑받는 존재임을 깨닫는다.
7회	Style이 나를 말한다	자신의 대인관계 스타일을 이해한다.

8회	마법의 빙고	친구들이 듣기 싫어하는 말이 무엇인지 생각해 본다. 나의 대화 방식을 돌아본다.
9회	내가 진짜로 원하는 것	Want의 기본 정의를 이해한다. Want로 말하는 법을 연습한다.
10회	내 마음을 받아줘!	Want를 표현하고 만족시키는 다양한 방법을 이해한다.
11회	꿈은 이루어진다	꿈의 의미와 중요성을 이해한다. 미래 목표를 설정한다.
12회	소중한 우리들	친구들에게 감사의 마음을 전한다. 프로그램에서 얻은 내용을 정리한다.

출처: 『난 아주 특별해』(2009), 삼성사회정신건강연구소 저, 교육과학사.

7) 인지학습치료

인지학습치료란 인지발달 지연과 학습능력의 불균형으로 인지학습에 문제를 가진 아동을 대상으로 초기 인지개념 능력과 학습기술 향상을 돕는 교육적 치료입니다. 인지학습치료에 대한 이해를 돕기 위해 인지치료와 학습치료로 나누어 보다 자세히 살펴보고자 합니다.

먼저, 인지치료는 환경적 결함으로 인한 지적 자극의 결여, 각종 발달장애로 자신의 연령보다 인지발달이 지연 혹은 지체되어 있는 아동을 대상으로 아동의 인지발달을 촉진시키는 프로그램입니다. 인지치료는 아동의 인지발달 수준과 흥미를 고려하여 시행되며, 일상생활에서의 기본적인 신변처리 능력과 시지각 협응능력, 기초적인 학습능력(모양, 수, 셈, 문자 등), 문제해결방법 등을 키우도록 돕는 치료방법입니다.

학습치료는 학습영역에서 아동의 감정, 약점, 학습에 대한 흥미나 스타일을 기초로 부족하거나 결함이 있는 부분을 도와주는 치료방법입니다. 학습은 아동 개인의 타고난 지적 수준과 주의력 등의 인지적 특성, 기질과 정서적 상태 및 동기, 환경, 습관 등 다양한 요인들로부터 영향을 받을 수 있습니다.

따라서 학습 부진은 학습에 영향을 주는 다양한 원인에 대한 정확한 평가와 이해, 그리고 그것에 대처하는 방법과 기술을 통해서 해결책을 발견할 수 있습니다. 즉, 학습치료는 학습부진을 보이는 아동을 대상으로 학습에 영향을 주는 기억력, 주의집중력, 창의적 문제해결과 읽기, 쓰기, 셈하기 등의 기초학습기능 향상뿐 아니라 시험불안, 자신감부족, 사회적 관계증진 등과 같은 심리적 문제까지도 함께 다루어 아동이 잠재능력을 최대한 발휘하도록 돕는 치료방법입니다. 각각의 치료는 아동의 흥미나 발달수준, 특성 등을 고려하여 개별뿐만 아니라 집단으로도 진행할 수 있습니다.

☞ **인지치료의 효과**

발달놀이치료와 마찬가지로 인지치료도 치료효과가 하루아침에 나타날 것이라고 기대해서는 안 됩니다. 아이들의 발달 자원인 지적 기능을 활성화하고 변화시킨다는 것은 쉽게 이룰 수 있는 것이 아니고 많은 시간과 노력이 필요합니다. 그러나 부모나 기관의 교사들이 주는 지적 자극과 촉진은 인지치료실에서 이루어지는 수행과 효과와는 다른 것이므로 전문 인지치료사의 안내에 따라 협조하고 지속적으로 참여하는 것이 중요합니다. 인지치료로 효과를 볼 수 있는 대상 아동은 다음과 같습니다.

- 그림이나 글씨를 그대로 따라 쓰는 것을 어려워하고 하지 못하는 아동
- 수나 글자를 기억하거나 소리나 모양을 구별하는 데 어려움이 있는 아동
- 수를 반복하여 말해주어도 기억하지 못하고 수학적 개념들(수, 크기, 양)을 형성하는 데 어려움을 보이는 아동
- 새로운 개념을 형성하는 데 시간이 오래 걸리고, 과제 수행시간이 다른 아동에 비해 상당히 오래 걸리는 아동
- 어휘력 습득이 안 되거나 매우 느리게 습득하는 아동

－ 책 읽는 것과 같은 인지적 활동에 흥미가 없고 글자를 읽는 데 어려움을
보이는 아동
－ 지적 활동을 위해 오래 앉아 있는 것이 어렵고 집중력에 어려움이 있는 아동
－또래와의 놀이나 활동에 의욕이 없고 자신감이 결여되어 있는 아동

☞ 학습치료의 효과

학습치료는 특정 영역의 학습장애를 가진 경우와 학습 환경의 문제나
학습 동기, 방법과 전략적 차원에서 도움이 필요한 학습 매니지먼트가 필요한
경우로 나누어 효과를 살펴볼 필요가 있습니다. 전자의 경우는 학습장애아의
특성을 보이는 경우로 치료적 학습교육 차원에서 접근이 필요하고 초기에
발견되어 치료를 하게 되면 예후가 좋은 편입니다. 그러나 치료진행 과정에서
급격한 변화가 온다거나 단기간에 확연한 효과를 보고 치료를 중지할 수
있다고 기대해서는 안 됩니다. 치료 효과가 바로 나타나지 않는 것이 견디기
힘든 일인 것은 분명합니다. 그러나 무엇보다 아이가 이 문제를 극복하고
학교생활을 잘 할 수 있게 될 것이라는 희망을 가지고 꾸준히 치료를 받는
것이 중요합니다.

다음으로 학습환경이나 동기, 방법과 전략에 어려움이 있는 아이들의 경우,
일상생활에서 부모의 노력도 상당히 큰 영향을 미치기 때문에 치료자, 아동,
부모가 서로 협력하여 나아가지 않으면 효과를 보기 어렵습니다. 치료자의
안내에 따라 양육태도와 생활 개선, 환경 변화, 아이와 함께하는 부모의 노력
등을 적극적으로 실천하면 실질적 효과를 볼 수 있습니다.

■ 읽기와 이해하기에 어려움이 있는 아동

－ 단어 재인식에 어려움이 있다.

- 청각적, 음성적으로 혼란스러워하고 잘못된 반응을 한다.
- 무엇을 읽을 때 문자나 단어의 위치를 바꾸어 읽는다.
- 문장을 읽을 때 단어나 단어의 일부분을 빠뜨리거나 제시된 문장에 없는 단어나 문장을 추가하여 읽는다.
- 지나치게 느리게 글을 읽거나 구두점에 대한 인식이 부족하다.
- 글을 읽고 그 내용을 이해하지 못하며 문장을 구성하는 단어의 관계를 이해하지 못한다.
- 중심단어 이해보다는 주변적인 정보에 의존해서 답을 쓰려는 경향이 많다.
- 단기 기억력이 부족해서 내용을 오랫동안 기억하지 못한다.

■ 쓰기에 어려움이 있는 아동
- 글씨의 크기와 형태가 일관적이지 않다.
- 쓰는 방식과 모양이 평범하지 않다.
- 음절을 빠뜨리며 쓴다.
- 단어 간 띄어쓰기나 구분을 하지 못한다.
- 연령에 맞지 않게 문법적인 오류가 많다.
- 글 쓰는 속도가 느리거나 오래 망설인다.
- 연령에 비해 글의 내용이 앞뒤가 안 맞고 구조적이지 않다.

■ 수학에 어려움이 있는 아동
- 기본적 수학개념(크기, 순서, 양, 거리, 시간, 방향 등) 습득이 어렵다.
- 수학기호 사용에서 오류가 많다.
- 숫자를 읽을 때 앞뒤 수를 바꿔 읽는다.
- 계산하는 도중 방금 들었거나 보았던 숫자를 잘 기억하지 못한다.

– 다른 수식을 풀 때 이전에 했던 방식으로만 계산한다.

– 수학을 매우 싫어하고 쉽게 포기하며 실패에 대한 두려움이 많다.

〈언어 및 인지학습치료 교재, 교구〉

▲ 방향인식 퍼즐

▲ 전후 개념 인식 카드 사진
(출처: http://www.abcmall.net)

8) 언어치료

언어치료는 선천적 혹은 환경적 이유로 언어의 이해 및 표현이 늦거나 발음이 이상한 아동, 말을 더듬는 아동, 혼잣말만 하거나 상황에 맞지 않는 말을 해서 다른 사람과의 의사소통에 어려움을 가진 아동들을 대상으로 자신의 언어문제를 극복하고 효율적인 의사소통을 할 수 있도록 돕는 프로그램입니다. 언어로 의사소통하기 위해서는 인지기능에서부터 호흡, 발성, 공명, 조음을 담당하는 신경 및 말초근육과 청각, 시각 등의 감각기관 외에도 많은 신체기관의 역할이 필요합니다. 이러한 요소들 가운데 어느 부위에서라도 문제가 있으면 언어 문제가 발생할 수 있습니다. 또 언어와 관련된 모든 기능이 정상이라 할지라도 가족 내의 갈등이나 무관심, 적절한 자극이 결핍된 경우 문제가 발생할 수 있습니다.

따라서 언어치료에서는 각 개인의 현재 언어 표현 능력, 이해 능력 및 기질적인 문제, 기능적인 문제, 환경적 문제 등에 대한 다양한 진단을 통해 현재의 능력을 파악합니다. 그다음 이를 바탕으로 구체적인 치료를 계획하고 적절한 개입을 통해 아동이 일상생활에서 원만한 의사소통을 할 수 있도록 언어발달을 촉진합니다. 언어치료는 아동의 흥미나 발달수준, 특성 등을 고려하여 개별 및 집단치료를 진행할 수 있습니다.

☞ 언어치료의 과정과 효과

언어치료는 주 1회 또는 2회 이상 실시되는 경우가 많고 정서치료에 비해 치료 효과가 잘 드러나는 특성이 있습니다. 심리적 문제를 동반한 경우, 심리치료를 먼저 진행하여 아동의 정서가 안정된 이후 언어치료를 받게 되면 언어치료 효과를 더 높일 수 있습니다. 언어발달 장애를 일으키는 요인은 기질적 요인과 환경적 요인으로 나눌 수 있습니다. 기질적 요인으로는 지적 장애, 전반적 발달장애, 자폐증, 청각장애, 학습장애, 뇌의 손상이나 병변으로 인한 장애 등이 있고, 환경적 요인으로는 언어 자극의 결핍이나 부적절한 자극으로 인해 언어발달이 지연되는 경우가 있습니다. 환경적 요인의 경우, 기관에서의 언어치료와 함께 부모상담을 통해 적절한 환경 개선, 양육자의 촉진적 반응 등을 병행한다면 효과가 높아집니다. 언어치료에 적합한 대상 아동은 다음과 같습니다.

- 뇌성마비나 뇌손상으로 인하여 언어발달에 문제를 가진 아동
- 청각장애/구개파열로 인하여 언어문제를 가진 아동
- 인지장애로 인하여 언어발달이 지체된 아동

– 말을 더듬는 아동

– 인지적으로나 정서적인 문제없이 단순히 언어발달에 어려움이 있는 아동

– 특정한 발음을 어려워하거나 또래에 비해 발음이 부정확한 아동

– 타인과의 의사소통에 어려움이 있는 아동

– 목소리의 높낮이가 불안정하거나 거친 소리를 내는 아동

9) 상담센터에서의 부모상담과 교육

부모상담 및 교육은 상담과정에서 치료효과를 높이기 위한 필수적인 과정으로, 부모에게 아동의 현재 상태, 놀이치료 과정에 대한 이해, 양육방법과 역할에 대한 상담과 교육을 진행하는 시간입니다.

많은 부모님들이 현재 보이는 아이의 어려움이나 문제행동에 대해 성장하는 과정에서 차츰 좋아지리라는 기대를 가지고 그냥 지켜보는 경우가 있는데, 때로는 부모의 노력만으로는 해결되지 않는 경우가 많습니다. 아이의 발달과 정서적 고통에 대해 부모가 민감하게 알아채지 못할 때 아이의 어려움이나 문제행동은 더욱 심해져서 결국 가족 전체의 문제가 될 수 있습니다. 따라서 양육과정에서 힘든 문제들을 어떻게 이해하고 다루어야 하는지, 아이의 증상에 대해 어떻게 대처해야 하는지를 부모상담을 통해 배우는 것이 필요합니다.

또한 치료가 효과적으로 진행되기 위해서는 무엇보다 상담에 대한 부모의 정확한 이해와 협조가 요구됩니다. 이를 위해 부모상담을 통해 부모가 아동을 이해하는 것을 도울 뿐만 아니라 상담과정을 이해하도록 도와야 합니다. 그러나 이에 못지않게 부모가 자신에 대해 얼마나 알고 이해하고 있느냐 하는 것도 중요합니다. 부모가 안정되고 편안해야 자녀들이 안정되고 편안하게

성장할 수 있습니다. 부모가 무엇 때문에 짜증을 내는지 자신의 심리상태를 알고 있어야 합니다. 이렇게 자신을 바라볼 수 있게 되면 자신의 감정을 조절할 수 있는 힘도 생기고 자녀에게 열 번 잔소리할 것을 다섯 번으로 줄일 수 있습니다. 부모의 영향은 아동의 삶에 있어 중요한 자리를 차지하고 있기 때문에 아동상담에서 부모상담은 중요하게 고려해야 할 부분입니다.

☞ 부모교육 및 상담의 효과

상담센터에서의 부모교육과 상담은 부모 개인과 아동, 그리고 부모의 다양한 관계에도 긍정적인 효과를 일으킵니다. 아동의 문제를 통해 부모 자신의 심리적 문제를 통찰하고 행동을 개선함으로써 자신의 문제를 완화하는 데 도움이 됩니다. 이뿐만 아니라 부부간의 양육에 대한 신념과 역할행동의 차이를 알고 조율하는 과정, 아동의 문제 행동에 영향을 미친 원부모와의 미해결된 욕구를 알아차리는 과정, 원부모와의 건강하지 않은관계를 회복해가는 과정, 아동을 양육하는 환경으로서 부부갈등이나 고부간의 갈등을 대처하는 방법, 어머니의 양육에 대한 불안과 혼란 등을 해결하고 효능감을 얻어가는 과정, 부모교육에 참여하여 얻는 다양한 양육기술이나 대처방법 등 부모 교육과 상담 참여는 부모 개인의 행복 찾기뿐만 아니라 아동의 문제행동 개선에도 큰 도움이 됩니다.

이 외에도 10~20분간 실시되는 부모상담시간에 부모가 적극적으로 참여하여 아동에 대한 정보를 제공하거나 가정에서 관찰한 아동의 특성을 전하고 치료자로부터 부모의 역할을 전달받아 실천에 옮기는 행동은 아동의 주 호소 문제를 감소시키는 데 매우 중요한 역할을 합니다(최명선, 2005).

「아동청소년 상담센터 맑음」의 월별 부모교육 내용

1월: 부모님 방학

2월: 학교적응 준비 돕기

3월: 산만한 아이 행동 이해하고 지도하기

4월: 친구관계 도와주기

5월: 부모자녀관계 도와주기

6월: 집단 모래놀이치료를 통한 부모마음 알기

7월: 아이 특성에 맞는 학습법을 알기

8월: 부모님 방학

9월: 아빠와 아이 사이 도와주기

10월: 청소년 자녀와의 대화법 익히기

11월: 사이좋은 형제, 사이 나쁜 형제

12월: 공격행동의 양육처방전

PART 04

과연 어떻게 진행되나?
상담과정 속으로 go, go

PART 04

과연 어떻게 진행되나?
상담과정 속으로 go, go

7. 상담의 첫 단추 끼우기
−전화문의와 접수상담−

부모가 아동의 문제를 해결하기 위해 전문기관에서 도움을 받고자 결정하였다면 이제부터는 적극적으로 정보를 수집하십시오. 주변에 이미 상담받은 경험이 있는 부모가 있다면 어머니의 사정을 솔직하게 이야기하고 가까운 상담센터를 소개받는 것도 좋습니다. 또는 '아동상담', '놀이치료', '아동심리치료'(지역명 추가) 등의 키워드를 이용해 인터넷 검색을 해보는 방법도 있습니다. 그 외에도 상담에 대한 지식을 가진 지인들을 통해 전문기관에 대한 정보를 얻는 방법도 있습니다.

매스컴에 자주 나오는 상담센터, 소문난 상담센터, 인터넷에서 활발히 홍보 전략을 펼치고 있는 상담센터보다 어머니의 상황에 맞는 맞춤형 기관을 찾는 것이 더 현명한 선택이 될 것입니다. 우선적으로 고려할 사항은 ① **기관과치료자가 전문성을 갖추었고, ② 집에서 가까우며, ③ 비용부담이 가능한 기관이면** 가장 이상적이고 최선의 선택이 될 것입니다. 2부에서 이 세 가지를 충족하기 위한 다양한 정보를 얻었을 것이라 믿습니다. 본 장에서는 전화접수와 접수상담에 대해서 알아보고자 합니다. 전화접수와 접수상담을 언제, 어떻게, 무엇을, 누구와 하는 것인가에 대해서 상세히 살펴보겠습니다. 이제부터 상담센터 가는 길을 함께 떠나 볼까요?

1) 전화 예약

(1) 전화기를 들기 전에 준비할 일

부모님이 원하는 조건에 충족되는 몇몇 상담센터를 선택했다면 이제 그 기관들과 직접 접촉하는 과제가 남아 있습니다. 만약 어머님이 아이의 행동에 화가 잔뜩 났거나, 아이 문제로 남편과 싸운 후, 그리고 시댁 식구나 동네 사람들로부터 감정이 상하는 말을 듣고 전화기를 들었다면 다시 내려 놓으십시오. 오늘 전화는 아이 문제를 해결하기 위한 것이 아니라 어머님의 마음을 풀기 위한 것이니까요.

아이 문제로 걱정이 되어 고심하시다가, 최종적으로 전문가의 도움을 받아 문제를 해결하기로 결정했다면 스스로에게 마지막 질문을 하십시오.

'진정으로 상담을 통해 도움을 받을 의지가 있는가?'
'어떤 어려움이 오더라도 그 의지를 굽히지 않고 상담을 받아 문제를 해결할 자신이 있는가?'

자신과의 문답이 끝나고 두려움에 맞서고자 하는 용단을 내리셨다면 아이들이 어린이집이나 학교를 간 사이, 가장 마음이 안정되는 시간대를 정하고 전화기를 드십시오. 이때 물어 보고자 하는 사항들을 미리 적어 두었다가, 비워둔 칸에 답변들을 메모하며, 중요한 사항들 위주로 질문하고 받아 적는 것도 좋습니다. 만일 부끄러움이 많고 전화상 물어보는 것이 심리적으로 부담이 된다면 상담기관 홈페이지에 있는 게시판 상담을 통해서도 첫발을 디딜 수 있습니다. 중요한 것은 어머님의 '걱정을 변화에 대한 의지'로 옮기고, '의지를 다시 실천하는 행동'으로 옮기는 '용기'입니다.

(2) 전화 접수

따르릉 따르릉.

네, ○○아동상담센터입니다.

초기 전화접수 상담 시 부모는 기관에 전화나 이메일을 통하여 아동의 연령과 아동이 겪고 있는 현재의 어려움을 말합니다. 전화접수 상담은 구체적인 문제를 상담하는 시간이 아니라 첫 면담시간을 예약하기 위해 최소한의 정보를 주고받는 시간입니다.

많은 부모들은 전화접수상에서 그간의 어려웠던 문제를 풀어 놓으며 무엇인가라도 해결책을 얻고자 합니다. 조급한 마음에 충분히 그럴 수 있지요. 아이 문제로 놀란 마음, 오늘이라도 당장 아이를 데리고 달려가고 싶은 마음, 하루빨리 문제를 해결하고 싶은 애절한 부모의 마음을 어찌 모르겠습니까? 그러나 현실적으로 대부분의 상담센터는 전화상담보다는 면대면 상담을 기본으로 하고 있고, 예약 후 방문 상담을 원칙으로 하고 있습니다. 이때부터 즉흥적이고 신속한 해결보다는 기다리고, 원칙을 지키며, 한 박자를 늦추어야만 효과를 보는 일(상담)이 시작됩니다.

전화접수 시 경험하는 또 다른 것은 전화접수를 받고 있는 상담센터의 직원에 대한 것입니다. 그들의 역할은 바쁜 데스크 업무 처리와 원활한 현장관리를 하는 것이기 때문에 전문상담원들이 하는 일과는 거리가 있습니다. 그래서 부모님의 심적 고통을 긴 시간 동안 적극적으로 들어 주기가 어렵습니다. 그간 아이문제로 힘들었던 어머니가 지푸라기라도 잡는 심정으로 상담센터에 전화하여 심적 어려움을 토로했는데 상담센터 직원이 적극적으로 들어주지 않는다면 야속하고 실망스러울 것입니다. 그러나 그 직원은 상담을 하는 사람이 아니고 행정업무를 보는 사람이라는 사실을 받아들이는 것이 필요합니다. 부모가 먼저 일에 대한 경계를 받아들이고 지킨다면 불필요한 실망감을 줄일 수 있을 것입니다. 현명한 방법은 어머님이 먼저 전화접수의 목적을 명확히 하고 목적에 맞는 대화를 하는 것입니다. 가끔은 선택한 기관이 상담받기에 여러 가지 조건이 부합하지만 전화접수인이 불친절하거나 성의가 없다고 판단되어 그 기관을 포기하는 안타까운 어머님들도 있습니다. 물론 잘 준비된 상담센터는 전화접수인의 교육도 철저히 하겠지만 인간이 하는 일이라 모든 것이 완벽할 수는 없습니다. 중요한 것과 그렇지 않은 것을 구분하는 능력이 필요한 순간입니다.

결론적으로 전화접수 시 중요하게 다루어야 하는 것은 선택한 기관에 대한 몇 가지 중요한 질문사항과 접수상담이 가능한 날짜와 요일 및 시간을 정하는 것입니다. 이때는 반드시 부모와 아이가 여유롭게 방문할 수 있는 시간대로 예약을 하세요. 예약한 날짜까지 기다리는 것이 쉽지는 않습니다. 이 시간 동안 부모의 마음에 많은 소용돌이가 일어나기도 합니다. 중요한 과제는 접수날짜를 정하고 나서 기다리는 동안, **그날 갈까 말까를 고민하지 마시고 무엇을 질문하고 어떤 도움을 받을 것인가에 대해서 고민하십시오.**

수첩을 가지고 다니며 생각날 때마다 궁금한 것들을 메모하는 것도 좋은 방법입니다. 때로는 인터넷으로 기관의 홈페이지를 방문하여 기초 정보를 얻은 뒤, 홈페이지상에 없는 내용을 전화로 질문하는 것도 효율적으로 정보를 얻는 방법입니다.

■ **전화접수 시 기관에 대해 알아볼 내용들**
 – 기관의 위치
 – 상담기관에서 실시하고 있는 상담방법 및 비용
 – 행정적인 절차(예약방법, 예약 가능한 날짜와 요일, 시간)
 – 심리검사의 종류 및 비용
 – 상담자에 대한 정보
 – 접수자에 대한 정보

■ 전화접수 시 유의사항

① 전화접수는 '전화'+'접수'일 뿐입니다

간혹 어머니들 중에는 상담기관의 데스크에 전화하여 아이의 어려움을 해결하고자 하는 경우도 있습니다. 전화상으로 문제를 해결하고자 한다면 전화상담을 집중적으로 하는 기관을 알아보는 것이 좋습니다. 간단한 양육정보나 아이의 발달 특성에 대한 질문이라면 그렇게 해결할 수 있으나 문제행동이 중하고 장기적인 상담을 받아야 하는 경우라면 부적절한 선택입니다. 대면상담을 주로 하는 상담기관의 전화접수자는 접수 상담을 위한 기초정보를 얻고, 대면 접수상담을 연결하는 역할을 한다는 점을 기억하세요. 전화접수자의 사무적인 태도에 실망한다거나 비현실적 답변을 맹신해서도 안 되겠지요. 전화접수자는 전화+접수를 할 뿐입니다. 그들은 아이에 대한 기초 인적사항과 어머니로부터 얻은 몇몇 주관적인 정보만으로 그 어떤 결정적인 답변을 할 수 없기 때문에 부모님들도 그것을 바라지 않아야 합니다.

② 전화접수 후, 과잉 기대는 상담을 망칩니다

전화접수에서 상담만 받으면 아이가 다 나을 것이라고 기대하는 부모나 기대를 하도록 하는 기관도 있습니다. 상담을 받고 효과를 얻는 일은 간단한 과정이 아닙니다. 비가 오나 눈이 오나 귀찮고 피곤한 몸을 이끌고 열심히 참여한 사람들에게만 귀한 선물이 주어집니다. 상담 초기에 내담자가 갖는 상담에 대한 높은 기대는 상담효과를 떨어뜨린다는 연구결과도 있습니다. 상담효과에 대한 비현실적 기대보다는 어떻게 상담에 협조적으로 임할 것인가, 아이가 상담받는 동안 어떻게 일정을 조정하고 관리할 것인가와 같은 구체적인 사항들에 대해서 준비하십시오. 그것이 상담효과를 높이는 가장 현실적인 방법입니다.

③ 전화 접수의 목적을 분명히 하십시오

따뜻한 데스크 직원과의 통화에서 잠시 목적의식을 잃기도 합니다. 감정이 앞서 아이 문제로 힘들었던 어머님의 경험을 풀어내느라 아이의 중요한 문제행동을 말하지 못하는 분들도 있습니다. 또는 충동통제에 어려움이 있는 어머니들은 감당하기 어려울 정도의 자기 노출을 하고는 자기수치감에 접수상담에 오지 못하는 분들도 있습니다. 입맛에 맞는 어려운 기관을 잘 찾아두고 순간적인 실수로 이러지도 저러지도 못하는 일이 생기는 경우이지요. 오늘 기관으로 전화를 한 이유는 부모님과 아이에게 맞는 기관을 탐색하거나 아이문제에 대한 기초 정보를 제공하고 대면 접수상담 날짜를 예약하는 것이었습니다. 목적지로 가는 배의 키를 잘 잡으십시오.

④ 성급하게 결정하지 마세요

마음이 급하거나 충동적인 부모의 경우, 전화로 문의한 당일이나 다음날 바로 접수를 예약하곤 합니다. 이런 경우에 미처 어머니나 아이들의 스케줄을 체크하지 못하였거나 아이와 대화가 안 된 상태에서 급하게 일을 진행하게 되어 결국 예약을 취소하기 쉽습니다. 여러 기관에 대해 정보를 알아보고, 부모와 아이가 다니는 데 적절한 곳인가를 타진해 보신 후, 한 개(때로는 두 개 정도로 축소되는 경우도 있겠지요)의 기관을 선택하십시오. 여건이 되신다면 그 기관에 직접 찾아가 보시거나 부모상담을 받아 보시고 아이와의 접수상담을 예약하십시오. 이렇게 해야만 효과적인 상담여정의 첫 단추가 잘 끼워졌다고 볼 수 있습니다.

간혹 급한 사정이 있어 취소하는 경우, 취소 의사를 전화로 알려오거나 다른 날로 예약을 변경하는 분들도 있습니다. 그러나 몇몇 충동적으로 예약을 한 부모의 경우, 접수상담 당일에 전화기를 꺼두거나 받지 않아 기관을 당황스럽게 하기도 합니다. 그렇게 한 경우, 이후에 이 기관에 다시 와야 할 상황이 되어도 머뭇거려진다고 합니다. 아이 이름, 전화번호, 이메일 주소 등 기초적 인적 정보를 제공했기 때문에 어머니를 기억할 것 같고, 그때 신중하지 못했던 행동으로 기관 직원들을 마주하기가 어색할 것 같기 때문이겠지요.

성급하게 접수를 예약했다면 부모의 마음을 전해주십시오. '좀 더 아이를 지켜보고 상담을 결정하겠노라고…….' 부모와 아이의 어려움을 진심으로 도와주고자 하는 기관은 부모의 마음변화를 충분히 이해하고 기다리며, 언제든 도움요청을 받아들이고 손을 잡아 줄 것입니다.

급히 먹은 밥이 체한다고 합니다. 특별한 경우를 제외하고는 보통 아이들 문제는 2~3일 늦겨졌다고 아이가 크게 잘못되지는 않습니다. 부모와 아이가 상담을 받기로 결정해가는 과정을 충분히 거칠 것을 권하며, 이 과정이 어려운 상황이라면 부모 스스로의 상담 동기를 잘 살펴보고 예약을 하기 바랍니다. 그러나 긴급을 요하는 상담의 경우, 데스크 직원에게 상황을 알리고 배려를 요구하는 것도 하나의 방법이 될 수 있습니다.

⑤ 아이의 문제행동과 원인을 단정하여 말하지 마세요

이 책의 초반부에서 소개한 바와 같이 많은 어머니들이 아이의 문제에 대한 정보를 얻기 위해 인터넷이나 책에서 이런저런 글을 읽고 아이의 문제와 원인을 단정하여 전화를 하는 경우가 있습니다. 가끔 전화상으로 전해준 부모님의 주 호소 문제가 접수상담 시 놀이평가와 심리검사상에서 나타난 아이의 문제와 다른 경우가 있습니다. 물론 겉으로 보이는 행동과 내면에 숨어 있는 문제의 양상은 다를 수 있지만 부모님이 생각한 밑그림이 아이의 문제를 객관적이고 정확하게 보는 데 혼선을 주는 경우도 있습니다. 있는 그대로의 문제행동을 보고하고 함께 문제의 특성과 원인, 다른 문제와의 연결고리를 찾아가는 열린 마음으로 상담실에 오는 것이 필요합니다.

2) 상담의 시작, 접수상담

(1) 접수면접

■ 방문 접수상담(방문 접수상담 전 준비할 일)

① 갈팡질팡 부모마음 바로잡기

전화로 접수한 후(또는 직접 기관을 내방하여 예약한 경우도) 기관을 내원하기 전에 많은 어머님들은 갈등과 고민에 빠집니다. '괜히 문제를 부풀리는 것은 아닌가?', '아이가 상담센터에 갔다는 사실이 학교나 동네에 알려지면 어쩌나?', '아이 자신도 얼마나 상처가 될까?', '남편이 알면 어쩌지?'

그렇습니다. 상담센터에 와서 상담을 받는 일은 결코 쉬운 일이 아닙니다. 아이의 문제를 들추어 보려니 어머니가 잘못한 일, 어머니가 덮어두고 싶었던 일들도 펼쳐 내야만 문제해결에 진전을 보입니다. 또한 실제로 남 말하기 좋아하는 동네 사람들은 뒤에서 수군대기도 할 것입니다. 남편의 반대를 어떻게 설득할까 벌써부터 겁도 납니다. **그러나 그 무엇이 내 아이가 행복하고 건강하게 잘 사는 것만큼 중요한 것이 있겠습니까?** 현재 문제를 부풀리는 것이 두려워 접수상담을 취소하고 덮어 둔다면 실제 아이 문제는 이스트를 넣은 밀가루 반죽 덩어리처럼 부풀어 오르고 있을 것입니다. 그 순간은 돌이킬 수 없는 후회의 시간이 됩니다. 용기를 내어 발걸음을 옮기십시오.

아래의 내용들은 접수상담 시 다루어지는 내용과 절차들입니다. 잘 읽어보고 효과적인 접수상담에 도움이 되기를 바랍니다.

② 아이에게 상담센터 설명하기

부모님의 마음을 움직인 기관을 발견하신 것은 참으로 다행스럽고 감사한 일입니다. 쉽지 않았던 그 과정이 성공적으로 끝났다면 이제 상담센터에 가기 위해 '자녀를 어떻게 설득할까'의 과제가 남았습니다. 자녀에게 상담센터에 오도록 설명하는 방법은 여러 가지가 있겠으나 가장 적절한 설명이란 '솔직하게 이야기'하는 것입니다. 아동에게 분명하게 문제가 무엇인지를 설명하고 이를 해결하기 위해 외부 도움을 구하자고 말하는 것입니다. 이렇게 하는 것이 이후 상담과정에도 효과적이라는 사실을 명심해야 합니다.

그러나 부모님의 솔직한 전략이 아이의 마음을 크게 움직이지 못해 실패하는 경우도 많습니다. 아이가 먼저 상담을 원하거나, 부모님의 제안을 아이가 흔쾌히 수용하여 함께 상담센터로 가면 더없이 좋은 일이겠지만(실제로도 이런 경우는 상담의 예후도 좋습니다) 그렇지 못할 경우도 많으니 너무 좌절할 필요는 없습니다. 이럴 때 평소 사람의 마음을 움직였던 어머니표 노하우를 발휘해 보는 수밖에 없습니다. 평소 아이가 어머니 말을 잘 따르는 순간을 생각해 보고 그때 무엇으로 아이 마음을 움직였는지 생각해 보세요. 상담은 현실을 떠나서는 이루어질 수 없습니다. '정도(正道)'를 걷는 것도 중요하지만 일단 아이가 상담센터에 오는 일도 현실적으로 시급한 일이니 현실적인 대안을 써보십시오. 아이에게 상담을 받도록 설명하고 싶지만 어떻게 말해야 할지 막막할 때 아래의 예문을 참고하길 바랍니다.

"○○가 요즘 학교에서 친구들을 때린 일로 선생님한테 자꾸 혼나게 되고, 그래서 속상해 할 때가 많은 것 같아. 엄마도 그런 네가 걱정되고 속도 상한데 널 어떻게 도와줘야 할지는 잘 모르겠어. 그런데 이런 너의 어려움을 도와줄 수도 있고, 엄마가 널 어떻게 도와줘야 할지에 대해서도 알려주는 곳이 있대. 너와 비슷한 어려움이 있는 아이들이 상담기관에서 도움을 받게 된대. 우리 한번 같이 가서 도움을 받아 보자."

■ 접수상담 내용

① 여러 가지 정보 제공

최종적으로 선택된 한 상담센터에 전화로 접수상담을 예약할 시 이메일이나 팩스로 접수면접지를 받아 작성하여 보내줄 것을 요청하는 곳이 있습니다. 그것이 어려울 때는 접수시간보다 먼저 내원하여 접수면접지를 적도록 하기도 할 것입니다. 물론 기관에 따라 조금씩 방식과 내용이 다를 수 있으나 접수상담 시에 필요한 정보는 거의 유사하다고 보아도 무리가 없을 것입니다. 접수상담지에 기재해야 하는 내용이 다소 많고 부담이 될지도 모릅니다. 상담을 시작하고 진행해 간다는 것은 그렇게 무엇인가를 기억해내야 하고 참고, 빈칸을 채우며, 잘못을 발견하기도 하는 것입니다. 기억나는 내용들을 접수면접지에 최선을 다해 성실히 적으십시오. 이 자료를 바탕으로 상담자가 아동 문제의 특성과 원인을 면밀히 탐색하게 됩니다.

인적사항, 주된 문제(내원 사유), 과거 치료 경험, 결혼, 임신, 아동의 출생배경, 아동병력 및 가족력, 발달 과정(신체 발달, 대소변 가리기, 언어 발달, 정서 및 행동), 교육 과정, 또래관계, 가족 관계, 아동의 성격, 상담을 통해 바라는 점

② 아동 문제 행동의 원인 찾기

아동 문제행동의 원인을 찾기 위해서는 아동과 부모와의 관계, 부부 관계, 부모의 심리내적 갈등, 아동이 겪는 갈등과 성격적 특성 등 많은 다차원적인 정보가 필요합니다. 접수 상담자는 이 자료들을 가지고 문제의 원인을 찾기 위해 멀리 과거를 돌아다보는 상담용 망원경이나 내부를 섬세하게 들여다보는 현미경도 사용할 것입니다. 가끔은 생생한 예가 필요할 때도 있습니다. 아이를 키우며 경험한 특별한 에피소드나 구체적인 사건들도 물어보곤 하지요. 무엇보다 부모의 솔직하고 용기 있는 개방이 필요한 시간입니다.

이러한 과정을 통해 상담자는 아동의 문제행동이 왜, 어떻게 생기게 되었는지에 대해 대략적인 가설을 설정하게 됩니다. 그러나 접수상담에서 상담자가 탐색하고 분석한 내용은 어디까지나 1시간~1시간 30분 접수상담 동안 다루어진 내용이라는 것을 잊지 말고 접수 상담의 현실적인 한계를 인정해야 합니다. 그래서 추가로 아이문제를 더 깊이 탐색하기 위해 심리검사를 진행하기도 하고 상담초기 동안 더 추가적인 탐색과정을 거치기도 합니다.

③ 대략적 상담계획 설명하기

다음 단계에서는 상담자로부터 기관에서 제공하는 여러 가지 치료적 접근에 대한 설명을 듣습니다. 아동의 연령, 성향, 치료 동기 등을 고려하여 행동문제를 해결하는 데 가장 적합한 치료방법을 선택하게 됩니다. 치료자는 다양한 치료적 접근(본서의 6장 참조) 중 아이의 행동문제를 치료할 적절한 방법 하나를 선택하여 소개할 것입니다. 놀이치료, 모래놀이치료, 미술치료, 발달놀이치료, 언어치료, 학습치료, 집단 사회성 치료 등 아이들의 행동 문제를 치료할 수 있는 접근 방법은 다양합니다. 이때 부모님들도 인터넷이나 책을 통해 자녀가 받게 될 치료가 무엇인지에 대한 정보를 얻고 상담자와의 대화에 적극적인 태도로 임하는 것이 좋습니다. 만약 상담자가 약물치료의 필요성을 언급하거나 향후 다른 치료 프로그램으로의 연계를 제안한다면 아이의 행동 개선을 위해 마음을 열고 받아들이고 함께 노력할 것을 권합니다.

④ 부모의 심리적 어려움을 해결하기 위한 계획 세우기

가끔은 부모가 접수상담에서 그간 쌓였던 힘들었던 감정을 쏟아내며 울기도 합니다. 그간 꾹꾹 눌러 두었던 감정이 쏟아져 부모도 감정을 어떻게 조절할 수가 없는 경우이지요. 한 아이의 부모, 아내, 며느리, 딸로서 얼마나 힘든지 상담자들도 공감하게 됩니다. 공감능력이 뛰어난 상담자는 짧은 시간이지만 어머니의 아픈 생채기를 어루만지며 새싹이 돋게 하기도 합니다. 부모가 심리적으로 힘든 상태에 있거나 아이의 문제행동의 근원이 부모의 심리적 어려움으로 인한 양육환경이나 부부관계라면, 부모도 한 내담자로서 상담치료를 받아볼 것을 권합니다.

부모는 아이들의 양육자이기 전에 '상처받을 수 있고', '고통받을 수 있고', 도움을 받을 수 있는 '한 사람'이라는 점을 인정하면 독립적인 부모상담을 결정하기가 쉬워지겠지요. 아이상담 일정을 정하며 부모상담이 필요한 경우, 적극적으로 부모상담을 시작해 보기를 응원합니다. 부모가 변하면 아이도 분명히 변합니다.

'아줌마의 본전 생각': 값비싼 상담료에 대한 에피소드

어느 어머님이 아이문제로 상담을 받으러 왔다가 본인의 심리적 어려움이 커서 독립상담 세션을 시작했다고 합니다. 이때 아이 양육 이야기며, 본인의 과거 이야기며 잘못한 일과 괴롭고 힘든 일들을 드러내고 직면할 용기가 없어 최대한 숨겼다고 합니다. 처음에는 상담을 마치고 가는 길이 좋았지만 어느 순간부터는 더 깊이 들어가지 못한 상담내용으로 인해 집으로 돌아가는 길이 늘 찝찝하고 허전했다고 합니다. 그뿐만 아니라 한 번씩 갈 때마다 내는 상담비가 너무 부담이 되고 '그 돈이면 가족이나 자신을 위해 다른 것을 할 수 있을 텐데……'라며 상담을 지속할지에 대해 고민했다고 합니다. 그러던 중 문득 이런 생각이 들었다고 합니다.

'나는 이 값비싼 상담시간에 방어만 하고 앉아 있을 순 없다. 더 이상 돈과 시간을 낭비할 순 없다.'

생각의 방향을 바꾼 어머님은 그다음 세션부터 용기를 내어 자기를 적절히 개방하고 보다 적극적으로 상담에 임하기 시작했다고 합니다. 상담을 마칠 즈음, 자신의 변화를 일으킨 요인이 무엇인지를 얘기하다가 '아줌마의 본전 생각'도 중요한 역할을 했다는 것을 알았다고 하네요. 상담의 효과를 일으키는 요소는 상담자의 기술만큼 내담자의 동기와 자세도 중요합니다.

---

⑤ 상담자 및 일정 확정

아동의 문제에 대한 원인이 파악되고 치료적 접근이 정해지면 기관으로부터 적합한 상담자를 안내받게 됩니다. 상담센터 데스크에서 아동과 부모, 상담자의 스케줄을 고려하여 원하는 요일을 정하는 과정을 거치게 됩니다. 이때 부모는 특정 요일과 시간, 치료방법을 선택하기 전에 신중히 고민하고 결정할 필요가 있습니다. 이 선택은 향후 안정적인 상담을 진행하는 데 첫 단추가 되기 때문입니다. 결정한 요일과 시간을 변경하거나 상담을 시작한 후 1~2회기 후 상담자를 바꾼다거나 집에서 가까운 기관으로 옮긴다든가 하는 행동은 아이에게 상담에 대한 혼란을 주고 상담관계 형성을 어렵게 합니다. 놀이치료에서 아이들은 놀이내용을 통해 이런 혼란을 여실히 보여줍니다. 상담 회기가 안정적으로 진행되지 못할 때 아이들은 놀이주제를 진행시키지 못하고 반복하거나 퇴행하며 자신의 불안하고 혼란스러운 마음을 놀이장면으로 보여 주거나 모래상자에 꾸미기도 합니다. 연령이 높은 아동들의 경우, 상담에 대한 의지와 동기가 떨어져 상담을 중단하거나 상담이 진행되더라도 효과가 더디게 됩니다.

■ 접수상담 진행하기

① 부모만 내원한 경우

간혹 초등학교 고학년이나 청소년의 경우 부모의 설득에도 불구하고 상담기관에 내원하는 것을 강하게 거부하는 경우도 있습니다. 부모님 중에는 접수상담 당일 전화하여 아이가 거부하여 상담을 갈 수가 없다며 하소연하는 분도 있습니다. 이런 경우, 아이가 상담센터에 같이 가겠다고 할 때까지 기다리는 것보다 부모님이 먼저 접수상담에 참여하시고 해결점을 찾아가시는 것도 좋습니다. 부모가 생각하는 큰 문제가 무엇인지, 그동안 잘 대처해 온 것인지, 오히려 부모의 반응이 문제를 키운 것은 아닌지, 앞으로 어떻게 해야 할지, 아이와의 관계에서 해결 열쇠는 무엇인지 등에 대해 집중적으로 도움을 받을 수 있습니다. 이런 회기를 가진 후 아이에게 반드시 상담이 필요하다면 상담자와 부모가 자녀를 상담에 참여시키기 위한 방법을 논의해 볼 수도 있겠지요. 아이를 데려오기 위한 원칙적인 방법이 안 통할 때는 상담자와 부모가 머리를 맞대고 '아이 상담센터 데려오기 전략'을 짜 봅니다.

아동의 연령이 너무 어리거나, 문제가 경하여 어머니 상담만으로 충분히 해결 가능할 때는 부모의 양육상담으로도 접수상담을 마칠 수도 있습니다. 접수상담이 끝나고 아이가 상담센터에 오지 않을 때 부모상담만으로 몇 회기를 진행할 수도 있습니다. 이런 경우는 양육에 필요한 전문적 정보와 조언, 아이 행동을 변화시키기 위해 부모가 간접 상담자가 되어 도와주는 방법을 배우는 시간으로 활용되기도 합니다. 다시 말해 부모를 통해 간접적으로 아이의 문제행동을 개선하고 효율적인 양육이 가능하도록 돕는 것이 목적입니다.

요즘은 영유아 자녀를 둔 젊은 어머니들이 스스로 해결하기 어려웠던 양육문제를 해결하고, 전문적인 정보를 얻고자 단기성 상담을 예약하는 경우도 많습니다. 특히 워킹맘들의 경우, 일과 육아를 병행하며 얻게 되는 양육 스트레스를 줄이고자 퇴근 후 짧은 시간 안에 양질의 양육을 하기 위해 전문가들의 조언을 적극적으로 얻고자 합니다.

간혹 젊은 어머니들의 경우, 친정어머니나 시어머니의 조언으로부터 얻는 전통적인 양육법을 받아들이기 힘들 때, 주변인들로부터의 정보나 조언이 만족스럽지 못할 때, 인터넷이나 넘쳐나는 양육서에서 얻은 수많은 정보로부터 혼란함을 느낄 때, 전문적인 도움을 얻고 양육에 자신감을 얻고자 상담센터 문을 두드리는 경우도 있습니다.

② 아동과 부모가 함께 내원한 경우

아이와 부모가 문제행동을 개선하기 위해 함께 상담기관을 내원하는 경우는 모두가 감사해야 할 일입니다. 가장 기본적이면서 이상적인 아동상담에서의 상담관계 구조가 이루어진 것이니까요. 아동상담에서의 이상적인 치료여정은 상담자가 양손에 부모와 아이를 잡고 함께 목표를 향해 걸어가는 과정입니다.

아동과 부모가 상담기관을 방문하여 상담자를 만나는 방법과 내용은 여러 가지가 있습니다. 부모를 먼저 만나고 아동을 만나는 경우, 아동을 먼저 만나고 부모를 만나는 경우, 부모와 아동을 함께 만나는 경우 등이 대표적입니다. 어떤 방식이 더 좋다고 말하기보다는 내담자의 특성과 접수상담의 목적, 그리고 상담자의 접근방식에 따라 다를 수 있습니다. 아동과 부모가 함께 내원한 경우, 접수상담방식은 기관과 상담자마다 조금씩 다르지만 아동과 청소년 상담기관에서 이루어지는 방식은 대체적으로 아래와 같이 이루어집니다.

유형 1) 부모를 먼저 만나고 아동을 만나기

대개의 경우 접수상담자는 부모를 먼저 만나서 내원하게 된 배경이나 아동에 대한 정보, 주 호소 문제와 관련한 다양한 에피소드를 듣습니다. 부모가 접수상담원과 면담을 하는 동안 아동들은 대기실에서 기다리게 됩니다. 이때 혼자 기다리는 것이 어려운 아동들의 경우, 기관에서 상주하는 직원이나 인턴들이 대기실의 아동과 시간을 보내게 됩니다. 기관에 따라서는 인턴이나 다른 상담자가 놀이방에서 시간을 보내기도 합니다. 연령이 높은 아동이나 자기보고식 질문지를 답하는 것이 가능한 내담자는 특정 질문지에 응답하는 시간을 가지기도 합니다. 부모와의 첫 번째 만남시간은 아동의 문제의 특성과 원인을 파악하는 데 매우 중요합니다.

그 시간이 끝나고 나면 이제는 아동과 상담자가 만남을 가집니다. 상담자는 아동과 놀이실에서 대화나 놀이를 통해 아동의 고민과 행동특성을 추가적으로 탐색하게 됩니다. 일차적으로 얻은 부모와의 면담자료에 추가적으로, 또는 부모의 면담자료와는 독립적으로 아동으로부터 직접 자료를 얻는 과정을 경험하게 되지요.

어린 아동들의 경우 20~30여 분간의 놀이시간 동안 상담자는 놀이를 통해 나타나는 아동의 행동특성이나, 주된 욕구, 주된 정서적 문제, 조절감 등의 다양한 내용을 평가하게 됩니다. 놀이평가는 일련의 체계화된 놀이평가 도구와 시스템이 적용될 수 있으며, 다년간 놀이치료 영역에서 공부한 전문지식을 바탕으로 이루어집니다.

그러나 연령이 높은 아동이나 청소년의 경우에 상담자는 그들의 입장에서 내담하게 된 경위를 묻고, 생활상에서 어렵고 힘든 것이 무엇인지, 또는 문제행동에 대한 이야기를 나누는 시간을 가집니다. 주로 언어로 하는 경우가 많고, 내담자가 말로 표현하는 것을 힘들어하거나 할 수 없다면, 게임이나 모래상자 꾸미기, 미술 등의 매체를 활용하기도 합니다. 이때 부모는 대기실에서 기다리며 추가적인 정보를 질문지에 답하거나 기관에서 배포한 간이형 진단도구에 답하기도 합니다.

위 방법이 지니는 단점은 부모를 먼저 만날 경우, 아이들은 부모가 자신에 대해 좋지 않은 말을 했을지 모른다는 생각에 부모와 상담자와의 만남에 대해 불편해할 수도 있습니다. 또한 상담자가 자기편이 아니라는 생각이 들어 상담관계 형성 시 어려움이 생길 수도 있습니다. 이러한 단점을 보완하기 위해 여러 상담자들은 '아동을 먼저 만나고 부모를 만나는 과정'을 선택하기도 합니다(아래 설명 참조).

유형 2) 아동을 먼저 만나고 부모 만나기

여기서는 위의 경우와 반대로 아동을 먼저 만나고 부모를 만나는 절차에 대해 설명하겠습니다. 접수상담에서 이루어지는 내용은 전후 시간적인 차이를 제외하고 누가 먼저 상담자를 만나는지와 상관없이 접수상담의 내용은 유사합니다. 여기에서는 생략하니 구체적인 내용은 위의 '유형 1. 부모를 만나고 아동을 만나기'에서 참조하길 바랍니다. 아래에서는 '유형 2. 아동을 먼저 만나고 부모를 만나는 경우'에 적합한 사례나 절차상 장단점에 대해 설명하겠습니다.

부모를 먼저 만나고 아동을 만나는 과정은 연령이 높은 아동들에게 상담자와의 관계 형성에 어려움을 야기합니다. 그리고 아동의 특성을 감안하거나, 상황적인 이유로도 아동을 먼저 만나고 부모를 만나는 절차를 택하기도 합니다.

부모의 심리적 문제로 아동을 먼저 만나는 것이 필요한 경우, 부모를 만나는 동안 처음부터 아이를 혼자 기다리게 하는 것이 어려운 경우, 아동이 특별히 먼저 만나기를 원하는 경우 등도 이 방법으로 진행합니다.

이 방법의 장점은 위에서 설명한 대로 부모를 먼저 만나게 되는 경우에 일어나는 단점을 보완할 수 있다는 점과 상담자가 아동을 만나게 되면 아동들은 자신이 우선시되었다는 사실에 존중받는 느낌을 받게 된다는 것입니다.

그러나 반대로 단점은 아동들은 자신이 상담자에게 했던 중요한 이야기들을 부모에게 알릴까 하는 걱정을 한다는 것입니다. 그래서 부모-자녀 관계의 심각한 문제로 문제행동이 파생된 경우나 비밀보호에 대해 높은 불안을 가진 경우는 부모를 먼저 만나고 아동과 청소년을 만나는 것이 이런 문제를 피해가는 길입니다. 특히 연령이 높은 초등학생이나 청소년 내담자의 경우, 자신의 이야기가 부모에게 전달되는 것에 대해 매우 불안해하고, 이는 결국 아동의 상담동기나 상담자에 대한 믿음이 떨어지게 하는 원인이 되기도 합니다.

유형 3) 부모와 아동을 함께 만나기

위의 두 가지 상황 이외에 아동이 부모와 떨어져 있는 것이 불안하여 독립적인 부모면담을 할 수 없는 경우, 각각 만나는 것보다 셋이 함께 면담을 하는 것이 더 객관적인 정보를 얻을 수 있다고 판단되는 경우는 함께 만나기도 합니다. 이뿐만 아니라 아이와 부모의 문제 특성에 따라 함께 대화를 나누고 확인해야 할 상황도 있습니다. 연령이 높은 내담아동이나 청소년의 경우 부모의 의사소통 방법이나 양육방법이 주요한 문제라고 판단될 때 부모와 자녀, 상담자가 함께 면담하고 문제의 해결점을 찾는 방법도 있습니다.

3) 문제 원인을 객관적으로 탐색하는 심리검사

(1) 심리검사 참여하기

부모가 접수상담에서 얻은 아이에 대한 치료적 정보는 어디까지나 1시간~1시간 30분이라는 짧은 시간에 이루어진 결과입니다. 그 시간 동안 어머니의 지각에 의한 보고와 아동과의 면담이나 행동관찰에 의한 것이지요. 그래서 아이의 문제를 보다 면밀하고 객관적으로 파악하기 위한 시간과 방법이 추가적으로 필요합니다.

기관마다 다르지만 접수상담 시 담당자는 바로 심리검사를 받도록 안내하거나, 상담을 진행하면서 동시에 심리검사를 실시하도록 권유하기도 합니다. 문제가 경하거나 문제행동의 특성과 원인이 극명하게 나타나는 경우는 심리검사를 생략하기도 하지만 대개의 경우 검사를 통해 아동행동의 문제에 대해 보다 면밀히 파악하게 됩니다. 또는 주의력 검사와 같이 아동행동 중 특정영역에 대해 세밀하고 집중적인 이해가 필요할 시 추가적인 심리검사를 실시하게 됩니다.

(2) 심리검사에 대한 이해

심리검사는 다양한 도구들을 이용하여 개인의 성격, 지능, 적성과 같은 심리특성을 파악하고, 이를 양적·질적으로 평가하는 일련의 절차를 말합니다. 심리검사를 통해 얻은 정보는 내담자를 진단(diagnosis) 또는 예언(prediction)할 수 있도록 하고, 잠재력(potential power)을 측정하여 효과적인 상담 절차를 계획하는 데 도움을 줍니다.

심리검사는 보통 상담장면 중 주로 초기에 실시됩니다. 초기에 실시된 심리검사는 상담 기간이 상당히 진행된 후에야 얻을 수 있는 자료를 미리 파악할 수 있게 해주며, 면접만으로는 드러나기 어려운 내담자의 내면적인 욕구나 충동, 방어들의 위계적 배열 또한 파악하게 하므로 시간을 효율적으로 사용할 수 있도록 해줍니다. 또한 상담 시기, 상담 방법, 상담자 선정 등에 가이드라인을 제공해 줄 수 있습니다. 접수면접을 마치고 바로 검사를 하는 경우도 있고, 우선 상담에 대한 거부감을 줄이기 위해 몇 회기 상담을 진행하면서 검사를 실시하는 경우도 있습니다. 상담에 대해 동기가 낮은 아이들의 경우, 어렵게 상담을 결정하고 왔지만 2시간 이상 검사를 받고 나서 지쳐 '더 이상 기관에 오고 싶지 않다'고 말하기도 합니다.

가끔은 심리검사가 상담이 어느정도 진행된 후에 시행되는 경우도 있습니다. 이런 경우, 부모들 중에는 일반 신체질병과 동일시하여 상담자가 문제를 모르고 상담해 왔다거나 지금 와서 검사를 하려는 걸 보니 지금까지 한 것은 수포로 돌아가는 거라고 생각하여 화를 내기도 하십니다. 그러나 이 경우는 상담 과정에서 특정 문제에 대한 보다 객관적인 원인 파악이 필요하거나 그간의 상담 과정을 통해 얻은 자료들을 통합하여 내담자에 대한 통합적 이해를 얻고자 할 때입니다. 또한 상담 효과를 측정하거나 예후를 유추할 때 역시 중기나 후기에 실시되기도 합니다. 기관에서 심리검사를 안내할 때 어떠한 이유로 검사를 권유하는지에 대해 충분히 설명을 듣고 이해한 후 검사를 신청하기를 바랍니다.

(3) 심리검사의 구체적인 내용

가끔 데스크에 특별한 문의 전화가 올 때가 있습니다. 심리검사의 비용도 묻지만 어떤 종류와 내용의 검사가 시행되는지에 대해 구체적으로 물어오는 것입니다. 아이 상담에 있어 상당히 책임감 있고 정성을 다하여 정보를 구하는 부모라는 생각이 듭니다. 2시간에서 2시간 30분 동안 아이가 검사실에서 힘들게 작업하고 나온다는 사실을 감안하면 그 안에서 아이가 무슨 내용의 검사를 받게 되는지에 대해 대략적으로 이해를 하는 것은 필요하다고 봅니다. 이는 검사에 참여하고 상담센터를 오가며 에너지를 쓸 아이에게도 큰 힘이 되어 줄 것입니다. 세상일은 노력한 만큼 얻는 것 같습니다. 무엇이든 구하십시오. 그러면 얻을 것입니다.

심리검사는 크게 객관적인 검사(objective test)와 투사적 검사(projective test)로 구별됩니다. 객관적 검사는 도구의 과제가 구조화되어 있고 채점 과정이 표준화되어 있으며 해석 규준이 제시되어 있는 검사를 말합니다. 객관적 검사의 목적은 개인의 독특성을 측정하기보다는 개인마다 공통적으로 지니고 있는 특성이나 차원을 기준으로 하여 개인들을 상대적으로 비교하는 데 있습니다. 아동 청소년들을 위한 대표적인 객관적 검사로는 WISC, WAIS와 같은 웩슬러 지능검사(Wechsler Intelligence Scale)와 MMPI(Minnesota Multiphasic Personality Inventory), CBCL 등이 있습니다.

투사적 검사는 검사 과제가 비구조화되어 있고, 개인의 독특성을 측정해내는 데 목적을 두는 것입니다. 모호한 검사 자극일수록 인지적으로 해석하는 데 있어 개인마다 독특한 반응을 보입니다. 그리고 이러한 반응은 피검자가 갖고 있는 욕구, 갈등, 성격의 영향으로 나타난다고 전제하는 것입니다. 대표적인 투사적 검사에는 Rorschach 검사, TAT(Thematic Apperception Test), HTP(House, Tree, Person), KFD(Kinetic Family Drawing), SCT(Sentence Completion Test) 등이 있습니다.

(4) 심리검사의 필요성

상담이나 심리치료는 여러 수준에서 이루어지고 있는 대단히 복잡한 활동입니다. 따라서 검사의 활용은 상담이 어느 수준에서 이루어지느냐에 따라서 상당히 다른 모습을 지니게 되지요. 예를 들어 아동과 청소년 내담자가 보이고 있는 공격적인 행동의 개인적 원인을 찾아 원인과 결과의 고리를 찾아내기 위해 검사를 실시할 수도 있고, 반대로 어떠한 환경 때문에 문제 행동이 생겨났는지를 고려하는 차원에서 검사를 활용할 수도 있습니다. 또한 내담 아동과 청소년의 인지적 특성을 측정하거나 평가하여 행동의 원인을 찾고자 할 때도 심리검사가 이루어질 수도 있습니다. 마지막으로 내담자의 무의식적 영역에 집중하여 무의식적 동기와 의미를 파악하고 행동의 원인을 찾고 해석하는 것을 목적으로 실시하기도 합니다.

정리하면 일반적으로 검사는 아동과 청소년의 문제 행동을 일으키는 내면적 특성이나 환경의 특성을 객관적으로 수량화하는 것에 목적이 있습니다. 그래서 검사 결과는 내담 아동과 청소년의 내면세계를 현실에 비추어 이해하는 데 필요한 기준이 될 수 있습니다.

(5) 검사 Battery의 의미와 필요성

부모님들 중에는 왜 이렇게 검사비가 비싼지, 왜 이렇게 오래 걸리는지, 그것을 모두 해야 하는지에 대해 불만과 의심을 표현하는 분들도 있습니다. 부모들이 접수상담지에 아이의 문제행동을 적는 것은 간단한 작업이었을지라도 그 행동문제의 원인과 수준을 알아보는 일은 그리 간단하지 않습니다. 물론 검사가 100% 명백한 원인과 결과를 찾아준다고는 할 수 없으나 보다 근접하고 도움이 되는 것들을 찾아주는 것은 맞습니다.

검사를 할 때 아동의 복잡하고 다양한 내면세계를 단 하나의 검사로 완벽하게 검사해 내기란 현실적으로 쉽지 않습니다. 어떤 검사도 모든 영역을 다룰 수 있을 만큼 완벽한 것은 없습니다. 그래서 검사 Battery라는 용어를 씁니다. '검사 Battery'가 무엇입니까?'라는 질문을 부모님들이 자주 하기도 하고, 인터넷 검색에서도 자주 등장하는 질문입니다. 검사 Battery란 개별적인 각각의 검사들을 모아서 모둠으로 실시하는 것을 의미합니다. 이때 개개의 검사들은 각기 다른 차원의 특정 심리 기능을 측정하게 됩니다. 예를 들어 웩슬러 지능검사로 인지능력을, MMPI로 정신병리 측면을, Rorschach검사로 내면적 욕구나 환상을, TAT나 KFD로 대인관계 역동을 살펴볼 수 있도록 Battery를 구성할 수 있습니다. 이를 기본으로 하여 애착검사나 CBCL, 주의력 검사, 진로나 학습 검사를 추가하는 곳도 있습니다. 이렇게 하여 얻어진 결과들은 내담자의 내면상태에 대한 보다 전체적이고 구체적인 해석이 가능하도록 합니다.

8. 행복한 허니문?
―상담자와 아동이 친밀해지는 상담 초기―

많은 고민과 걱정 속에서 어려운 결단을 내리고 전화접수, 접수상담, 심리검사 과정을 거쳤다면 이제 본격적인 상담과정으로 들어가게 됩니다. 단, 심리검사의 경우에는 기관의 절차나 여건, 내담아동의 상황 등에 따라 상담 시작 전에 앞서 실시될 수도 있고 상담 진행과 동시에 이루어지기도 합니다. 부모님의 결단에 의해 시작되는 이 상담과정은 점진적으로 이루어지는 하나의 긴 여정입니다. 긴 항해의 여정 동안 우리가 예측할 수 있는 또는 예측할 수 없는 많은 일들이 일어날 수 있습니다. 이에 대한 부모님의 이해와 준비, 인내가 있다면 힘들고 어려운 항해일지라도 무사히 여정을 마칠 수 있을 것입니다. 우선, 상담이란 긴 항해의 여정을 초기과정, 중기과정, 말기과정, 종료과정으로 나누고 각 과정에서 일어날 수 있는 일들을 알아보고자 합니다. 그럼 초기과정부터 살펴볼까요?

1) 안전한 항해를 위한 신뢰 있는 관계 맺기

앞에서도 말했듯이 상담은 긴 항해의 여정입니다. 이 길고 긴 항해 동안 겪게 되는 여러 가지 어려움을 극복하고 문제들을 해결하며 여정을 무사히 끝마치기 위해서는 무엇보다 함께 항해하는 사람들 간의 신뢰 있는 관계가 필요합니다. 고난과 문제 속에 있지만, 곁에서 지켜보며 믿어주고 같이 고민하고 들어주고 격려해 주고 도와주는 사람이 있다면 계속 나아갈 수 있는 힘과 용기가 생길 것입니다. 또한 자신이 좋아하고 믿는 사람이라면 자신의 고민이나 어려움을 안심하고 편안하게 털어놓고, 그 사람의 조언이나 도움을 기쁜 마음으로 받아들여 어려움을 해결하고자 더욱 노력할 것입니다. 상담자는 아동뿐만 아니라 부모에게 이런 사람이 되어서 상담자와 아동이, 상담자와 부모가 서로 신뢰 있는 관계를 맺어야 합니다. 다시 말해, 상담 초기 과정에서는 무엇보다 긴 항해의 여정을 안전하게 마치기 위해 꼭 필요한 아동, 부모, 상담자 간의 신뢰 있는 관계형성이 이루어져야 합니다. 이를 위해 상담자들은 인내심을 가지고 기다리면서 아동의 욕구나 감정, 생각을 이해하고 수용하도록 많은 노력을 기울일 것입니다. 아이들 또한 상담자와 관계를 맺기 위해 많은 노력들을 하는데, 이러한 노력들은 다양한 모습과 행동으로 나타날 수 있습니다. 초기에 아이들이 보이는 다양한 탐색의 모습과 행동에 대해 자세히 살펴보고자 합니다.

☞ 부모님께 | "상담 약속을 꼭 지켜 주세요"

아이들이 상담자에 대한 믿음을 갖기 위해서는 무엇보다 안전하고 일관된 환경을 마련해 주는 것이 중요합니다. 이를 위해 상담자는 일관성 있는 태도와 반응을 나타내려고 할 뿐만 아니라 환경적인 면에서도 일관성을 갖도록 노력합니다. 예를 들어, 아이와 만나는 상담시간이나 장소(놀이치료실)를 일정하게 정한 뒤 아동에게 알리고 이를 지켜 나갑니다. 보통은 "우리는 이 방에서 매주 수요일마다 2시에서 2시 40분(혹은 45분)까지 만날 거야" 하고 이야기해 줍니다. 또한 아이들이 자신을 위해 준비된 일관된 놀이 환경 속에서 놀이할 수 있도록 놀잇감의 정해진 위치를 확인하고 배열하며, 없어진 것이나 부서진 것을 확인하고 채워놓는 노력을 계속합니다. 이러한 상담자의 노력과 더불어 부모의 도움이 필요합니다. 아무리 상담자가 준비하고 노력한다 해도 상담 시간에 빠지거나 못 오게 되면 일관성 있는 상담 진행에 문제가 발생합니다. 매주 1회(간혹 2회) 정해진 요일과 시간에 진행되는 상담에 빠지지 않도록 부모가 도와주어야 합니다. 그래야만 아이들은 일관된 환경 안에서 편안함과 믿음을 가지고 상담자와 신뢰 있는 관계를 맺을 수 있습니다. 정해진 상담 시간에 못 오거나 빠지게 되는 일은 상담의 어느 과정에서나 문제가 될 수 있으나 특히 초기 과정에서는 상담에 토대가 되는 관계 맺기에 악영향을 미쳐 상담을 지연시키거나 진행을 방해하게 됩니다. 부득이한 사정으로 정해진 상담시간에 오지 못한다면 시간을 조정하여 요일이나 시간은 바뀌더라도 주 1회로 약속되어 있는 상담을 빠뜨리지 않고 진행하는 것이 중요합니다. 상담자가 아이들과의 신뢰 있는 관계를 맺기 위해서는 부모의 도움이 절대적으로 필요함을 꼭 기억해 주세요.

2) 탐색하기

여러분은 처음 본 낯선 사람과 대면할 때 어떤 생각을 하나요? 낯선 곳에서는 어떤 느낌이 드나요? 사람마다 정도의 차이는 있겠지만 대부분 낯선 사람과의 대면이나 낯선 곳에서의 경험은 사람을 불안하게 만들기도 하고 호기심을 불러일으키기도 합니다. 부모 손에 이끌려 상담실을 방문한 아이들 또한 처음 와 본 상담실에서 낯선 상담자를 만나는 과정에서 불안과 긴장, 호기심 등의 여러 복잡한 감정을 느끼며, '이곳은 어떤 곳이지?' '이 선생님은 어떤 사람일까?' '난 어떻게 해야 하나?' 등의 궁금증을 갖게 됩니다. 여러 복잡한 감정에도 불구하고 아이들은 자신들의 궁금증을 풀기 위해 상담실과 상담자에 대해 탐색해 나갑니다. 물론 아이들마다 탐색해 나가는 모습이나 행동은 매우 다릅니다. 어떤 아이들은 상담실을 돌아다니며 이것저것 놀잇감들을 꺼내 살펴보고 상담자에게 질문하고 같이 해 볼 것을 요구하는 등 적극적으로 행동합니다. 반면 어떤 아이들은 한자리에 앉거나 서서 꼼짝도 않고 말없이 상담자의 눈치를 살피며 곁눈질로만 놀잇감을 살피기도 합니다. 어떤 모습이든 아이들은 각자 나름의 성격과 특성대로 최선을 다해 상담실과 상담자를 탐색하고 있는 것이라 생각됩니다. 아이들 각자의 탐색 행동에 대한 상담자의 반응과 태도를 경험하면서 아이들은 상담자가 어떤 사람인지, 상담실이 어떤 곳인지에 대해 이해하고 이곳에서 아동 자신이 어떻게 행동해야 하는지를 알게 될 것입니다. 아이들은 이러한 자신의 탐색 결과를 토대로 상담자에 대한 이미지를 형성하고 상담자와의 관계를 맺어나갈 것입니다.

아이들이 상담자를 탐색해 나가는 동안 상담자도 아동을 탐색합니다. 상담자는 접수상담이나 심리검사를 통해 얻은 정보뿐만 아니라 초기 상담 과정에서 아동이 보여주는 행동을 관찰하면서 아동의 능력이나 특성, 대인관계 양상, 심리적 갈등에 대해 보다 깊이 이해하게 됩니다. 앞서 언급한 것처럼 아이들의 탐색 행동만으로도 아이들의 특성을 파악할 수 있으니까요. 그리고 아동에 대한 파악과 이해가 깊어질수록 아이들과의 관계 맺기는 성공적으로 이루어질 수 있습니다.

☞ 부모님께 | "부모상담을 부담스러워하지 마세요"

상담 초기 과정은 아동, 부모, 상담자가 서로를 탐색하는 가운데 서로를 알아가며 편안하며 믿을 수 있는 관계를 맺어가는 시기입니다. 때로 부모의 눈에는 아이가 마냥 노는 것을 좋아하며 놀면서 시간을 보내는 것처럼 보일 수도 있습니다. 하지만 아동과 상담자가 그냥 노는 것이 아니라 놀이 과정 속에서 서로 알아가고 있고 상담 진행을 위해 친해지는 작업을 하는 것임을 기억해 주기 바랍니다. 이 시기 동안 부모도 부모상담 시간을 통해 상담자를 탐색하시면서 상담자에 대한 신뢰를 쌓고 상담자가 아동을 더 잘 이해할 수 있도록 도와주기를 바랍니다. 특히 초기 과정에서 상담자는 놀이치료

시간 이후에 진행되는 짧은 상담 이외에 부모와의 상담시간을 따로 계획할 때가 많습니다. 부모들의 입장에서는 여러 가지 이유로 부담스러워하는 경우가 많지만 마지막 장(4부 12장 부모상담)에서 살펴보게 될 부모상담은 상담진행에서 매우 중요하고 꼭 필요한 과정이니 부모들의 많은 협조가 필요합니다.

3) 허니문 시기

흔히 상담 초기 과정을 달콤한 허니문 시기라고 말합니다. 그도 그럴 것이 아이 입장에서 보면, 자신이 원하는 놀잇감을 스스로 선택해서 원하는 방식으로 놀이할 수 있는 공간 안에서 자신의 욕구와 생각을 알아주고 따뜻하게 반응하며 자신을 존중해주는 사람과 함께한다는 것은 행복하고 멋진 일일 것입니다. 이러니 대부분의 아이들이 상담자를 만나 놀이하는 것을 즐거워하며 놀이치료실에 가는 날을 손꼽아 기다리게 됩니다. 이런 허니문 시기에 아이들이 많이 나타내는 태도 중의 하나가 상담자의 관심을 끌고 사랑과 인정을 받으려고 애쓰는 것입니다. 사람들은 자신이 좋아하는 사람에게 좋은 모습을 보여주고 싶어 하며, 자신이 좋아하는 만큼 그 사람도 자신을 좋아해주기 원합니다. 아이들도 그렇습니다. 상담실에서 만난 좋은 선생님에게 잘 보이고 싶고 사랑받기 위해 선생님의 비위를 맞추려 하고 선생님이 원하는 대로 행동하려고 노력합니다.

그러다 보니 이 시기에 아동의 문제 행동이 반짝 좋아지는 경우가 종종 있습니다. 어떤 아이들은 상담자 앞에서만, 즉 상담실 안에서만 좋은 모습을 보이고 일상에서는 여전히 문제행동을 보이며 이중적으로 행동하지만, 어떤 아이들은 상담실뿐만 아니라 일상에서도 좋아진 모습을 보입니다. 후자의 경우, 아이의 문제가 금세 없어진 것 같아 기쁘고 신기해하며 상담 종료를 생각하시는 부모님도 계십니다. 그러나 어떤 경우든 아직은 아동의 문제가 해결된 것이 아님을 기억해야 합니다. 어찌 보면 아직 본격적인 상담과정에도 진입하지 못한 것입니다. 아동이 자신의 솔직한 모습을 드러내고 자신의 어려움과 갈등, 문제를 표현해야 본격적인 상담이 시작될 테니까요.

상담자는 아이들이 이런 행동을 하는 이유와 의미를 잘 알고 이에 적절히 반응하고 치료적인 개입을 함으로써 아이들이 상담자의 마음에 들려고 노력하는 것보다 자신의 마음에 따라 행동하며 자신의 진짜 모습을 보일 수 있도록 돕게 됩니다.

예시 1.

▷ ○○는 상담실에서 자신이 가지고 놀았던 놀잇감을 스스로 정리하고 치우려 합니다. 상담자가 치우지 않아도 된다고 말해도 꼭 정리를 합니다. 그런데 어머니의 말에 의하면, 집에서는 아무리 잔소리를 해도 정리정돈을 하지 않는다고 합니다.

▷ ○○는 놀잇감 선택이나 놀이 진행에서 자신의 의견을 말하기보다는 상담자의 의견을 묻고 상담자가 원하는 놀이를 진행하려고 합니다. 상담자가 이곳에서는 아동이 원하는 것을 할 수 있다고 알려주어도 막무가내로 상담자의 의견을 들으려 합니다.

▷ ○○는 게임을 할 때 상담자에게 먼저 시작하라고 하거나 게임에서 자신이 이기는 것을 불편해하며 상담자가 이기도록 하려고 자신의 말을 일부러 불리한 곳에 놓습니다.

▷ ○○는 아주 작은 일이라도 "선생님, 이거 어때요?" "선생님 저 잘했지요?"라며 상담자의 의견을 확인하고 상담자에게 칭찬받기를 원합니다.

☞ 부모님께 | "아이가 상담자를 너무 따른다고 속상해하지 마세요"

부모는 아이 문제에 대한 걱정과 고민으로 여러 날을 보내고 어렵게 마음을 정하고 결심하여 상담을 시작하였는데, 아이는 마냥 즐겁고 신이 나서는 연신 선생님이 너무 좋고 놀이하는 것이 너무 재미있다고 말할 때 부모는 어떤 마음이 들까요? 물론 많은 부모는 아이가 상담에 대한 거부감 없이 상담자를 좋아하며 좋은 관계를 맺어 나가는 것이 상담과정에서 중요함을 알고 긍정적으로 생각할 것입니다. 그러나 종종 아이의 이런 모습에 화가 나거나 상처받는 부모도 있을 것입니다. 힘들고 어렵게 결정하여 상담을 시작했으나 여전히 긴가민가한 마음에 사람들이 알게 될까 두려운 마음이 큰데 아이는 상황의 심각성이나 상담을 왜 왔는지에 대해 잊은 듯이 마냥 철없이 즐거워하는 모습을 보면 답답하고 화가 날 수도 있습니다. 때론 오랜 시간 애쓰며 키우고 함께한 부모보다 만난 지 얼마 안 된 상담자를 더 좋아하고 부모 말보다 상담자 말을 더 잘 듣는 아이 모습에 속상하고 배신감과 좌절감을 경험하는 부모도 있습니다. 이런 감정들은 부모에게 상담 자체나 상담자에 대한 불편함을 줄 수 있고, 극단적인 경우 상담을 중단하게 되는 이유가 되기도 합니다. 상담을 중단하는 식의 극단적인 행동은 아니더라도 종종 이런 감정을 아이들에게 직접 혹은 간접적으로 표현하는 부모도 많습니다. 아이들에게 이런 감정들이 전달되면 아이들은 어떨까요? 이전에 갖고 있던 좋은 감정들이 왠지 잘못된 것인가 하여 혼란스럽고 부모의 눈치가 보여 상담자와 편하게 관계를 맺거나 상담에 집중하는 것이 힘들 수 있습니다. 아이들이 나타내는 위와 같은 행동들은 상담 초기에 흔히 나타나는 행동이며 관계를 맺기 위한 중요한 과정임을 기억한다면 여러 복잡한 감정 속에서도 상담에 대한 믿음과 끈을 이어나갈 수 있을 것입니다.

4) 시험해보기

앞에서도 말했듯이 아이들은 자신들이 원하는 놀이를 마음대로 할 수 있는 멋진 공간과 자신의 마음을 알아주고 한없이 다 받아줄 것 같은 좋은 선생님을 만나 달콤한 허니문을 경험합니다. 그러나 시간이 지나면서 아이들은 멋지고 환상적인 놀이치료실에서도 집이나 학교에서처럼 자신들이 지켜야 할 약속이 있고, 무엇이든 다 들어주고 허용해 줄 것 같은 좋은 선생님도 안 된다고 제한하는 것이 있다는 것을 깨닫게 됩니다. 상담 초기 과정에서 상담자는 아동에게 놀이치료에 대한 전반적인 제한을 알려주어야 합니다. 즉, 시간과 장소의 한계, 아동이 해서는 안 되는 몇 가지 행동 등에 대해서 알려주는 것이 필요합니다. 이러한 제한은 상담과정 동안 상담자나 상담 환경이 일관성을 유지하도록 도와 아동이 상담자와 편안하게 관계 맺고 안정감을 가지고 상담에 임할 수 있도록 합니다. 또한 제한은 비현실적으로 보이는 상담실 상황에서 현실감을 유지하게 하는 중요한 요소입니다. 상담실은 무엇이든지 다 되는 비현실적인 공간이 아니라 아이들이 살고 있는 현실 세계에서와 마찬가지로 해서는 안 되는 것과 되는 것이 있는 현실적 공간입니다. 그런데 아이들은 때로 상담자를 탐색하기 위해 일부러 제한을 어기며 상담자를 테스트하기도 합니다. 자신이 믿고 좋아하는 상담자가 어디까지 나를 받아주는지, 다 될 것 같았는데 정말 안 되는 것이 있는지, 제한을 어기면 어떻게 되는지를 시험해 봅니다. 이런 경우, 상담자는 아동의 감정은 수용하되 아동이 지켜야 할 제한에 대해서는 분명하게 알려 주고 일관된 반응을 보여 주어야 합니다. 아이들이 흔히 보이는 테스트 상황은 아래와 같습니다.

예시 2

▷ ○○는 모래상자 안에 넣을 수 있는 것이 무엇인지를 계속 확인합니다. "이건 넣을 수 있어요?" "이건 넣어도 돼요?"라며⋯⋯. 조금 후에 상담자가 넣을 수 없다고 말한 놀잇감을 은근슬쩍 상자 안에 넣으며 상담자의 눈치를 살핍니다.

▷ ○○는 상담 시간이 끝났는데 조금만 더 놀겠다며 상담실에서 나가지 않으려 합니다. 상담자가 제한하자 이번에는 상담실 안에 있는 장난감들을 집에 가져가겠다고 우깁니다.

▷ ○○는 상담자가 안 된다고 말한 것들은 반대로 다 해 보려고 합니다. 물감을 바닥에 칠하려고 시도하고, 인형 머리카락을 자르려고 하고, 진짜 깨지냐며 사기로 된 소품을 던지려 합니다.

5) 방어하기

아이들 중에서는 상담 초기부터 자신을 개방하고 자신의 심리적인 어려움을 놀이에서 잘 표현하는 아이들도 있습니다. 반면에 어떤 아이들은 지나치게 자신의 모습을 감추려 방어하기도 합니다. 이런 아이들은 상담 시간에 자신을 드러내는 놀이나 행동 및 말을 삼가하고 주로 규칙과 틀이 있는 경쟁적인 게임에 몰두하기도 하고, 상담자에게 등을 돌린 채 혼자 놀이를 하기도 합니다. 아이들이 방어를 풀고 자신을 개방하고 표현하기 위해서는 상담에 대한 안전감과 상담자를 믿을 수 있다는 확신이 생겨야 합니다. 즉, 방어는 아이와 상담자 간에 진정으로 믿을 수 있는 관계를 형성하기 전까지 아이들이 보일 수 있는 모습과 태도 중 하나입니다. 만약 아이들의 방어가 오래 지속된다면 그것은 그만큼 관계형성이 늦어지고 있다는 것을 의미하며 상담 진행에 어려움을 가져올 것입니다. 그러나 아이들이 방어를 하는 경우에도 상담자는 아이의 욕구와 감정을 충분히 이해하고 수용함으로써 치료적인 개입을 해 나갈 수 있습니다. 더 나아가 아동의 욕구와 태도를 반영하고 명료화하는 개입을 통해 아동 스스로 자신의 태도와 모습을 자각할 수 있도록 도울 수 있습니다.

예시 3.

▷ ○○는 상담자에게 등을 보이고 앉아 자동차를 꺼내 혼자 놀이를 합니다. 자동차에 사람들을 태우기도 하고 자동차끼리 부딪히기도 하면서 상담자는 들리지 않게 작은 목소리로 무언가 중얼거리며 놀이를 진행합니다.

▷ ○○는 게임을 꺼내 상담자와 함께 진행합니다. 그러나 게임 진행 방법을 물어보는 것 외에는 전혀 말도 없고, 이기거나 지는 여러 게임 상황에서 언어적 혹은 비언어적 감정 표현이 전혀 없습니다. 정말 게임만 열심히 진행합니다.

☞ 부모님께 | "아이의 부정적 행동을 이해해 주세요"

상담 초기에 상담자나 상담 자체에 방어적인 태도를 보이는 아이들은 종종 상담실 입실을 거부하거나 능청을 부리기도 하고, 괜히 '재미없다' 혹은 '시시하다'며 상담에 대한 부정적 반응을 보이기도 합니다. 이런 아이들의 행동은 아동이 가지고 있는 문제, 어려움과 연관될 수 있습니다. 예를 들어, 위축되고 수줍음이 많거나 분리불안 문제를 가진 아동들은 상담 초기에 상담실에 들어가는 것을 거부하기도 하고 자꾸 능청을 부려 입실하기까지 시간이 걸리기도 합니다. 또한 반항적인 성향이나 행동 문제를 가지고 있는 아동들은 성인과 관계 맺는 것이 매우 어렵고 관계를 맺기까지 여러 부정적 행동을 나타내는데, 놀이실에서도 실제 마음과는 달리 '재미없어', '시시해'라고 말하며 노는 것을 거부하곤 합니다. 이런 행동은 상담자에 대한 믿음이 생기고 아동이 안전감을 느끼게 되면, 즉, 상담자와 아동이 신뢰 있는 관계를 형성하게 되면서 점차 사라지게 됩니다. 그런데 관계 형성이 되기까지 아동의 이런 태도나 행동을 지켜보는 부모는 불안하고, 불편하고 화도 날 수 있습니다. 빨리 상담받고 문제를 해결해서 엄마와 떨어져 유치원에 가야하는데 여기서도 안 떨어지니 얼마나 걱정되고 불안할까요? 많은 고민 끝에 어렵게 결정하고 시간과 비용 들여가며 왔기 때문에 엄마는 1분 1초가 아까운데 아이는 상담실에 들어갈 때마다 능청을 부리니 속이 터질 것 같죠? 대기실에 있는 다른 아이들은 얼른 못 들어가서 안달하고 끝나도 더 놀고 싶다고 떼쓰던데 우리 아이는 툭 하면 재미없다 하고 그러면서도 오긴 오니 대체 어떻게 해야 할지 막막하죠? 이런 마음에 부모들은 아이들을 자꾸 재촉하며 강제로 놀이실에 들어가도록 할 때가 많습니다. 어떤 때는 아이에게 협박을 하시거나 조건을 달아 아이와 거래를 하기도 합니다. 물론 부모의 마음은 충분히 이해가 됩니다. 그러나 이런 방법들은 상담 진행에 도움이 되지 않습니다. 앞에서도 말했듯이 아이들이 나타내는 이런 행동은 아이의 문제나 특성과 관련이 있습니다. 그러니 행동 자체만 보고 조급해 말고 상담을 통해 아이 행동의 이유, 원인이 무엇인지 파악하고 상담자와 함께 적절한 반응방법, 개입을 찾아 시행해 보기 바랍니다. 아이의 행동에는 다 이유가 있습니다. 그 이유에 대한 이해나 수용 없이 행동만을 고치려고 한다면 악순환이 계속될 수 있음을 기억하길 바랍니다.

9. 싸우고 갈등하며 성장을 위한 머무르기
─치열하게 부딪히고 문제를 해결해가는 중기─

초기과정을 거치면서 아동과 상담자는 점차 친밀한 관계를 맺고, 신뢰감을 형성하게 됩니다. 상담이 중기에 이르게 되면, 아동은 초기과정 동안 형성한 상담자와의 신뢰 있는 관계를 바탕으로 상담실에 대해 안전함을 느끼게 되면서 자연스럽게 억압되었던 부정적인 감정들을 나타내기 시작합니다. 또한 이 시기에 아동은 과거에 자신이 경험했던 불유쾌한 사건들을 재연하기도 합니다. 중기는 상담과정의 대부분을 차지하는 긴 과정으로, 이 시기를 어떻게 넘기느냐가 상담에 있어서 매우 중요합니다. 무엇보다 이 길고 힘든 중기 과정의 항해를 무사히 마치기 위해서는 아동과 상담자는 물론 옆에서 지켜보고 도와주는 부모 모두가 인내하며 견디어 내야 합니다. 하지만 무작정 참고 견딘다는 것은 매우 힘들고 사람을 지치게 하는 일일 것입니다. 이 시기에 아이들이 나타내는 모습이나 행동이 어떤 것이고, 그것의 의미가 무엇인지를 알고 있다면 이 길고 힘든 여정을 견디어 내는 데, 지쳐도 다시 시작하는 데 도움이 될 것입니다. 힘든 과정을 견뎌낼 준비가 되었나요?

1) 교정적 경험하기

흔히 사람들은 자신이 믿고 좋아하는 상대에게 자신의 어려움과 고민을 털어놓고 위안을 받으며 도움을 구하기도 합니다. 상담 초기 과정 동안 아이와 상담자가 서로 존중하며 믿을 수 있는 친밀한 관계를 만들었다면 이제 아이들은 상담자에게 자신의 개인적 경험이나 쉽게 꺼내 보일 수 없었던 감정이나 생각, 꽁꽁 숨겨 두었던 여러 이야기들을 말하거나 놀이로 표현할 것입니다. 특히 이 시기에 아동은 자신에게 상처가 되었던 불유쾌한 과거의 경험들을 재연하면서 당시에 표현하지 못하고 쌓아 두었던 감정과 갈등을 표현하게 됩니다. 이렇듯 아동이 상담실에서 상담자와의 신뢰 있는 관계 속에서 진행하는 과거의 부적절한 경험에 대한 재경험을 교정적 경험이라고 말합니다. 상담 중기 과정에서 아동은 이러한 교정적 경험을 통해 아동 자신이 과거에 경험했던 상처와 결핍을 극복하고, 이를 현재의 생활에 적응하고 잘 기능할 수 있는 새로운 경험으로 재창조하게 됩니다.

하지만 자신의 힘든 경험과 갈등을 표현한다는 것은 쉬운 일이 아니고 이로 인한 파장도 매우 큽니다. 위에서도 말했듯이, 과거의 부적절한 경험들을 재연하다 보면 그와 관련된 억압된 감정들도 다시 겪게 됩니다. 이것은 매우 고통스러운 일입니다. 아마도 이런 고통을 피하기 위해 대부분의 사람들이(아동뿐 아니라 어른들도) 자신이 경험했던 좋지 못한 일들을 다시 생각하지 않으려 의식 저편에 묻어 두려는 것이 아닐까요? 우리 아이들은 이런 고통에도 불구하고 힘든 기억과 경험, 그와 관련된 감정들을 표현하기 시작했습니다. 그러나 이로 인한 여파로 아이들은 불안, 두려움, 분노 등의 더 많은 복잡한 감정들을 겪게 되고, 마치 어린 아기처럼 퇴행하거나 전에 하지 않았던 부정적 행동을 하기도 합니다. 더욱이 이런 일들이 한 번에 혹은 단기간에 끝나기보다는 언제 끝날지 모르게 계속 반복되어 아동과 상담자, 부모 모두를 힘들게 합니다. 이에 대해서는 뒤에 자세히 설명하고자 합니다.

교정적 경험에 대한 부모의 이해를 돕기 위해 아래 예시를 통해서 아동이 자신의 외상적 경험을 어떻게 놀이로 표현하는지 살펴보고자 합니다.

예시 4.

▷ 동생이 차에 치여 사망한 장면을 목격했던 ○○는 트럭, 병원, 남자 아이 인형과 엄마 인형을 선택하여 교통사고 장면을 놀이로 재연하면서 교통사고와 동생 사망에 대한 억압된 감정을 표현합니다.

▷ 유치원 가기를 싫어하는 ○○는 아이들과 선생님 인형, 유치원과 유치원 버스 등을 선택하여 유치원 놀이를 진행합니다. ○○는 놀이에서 무섭고 차가운 유치원 선생님(먹기 싫은 것을 억지로 먹이고, 아이들을 야단치고 때리는 선생님)을 표현합니다.

▷ ○○는 파워레인저에 등장하는 옐로(여)와 블랙(남) 인형을 가지고 상대가 원치 않는데도 과도한 스킨십을 시도하는 모습을 놀이로 진행하며 자신의 성추행 경험을 표현합니다.

---

2) 퇴행하기

상담 중기 과정에서 아동은 자신의 과거 외상적 경험들을 재경험함으로써 과거의 실체를 부정하기보다 현재로 통합해 나가고자 합니다. 이와 더불어 아동은 과거 양육자와의 관계에서 충족하지 못한 욕구를 채워 한 단계 더 성장하고자 합니다. 아동의 성장은 일련의 과정을 거쳐 진행됩니다. 만약 과거 성장과정의 어느 시기에 부적절한 경험으로 그 당시 충족되어야 할 욕구가 결핍되었다면 그 지점의 욕구부터 충족되도록 도와주어야 합니다. 성장과정에서 기본 욕구 중 하나라도 심하게 결핍되면 정서적 어려움을 경험하게 되고 그 갈등을 해소하려는 동기 때문에 다음 단계로의 성장이 어렵게 됩니다. 그러므로 상담과정을 통해 결핍된 부분을 보충하고 갈등을 해소하여 다음 단계로 성장할 수 있도록 돕는 것이 필요합니다. 아동은 중기 과정 동안 과거에 결핍되었던 욕구 충족을 위하여 퇴행하는 모습을 보입니다. 퇴행이란 뒤로 혹은 과거로 돌아가는 것으로, 아이들은 흔히 아기(혹은 어린 아이)로 돌아가 현재의 연령에 맞지 않는 행동이나 모습을 보이며 돌봄을 받고 욕구를 채우고자 합니다.

아동은 과거에 충족되지 못한 욕구들을 채우기 위해 퇴행을 하기도 하지만, 상처받았던 자신의 과거 경험을 표현하는 과정에서 겪게 되는 어려움과 갈등으로 인한 심리적 불안과 불편함이 퇴행 행동으로 나타나기도 합니다. 상담 중기 과정 동안 아동은 교정적 경험을 통해 자신의 외상적 경험들을 새로운 경험으로 재창조하는데, 이러한 과정에서 아동은 외상적 경험과 관련된 억압되었던 부정적 감정들을 의식하고 표현하면서 심리적 불안감이나 두려움, 분노 등을 재경험하거나 심리적 어려움과 갈등이 더욱 가중되는 힘든 상황에 놓이게 됩니다. 힘든 상황에서 어려움과 갈등을 표현하고 아동 나름대로 해결하려는 시도의 하나로 나타날 수 있는 것이 퇴행 행동입니다. 상담과정에서 아동이 나타내는 퇴행 행동은 다음의 예시와 같습니다.

예시 5.
▷ 어린 시절 부모로부터 심하게 방치되고 버림받았던 ○○는 상담자의 아기가 되어 돌봄받는 놀이를 반복합니다. 상담자는 실제 아기를 돌보는 듯 아동을 양육하고 돌보는 활동을 합니다. 예를 들어, 우유 먹이기, 안아주기, 자장가 불러주기 등 놀이에서 ○○는 한 살부터 시작하여 차츰 성장하는 모습을 보입니다.
▷ 놀이에서 부모의 갈등을 표현하던 ○○는 자꾸 아기 같은 목소리로 말하고, 자신이 할 수 있는 사소한 것조차 상담자에게 해 달라며 의존하거나 우유병 빠는 행동을 합니다.

☞ **부모님께 | "퇴행행동을 받아주어야 빨리 변화합니다"**

상담 중기 과정에서 나타날 수 있는 퇴행행동은 놀이치료실뿐만 아니라 집이나 학교 등의 일상생활 장면에서도 나타납니다. 퇴행이 상담 중기 과정에서 나타날 수 있는 행동과 모습임을 알고 있다 할지라도 막상 그런 모습을 일상에서 계속 지켜봐야 하는 부모의 마음은 편치 않을 것입니다. 덩치는 큰 아이가 마치 자신이 아기인 듯 애기 소리를 내며 징징대고, 지나치게 스킨십을 요구하며 엄마에게 달려들고, 갑자기 안 빨던 손가락을 빨고, 밥도 먹여 달라, 옷도 입혀 달라 한다면 어떻게 하겠습니까? 어떤 부모는 힘들지만 아이의 모습과 요구를 수용해 주려 노력하기도 하고, 어떤 부모님은 아무리 상담 과정에서 일어날 수 있는 일이라 해도 받아주기가 어려워 거부하고 야단치시기도 합니다. 어느 쪽이든 힘들고 답답하기는 마찬가지일 것입니다.

앞에서도 언급했듯이 퇴행 행동은 과거에 충족하지 못했던 욕구를 채우려는 시도이며 상담 중기 과정에서 겪는 어려움과 갈등을 표현하고 해결하려는 아동 나름의 방법입니다. 따라서 상담실뿐만 아니라 일상생활 장면에서 적절하게 아동의 퇴행 행동이 수용되고 욕구가 충족된다면 상담 진행에 많은 도움이 될 것입니다. 물론 아동의 행동을 모두 수용하라는 것은 아닙니다. 그것은 가능하지도 않고 적절한 개입도 아닙니다.

무엇보다 아동이 나타내는 퇴행 행동의 의미와 이유를 파악하고 이를 아동에게 반영해 주는 것이 필요합니다. 그리고 아동의 연령, 성별, 특성과 부모님의 상황, 특성 등을 고려하여 부모님이 아동의 행동이나 욕구를 어디까지 수용해 줄 수 있는지 그 범위나 수준, 방법을 정하는 것이 중요합니다. 정해진 방법과 범위 내에서는 흔쾌하게 받아주고, 약속된 범위를 넘어설 때는 일관되게 제한한다면 퇴행행동에 대한 걱정이나 불안, 불편함을 해결해 나갈 수 있을 것입니다.

3) 부정적 행동과 감정 표현

상담 초기 과정 동안 많은 아이들이 자신을 존중하고 수용해 주는 상담자를 만나 달콤한 시간을 보내며 상담자에게 잘 보이려고 하고 상담자의 마음에 들려고 노력합니다. 그러다 보니 아동 자신의 솔직한 마음이나 모습을 보이기보다는 양보 잘하고, 말을 잘 듣는 등 흔히 어른들이 좋아할 만한 행동을 주로 합니다. 이런 아이들도 상담자에 대한 탐색이 끝나고 상담자에 대한 믿음과 신뢰가 생긴 이후에는 초기와는 다르게 편안하게 자신의 본래 모습을 보이며 억압되었던 불안이나 적개심 등의 부정적인 감정들을 자연스럽게 표현하기 시작합니다. 초기에는 게임에서 지거나 불리하더라도 힘든 내색 전혀 없이 게임을 진행하던 아동이 중기가 되면 이런 상황에서 심하게 짜증내고 화내며 심지어는 게임 판을 뒤집거나 던져 버리기도 합니다. 처음에는 무엇이든 상담자의 의견을 묻고 상담자에게 양보하고 솔선하여 정리하던 아동이 중기 이후에는 자신이 먼저 하겠다고 우기고 작은 일에도 짜증내고 일부러 놀잇감들을 거칠게 다루고 매사 공격적으로 행동하기도 합니다. 이제 아이들은 불편한 가면을 벗고 자신들이 진짜 원하는 대로 행동하고, 자신의 화나고 속상하고 미운 감정들을 거칠고 공격적인 행동으로 표현하게 됩니다.

상담 중기 과정에서 나타나는 이런 공격적인 행동이 상담자를 향해 나타날 때가 많습니다. 이것은 중기 과정 동안 아동이 자신에게 상처가 되었던 과거 경험이나 상황들을 표현하고 충족되지 못한 욕구들을 채우려 하는 것과 관련이 있습니다. 이 과정에서 아동은 상담자를 자신의 문제나 갈등, 상처와 관련된 중요한 인물로 생각하게 되면서 그 사람에게 가졌던 감정과 동일한 감정을 상담자에게 느끼고 이러한 감정을 상담자에게 표현하게 됩니다. 예를 들면, 흔히 아동이 어머니에게 느끼는 분노와 적대감을 상담자에게 옮겨서 공격적인 행동으로 표현하는 것입니다. 이것을 '전이'라고 하는데, 전이는 상담과정에서 나타나는 것으로 중요하게 다루어져야 합니다. 아동들이 항상 부정적인 전이만 일으키는 것은 아니지만, 임상 장면에서 아동들이 자신에게 중요한 사람에게 느꼈던 부정적 감정을 상담자를 공격하거나 깜짝 놀라게 하는 방식으로 표현하는 것을 자주 경험하게 됩니다. 아동은 전이를 통해 부모와의 관계에서 결핍되거나 왜곡된 부분을 보충·수정하는 교정적인 경험을 하게 됩니다.

예시 6.

▷ ○○는 초기와는 달리 자신의 뜻대로 되지 않거나 힘들 때 심하게 짜증내며 상담자에게 화를 내고 상담자를 공격하는 등 부정적 감정을 표현합니다. 그리고 반복적인 엄마놀이를 통해 항상 어린 남동생만 돌보는 엄마의 모습을 재연하면서 평소에 표현하지 못했던 서운함과 분노 그리고 남동생에 대한 미움을 표현합니다.

▷ 입실하면서부터 엄마 때문에 화가 난다는 ○○는 상담자에게 공 주고받기 놀이를 제안합니다. 그러나 ○○는 무서운 눈빛으로 상담자를 바라보며 상담자를 향해 온 힘을 다해 공을 던지며 공으로 상담자를 맞혀 공격하기를 원합니다.

▷ 앞의 예시 4에서 유치원 가기를 싫어하는 ○○는 유치원 놀이를 진행한 후, 상담자에게 유치원 선생님 역할을 하도록 지시한 뒤에 귀신이 와서 유치원 선생님을 괴롭힌다며 상담자를 놀라게 하거나 공격하면서 유치원 선생님에 대한 부정적 감정을 상담자에게 옮겨 표현합니다.

▷ ○○는 게임에서 계속 지게 되자 게임을 중단하고 상담자에게 전쟁놀이를 제안합니다. 전쟁놀이에서 아동은 매우 강하게 상담자 편 인형을 공격하여 쓰러뜨립니다.

☞ **부모님께 | "부정적 행동을 보이는 것은 자연스러운 상담 과정입니다"**

퇴행행동이 놀이치료실뿐만 아니라 집이나 학교 등의 일상생활 장면에서 나타나는 것과 마찬가지로 부정적 행동 또한 상담실과 일상생활 장면에서 모두 나타나게 됩니다. 아이들이 중기 과정에 보이는 부정적 행동은 퇴행 행동만큼 혹은 그 이상으로 부모님들을 당황스럽고 힘들게 할 수 있습니다.

전에는 동생에게 양보도 잘 하고 사이좋게 놀던 아이가 툭하면 동생에게 소리 지르고 화내며 주먹질까지 한다면, 혹은 친구들과의 모임에서 자기 마음대로 안 되자 놀잇감을 던지거나 부순다면, 또는 공공장소에서 부모의 말을 듣지 않고 대든다면 어떨까요? 무엇보다 다른 사람에게 직접적인 피해를 주는 부정적 행동, 즉, 사람을 때리거나 물건을 부수는 등의 행동은 부모와 아이만의 문제로 끝나는 것이 아니라 다른 사람까지 연관되어 더욱 힘들고 곤혹스러울 것입니다. 때로는 아이가 상담을 받으면서 좋아지기는커녕 더 나빠지는 것 같아 혼란스럽고 상담을 포기하고 싶은 마음이 들 수도 있습니다. 그러나 이 모든 것이 상담 과정 중에 나타날 수 있는 일임을 다시 한 번 강조해서 말하고 싶습니다. 아마도 대부분의 상담자들이 아동의 놀이 내용이나 놀이 시 나타내는 행동이나 반응 등을 보고 일상생활에서 이런 부정적 행동들을 할 수도 있음을 예측하고 부모에게 미리 알려 줄 것입니다. 혹 상담자가 미리 말하지 못하더라도 너무 걱정하거나 혼자 고민하지 말고 상담자에게 힘든 상황을 이야기하고 상의해 나가기를 바랍니다. 부모님과 아동의 힘든 항해 여정을 도와줄 상담자가 옆에 있음을 항상 기억하세요. 그리고 아동의 이런 부정적 행동에 대해서 겉으로 나타나는 행동 자체에 관심을 두기보다 아동이 이런 행동을 하게 되는 이유나 속마음에 관심을 가지고 반응해 주세요. 누군가 자신의 마음을 알아주고 좋고 나쁨을 떠나 그 마음을 수용해 준다면 그때 비로소 아동은 자신의 마음을 보다 적절히 표현할 수 있는 방법이나 행동을 배울 수 있을 것입니다.

4) 갈등과 어려움, 해결의 반복

상담 중기 과정이 아동과 상담자, 부모 모두에게 가장 길고 힘든 시기가 되는 이유 중 하나는 아동이 반복해서 내면의 갈등과 어려움을 표현한다는 데 있습니다. 아동은 상담자를 믿고 그동안 내면 깊숙이 눌러 두었던 부정적 감정들을 표현하기도 하고, 어린 시절에 채우지 못했던 욕구를 충족하려는 시도도 합니다. 아무에게도 말하거나 보여주지 않았던 힘든 과거의 경험이나 상처, 갈등을 드러내고 털어내려 노력합니다. 이런 작업들은 단기간에 끝나지 않는 경우가 많습니다. 얼마간 이런 작업이 계속되다가 아동의 문제가 감소하고 일상에서 적응력도 좋아지는 듯 보이는 순간이 있습니다. 그러면 부모님은 이제 갈등이나 어려움이 해결되고 좋아지나 싶어 기뻐합니다. 그러나 어느 정도 해결이 되었나 싶을 때 또 다른 갈등과 상처 혹은 내면에 억압되어 있는 감정과 어려움이 의식 수준으로 올라와 다시 표현되는 경우가 많습니다. 아동이 얼마나 힘든 경험을 했으며 그것을 어떻게 처리하였는지에 따라, 즉, 아동이 속에 가지고 있던 갈등이나 어려움, 상처의 크기에 따라서 중기의 기간이나 상담의 진전과 후퇴의 반복됨이 결정될 것입니다. 또한 아동이 속해 있는 가족환경도 중요한 역할을 합니다. 아이들은 가족 특히, 부모의 영향을 많이 받게 되고, 아이들이 갖고 있는 갈등이나 상처, 욕구 결핍 문제도 대부분 부모와 관련된 것이 많습니다. 아동이 무언가 달라지고 성장하기 위해 고통도 감수하며 앞에서 언급한 힘든 작업들을 해 나가는 동안 부모가 보다 적절한 태도로 아이에게 반응하고, 더 나아가 부모와 관련된 문제들을 해결하기 위해 노력한다면 중기 과정을 보다 빨리 넘길 수 있을 것입니다. 반면에 부모의 태도나 문제가 좋아지지 않거나 해결되지 못한다면 아동은 갈등과 어려움을 계속 반복하게 될 것입니다. 예를 들어, 부부갈등과 부부싸움으로 인해 아동이 상처받고 어려움을 겪는 경우 아동이 아무리 상담장면에서 문제를 해결하고 성장을 위해 치열하게 노력한다 해도 여전히 부부갈등이 지속된다면 상담 진전에 어려움이 있습니다. 아동과 상담자, 부모 모두가 끝이 없을 것 같은 지루하게 반복되는 중기 과정의 힘겨운 상황과 시간들을 이해하고 함께 노력하며 견뎌내야 합니다.

☞ 부모님께 | "좋아졌다 나빠졌다를 반복하며 성장합니다"

앞에서도 말했듯이 상담 중기에는 아동의 문제가 해결되어 좋아지는 듯하다가 다시 나빠지기도 하는 등 기복이 심하고 불안정한 상태가 반복됩니다. 이런 경우 어떤 부모는 아이가 잘할 수 있는 것을 보니 안 되고 못하는 것이 이해가 안 되어 화가 난다고 말하기도 하고, 어떤 부모님은 좋아지다 안 좋아지기를 반복하니 상담이 효과가 있는 것인지 의심하고 이런 상태가 지속될까 하여 불안해합니다. 그러나 이런 상황의 반복은 아동이 일부러 반복하는 것도 아니고 상담에 전혀 진전이 없는 것도 아닙니다. 비록 겉으로는 단순한 반복으로 보이거나 혹은 더 나빠진 듯이 보일 수 있으나 자세히 살펴보면 이 지루하고 힘겨운 반복 속에서도 아이들은 조금씩 앞으로 나아가거나 좋은 모습들을 자기 것으로 만들기 위해 다져가는 훈련을 하고 있습니다. 혼자서 고민하고 불안해하고 걱정하지 말고 상담자에게 부모님의 의심, 불안, 궁금함을 털어놓고 함께 나누세요. 상담자는 누구보다 부모의 마음을 이해하고 아동의 상황을 보다 자세히 부모가 이해할 수 있도록 알려줄 것입니다. 더 나아가 아동의 변화와 부모님의 역할에 대해 점검하면서 부모가 복잡한 마음을 추스르고 인내심을 가지고 기다릴 수 있도록 도와줄 것입니다.

그런데 때로는 부모가 유난히 아이의 행동이 더 나빠진 것 같다며 힘들어하고 그 동안의 시간과 노력들이 소용없다 여겨서 아이에게 자꾸 화가 나서 참을 수 없다고 하소연하는 하는 경우가 있습니다. 물론 힘든 중기 과정을 견디느라 그런 것일 수도 있으나, 이런 경우 상담자가 아이 문제외에 다른 문제나 어려움이 있는지 물으면 눈물을 흘리며 자신의 고단한 상황(부부관계, 원가족과의 문제, 경제적 어려움 등)을 풀어놓곤 합니다. 그냥 있어도 지치고 힘들 텐데 여러 가지 어려움이 자꾸 생긴다면 아동의 문제는 더 무겁고 벅차게 느껴질 것입니다. 이런 상황은 비단 중기 과정만의 문제는 아닐 것입니다. 여기서 당부하고 싶은 것은 다른 문제들로 인해 아이의 상태를 정확히 보지 못하는 실수를 범해서는 안 된다는 것입니다. 이를 위해 부모는 아동의 문제, 특성뿐만 아니라 부모 자신의 문제나 어려움, 특성을 정확히 아는 것이 필요합니다. 이 부분에 대한 자세한 설명은 "부모상담" 내용을 참고하기 바랍니다.

종종 어떤 부모는 중기 과정 중 아동의 행동이 좋아진 시점에서 눈앞의 걱정거리가 덜어지면서 성급하게 상담을 끝내려는 경우가 있습니다. 겉으로 드러난 문제 행동이 좋아졌다 해도 문제 행동을 일으킨 근본적인 원인이 해결되지 않으면 문제는 다시 반복하여 나타나거나 새로운 형태로 나타나기 쉽습니다. 흔히 우리는 감기에 걸리면 병원에 가서 의사의 진단을 받고 처방된 약을 구입하여 복용합니다. 그런데 여러분은 의사의 진단과 처방을 끝까지 따르나요? 혹 약은 남았지만 감기 증상이 없어져 약 먹는 것을 스스로 중단하지는 않나요? 의사들은 증상이 없어졌다고 생각되더라도 바이러스를 확실히 없애기 위해서는 약을 끝까지 먹도록 권합니다. 그래야 다시 재발할 염려가 없겠지요. 정서적인 상처나 문제, 어려움도 마찬가지입니다. 드러나는 행동이나 증상이 좋아졌다 해도 원인이 되는 상처나 갈등이 해결되지 않는 한 다시 재발할 수 있습니다. 게다가 마음에 묻어 둔 상처나 갈등을 해결하고 극복하기 위해서는 오랜 시간 치열한 싸움을 반복해야 한다는 것을 기억하고, 시간을 두고 아이의 긍정적 변화나 성장이 다져지는 과정을 지켜보기 바랍니다.

10. 문제 해결이 보인다!
―진정한 변화가 나타나는 상담 후기―

길고 지루했던 중기를 지나 이제 상담 후기에 접어들었습니다. 과연 좋아질 수 있을지 마음속에서 불쑥불쑥 솟아 오르는 의심과 불안, 변화를 기다리기 지루했던 시간들은 마치 끝이 보이지 않는 긴 터널과도 같았을 것입니다. 이제 그 터널도 끝이 보이고, 새로운 풍경과 변화가 기다리고 있는 것이 바로 상담 후기입니다.

상담 후기가 되면 말 그대로 끝이 보이기 시작합니다. 그렇다면 상담 후기에 접어들었다는 것을 어떻게 알 수 있을까요? 이 시기에 접어들면 아이가 상담실이나 학교, 가정에서 변화된 모습을 보입니다. 또한 아이뿐 아니라 부모도 변화하면서 양육에 자신감이 붙고, 실제 아이와 다툴 일도 적어집니다. 상담 후기에 아이와 부모에게 나타나는 변화는 주 호소 문제에 따라 다르지만 대표적인 특성들은 다음과 같습니다.

1) 놀이 주제와 내용의 변화

상담 후기가 되면 상담실 안에서 아이의 놀이가 달라집니다. 상담 과정에서 아이에게 놀이가 어떠한 의미인지는 앞 장에서 충분히 이해할 수 있었을 것입니다. 놀이는 아이가 현재 겪고 있는 심리적인 갈등을 표현해주기도 하고, 한편으로는 아이의 성장이나 변화를 알아볼 수 있는 통로이기도 합니다. 놀이가 이런 의미를 갖는다면 당연히 상담 초기와 중기, 그리고 후기의 놀이 내용이나 놀이에서 표현하고 있는 주제가 다를 수밖에 없겠지요?

물론 아이마다 놀이의 내용은 다르지만 상담 후기가 되면 놀이가 안정되며 놀이 내용이 건강해집니다. 예를 들어 똑같이 전쟁놀이를 하더라도 일정한 규칙이나 스토리가 없이 무작정 싸우고 화를 분출하거나 상담자를 공격했던 아이도 후기가 되면 규칙을 만들거나 공격성이 적절한 수준으로 조절되면서 흥미로운 이야기가 펼쳐지기도 합니다. 또한 공격적인 놀이에서 누군가를 구조하는 놀이나 양육, 애착놀이로 변화되었다가 좀 더 현실적인 보드게임이나 만들기, 건축 등을 주제로 한 놀이가 나타나기도 합니다. 후기가 되면 주 호소 문제가 해결되어감에 따라 정서적으로도 안정을 찾게 됩니다. 이로 인해 놀이에서도 좀 더 유능감을 발휘하고 싶어 하고 조절력이나 좌절을 견뎌내는 힘이 생기기 때문에 게임에서 규칙을 지키면서도 적절히 경쟁심을 표현하면서 즐길 수 있게 됩니다.

예시 7.

▷ ○○은 게임놀이를 할 때 자신이 불리한 상황이 되면 게임을 중단하거나 계속해서 새로운 규칙들을 만들어내면서 자신에게 유리하게 상황을 바꾸려는 시도를 하는 아이였습니다. 그러나 이제는 점차 게임의 규칙을 받아들이고 자신이 지는 상황에서도 끝까지 게임을 계속하려는 모습을 보이며, 졌을 때 스스로를 위로하고 다시 시도하려는 모습을 보입니다.

▷ 모래놀이치료에서 주로 전쟁과 싸움, 뱀이나 괴물들이 격렬하게 싸우는 모습을 만들던 ○○은 상담 후기에 접어들면서 전쟁이 난 후 새롭게 건설된 도시의 모습을 만들어 냅니다.

☞ **부모님께 | "너무 서두르지 말고 조금만 더 기다려 주세요"**

상담자를 통해서 아이가 상담실에서 달라지고 있는 모습에 대해 이야기를 들으면 부모 입장에서 금방이라도 아이의 상담이 끝날 것만 같기도 합니다. 하지만 지금은 아이가 상담실에서 보이는 놀이 주제나 내용의 변화를 잘 지켜보면서 상담실 밖에서의 변화를 함께 기다려줄 필요가 있습니다. 아이에게 놀이치료실은 가장 안전하게 자신의 변화를 시험해보고 도전하는 곳이기 때문에 상담실 안에서의 변화를 밖에서도 실행하려면 시간이 필요하기 때문입니다.

왜 학교나 집에서는 놀이치료실에서 보이는 변화만큼 빨리 달라지지 않는지 마음이 급해집니다. '조금만 더 가면 되는데, 이제 뛰어 볼까?' 이런 마음이 들 수 있습니다. 상담 후기에는 이런 마음 때문에 부모도 모르는 사이에 아이를 재촉하는 수가 많기 때문에 나중에 부작용을 일으킬수 있습니다. 예를 들면 매우 위축되어 있고, 자신감이 없던 아이가 친구들과도 곧잘 사귀게 되고 학교에서 발표도 곧잘 하게 됩니다. 그러면 엄마는 자기도 모르게 자꾸만 아이에게 '넌 더 잘할 수 있다'는 메시지를 주게 되는데 과도하게 칭찬을 하거나 격려를 하는 것이 대표적입니다. 사실 칭찬이나 격려 자체가 나쁜 것은 아니기 때문에 부모는 자신이 잘못하고 있다는 것을 모르는 수가 많습니다. 하지만 아이가 막 달라지고 변화하려 할 때 반드시 따라오는 것이 '불안'이라는 사실을 기억해야 합니다. 점점 달라지는 자신의 모습이 신기하기도 하지만, 여전히 정말 잘 해낼 수 있을지, 달라질 수 있을지 겁이 나기 때문에 이때 과도한 칭찬은 오히려 부담이 되고 불안을 자극할 수 있습니다.

2) 연령에 맞는 놀이 즐기기

상담 후기의 중요한 변화 중 하나는 자기 연령에 비해 퇴행된 놀이를 즐기던 아이가 자신의 발달 연령에 맞는 놀이를 선택하는 횟수가 늘어난다는 것입니다. 흔히 어른들도 '철이 들었다', '나잇값을 한다'는 얘기를 듣게 되면 그만큼 성숙하고 기능을 잘한다는 뜻인 것처럼 아이도 마찬가지입니다. 실제 계속 쉽고 간단한 놀이를 선택하던 아이가 좀 더 도전적인 놀이를 선택하기도 합니다. 또 역할놀이에서 자신이 아기가 되거나 퇴행된 말투로 놀이를 즐기던 아이가 주도성을 갖고 놀이를 이끌거나 가르치고 돌보며 책임감을 발휘하는 모습을 보이기도 합니다.

상담자는 아이의 놀이 변화를 세심하게 관찰하고, 민감하게 알아차립니다. 아이의 놀이 주제나 놀이 태도가 달라지면 이러한 변화를 통해 상담 후기 과정이 진행되고 있음을 감지하고 부모상담에서도 다른 목표와 계획을 가지고 상담에 임하게 됩니다.

☞ 부모님께 | "문제가 해결됐다고 갑자기 학습에 부담을 주지 마세요"

마음이 급해집니다. 아이가 뭘 잘못하고 있어서가 아니라 많이 달라졌기 때문입니다. 어느새 제법 큰 것 같다는 느낌이 들기 시작합니다. 상담 후기가 되면 아이가 상담실에서는 연령에 맞는 놀이를 즐기고, 자신의 선택이나 게임 결과에 대한 책임능력도 좋아집니다. 그만큼 자아의 힘이 커졌기 때문입니다. 이때 부모님이 가장 빠지기 쉬운 함정이 아이에게 새로운 과업들을 성급하게 주는 것입니다. 잘 해낼 수 있을 것 같기 때문이지요.

가장 대표적인 것이 바로 갑자기 학습량을 늘리는 것입니다. 학교생활에서 적응도 점점 잘하게 되고, 집중력도 꽤 좋아지는 모습을 보이기 때문에 부모는 자신도 모르게 공부를 더 시키고 싶은 함정에 빠지게 됩니다. 그러면 아이는 속으로 '그러면 그렇지. 내가 이럴 줄 알았어. 또 시작이구나!'라는 생각을 하면서 다시 문제행동을 보이거나 퇴행하게 됩니다. 지금은 아이도 나름대로 자신의 능력을 발휘하고 싶은 마음이 드는 시기입니다. 이때 조급한 마음이 들더라도 부모가 조금 더 아이를 기다려주어야 아이의 자발성이나 동기를 키워 상담 효과를 높일 수 있습니다.

3) 주 호소 문제의 호전과 변화

무엇보다 아이와 부모가 힘들어했던 주 호소 문제들의 심각성이나 문제가 나타나는 빈도가 줄어든다는 것도 중요한 신호입니다. 이때 중요한 것은 주 호소 문제가 좋아지는 정도나 기간이 꾸준히 이어진다는 것입니다. 부모 입장에서는 상담 초기에 아이의 주 호소 문제가 반짝 나아지는 듯해서 기대했다가 다시 진짜 문제들이 드러나면서 놀란 경험이 있었을 것입니다. 그래서 '혹시나 또 나빠지지 않을까' 불안한 마음이 들기도 하지만, 상담 후기에 나타나는 주 호소 문제의 호전은 진짜 변화를 통해 나타나는 것이기 때문에 꾸준하게 좋아진 모습들이 유지되면서 점차 문제가 감소됩니다. 물론 이 시기에도 여전히 문제들은 다시 생기기도 합니다. 친구와 싸우기도 하고, 학교에서 야단도 맞고, 또 같은 문제로 엄마 속을 썩이기도 하지만 감당하지 못할 정도라거나 기간이 오래 가는 것은 아닙니다. 아이도 문제를 해결하려고 노력하면서 자신의 성장을 경험해가는 시기입니다.

아이가 실생활에서 적응해가는 능력들이 좋아지고, 유능감과 자신감을 보이기 시작하는 모습들이 몇 주 동안 꾸준히 이어지며, 부모도 양육에 대한 자신감이 붙으면서 안정이 되면 함께 종결을 상의하는 단계까지 발전하게 됩니다.

예시 8.

▷ 엄마와 잠시도 떨어져 있지 못해 처음에는 놀이치료실까지 엄마와 함께 들어와야 했던 ○○은 이제 어린이집에서 오전 시간 동안 잘 적응할 정도로 분리불안 문제가 좋아졌습니다.

▷ 학교에서 걸핏하면 친구를 때리고 자기 마음에 들지 않는 일이 생기면 수업 중이라도 갑자기 교실을 나와 버렸던 ○○은 이제 친구와 싸우는 횟수가 눈에 띨 정도로 줄었습니다. 친구와 싸우더라도 때리거나 말썽을 일으키는 대신 말로 화를 표현하며, 자기 감정이나 입장에 대해 잘 전달하는 등 대처 방법에 변화가 나타납니다.

☞ 부모님께 | "임의대로 상담을 중단하면 부작용이 나타납니다"

'이 정도면 됐다.' 상담 후기에 할 수 있는 가장 위험한 판단입니다. 후기 단계에서 상담을 중단하는 부모들이 가장 많이 말하는 이유는 이제 문제가 없다거나 아이가 놀이치료실에 안 와도 된다고 했다는 말입니다. 상담 후기는 아직 문제가 충분히 해결된 단계가 아닙니다. 또한 아이가 후기 단계에서 놀이치료실에 대한 흥미가 예전보다 떨어지는 것도 자연스러운 과정입니다. 이제 다른 곳에서도 즐거움을 찾을 능력이 생기고, 친구들과 노는 것이나 다른 취미생활에서도 재미를 느끼기 때문입니다. 그렇다고 아직 놀이치료실을 떠날 준비가 끝난 것은 아니라는 점을 기억해야 합니다. 후기 단계는 아이가 상담실 안과 일상생활에서 달라진 자신의 모습을 시험해 가면서 성공과 실패를 맛보고 자신의 변화와 성장을 다져야만 하는 시기입니다. 몸에 생채기가 났을 때 피가 나고 염증이 생기는 단계를 지나왔다고 해서 바로 치료를 중단해 버리면 다시 상처가 덧나는 것과 같습니다. 후기 단계는 이제 딱지가 앉고, 그것이 떨어지기까지 기다려 주며 그 단계에 맞는 보살핌과 관심을 주어야 할 시기입니다. 그래야만 딱지가 떨어지고 흉터 없이 새살이 돋는 상담 종결을 맞게 됩니다.

4) 학교생활과 친구 관계에서 능력 발휘

변화는 상담실 안과 밖에서 함께 나타나야 진정한 의미가 있습니다. 상담 후기가 되면 아이가 상담실 밖, 즉 학교나 가정, 친구 관계에서 능력을 발휘하는 것이 가장 큰 변화라 할 수 있습니다. 먼저 학교에서 수업 태도가 좋아졌다거나 집중력이 좋아졌다는 말을 듣기도 하고, 숙제나 공부하는 것을 전보다 덜 힘들어하게 됩니다. 자연스럽게 공부 때문에 부모와 싸우는 횟수가 적어지고, 아이도 잔소리 들을 일들이 차츰 줄어들기 시작합니다.

또 친구들과의 문제나 엄마와의 관계에서 어떤 문제가 발생했을 때, 아이가 나름대로 다양한 해결 방법들을 시도해보게 됩니다. 융통성이 생기는 것입니다. 심리적으로 갈등이 심하고 위축되어 있으면 갈등 상황에서 다양한 해결 방법을 떠올리거나 시도하지 못합니다. 어른들이 스트레스가 심할 때 직장생활이나 집안일에서 자기 능력을 잘 발휘하지 못하는 것과 같습니다. 나중에 마음에 여유가 생기면 '그때 왜 다른 방법을 생각 못했지?' 하고 후회하는 것처럼 아이도 심리적으로 건강해지고 성장하면 다양한 방법들을 시도합니다. 즉 고집불통 아이에서 유연한 아이로 변화하는 것입니다.

예시 9.

▷ 친구관계에서 많이 위축되어 자기 물건을 빼앗겨도 가만히 있다가 혼자서 울음을 터트리던 ○○은 이제 건강하게 화를 낼 줄 알게 되었습니다. 자기 물건을 빼앗아 가는 아이가 있으면 내 것을 다시 내놓으라고 주장할 수 있게 되었고, 자연히 물건을 빼앗기는 일도 거의 찾아볼 수 없게 되었습니다.

▷ 중학생인데도 걸핏하면 울음부터 터트리고 매사 의욕이 없어 성적이 많이 떨어졌던 ○○은 이제 좀 더 적극적으로 학교생활을 하기 시작했습니다. 또 학업 스트레스가 쌓일 때 이를 풀 수 있는 취미생활을 찾기도 하고, 힘들 때마다 긍정적인 말로 자신의 기운을 북돋웁니다.

☞ 부모님께 | "실패 경험도 하면서 적응력을 키워갑니다"

넘어질 수 있습니다. 후기 단계라고 해서 무조건 상승곡선만 그리는 것은 아닙니다. 분명히 주춤하는 모습도 보입니다. 아이가 기존에 자신이 해왔던 대처 방식과는 다른 해결방법들을 시도하면서 당연히 성공의 단맛뿐 아니라 실패도 맛보기 때문입니다. 예를 들어 화가 나면 친구에게 소리부터 지르던 아이가 화를 참고 대화나 타협을 시도했는데, 오히려 선생님 앞에서 억울한 일을 당할 수도 있습니다. 또 위축되었던 아이가 친구에게 먼저 말을 걸거나 놀이를 제안했다가 거절을 당할 수도 있습니다. 이렇게 다른 방식을 시도하면서 아이는 예전에 경험했던 것과는 또 다른 좌절을 맛보기도 합니다.

놀이치료실 안에서 아이는 이런 실패 경험이나 상처를 치유하고, 다시 일어설 힘을 키우게 됩니다. 체력 단련과 비유하면 근육을 붙여 나가는 과정입니다. 근육이 탄탄하게 붙으면 웬만한 충격은 버텨낼 수 있기 때문이지요. 중요한 것은 실패 경험을 안 하도록 하는 것이 아니라 새롭게 시도했다가 실패해도 또 다른 효과적인 방법을 찾아서 다시 부딪히는 것입니다. 간혹 아이가 잘 해보려다 실패하면 부모님이 더 아파하고 힘들어하는 경우도 있는데, 아이의 시도 자체를 격려하고 지지해주는 것이 중요합니다.

5) 양육효능감이 높아지고 자신감이 생기는 부모

상담 과정을 통해서 달라지는 것은 아이뿐만이 아니지요. 부모님도 많은 변화를 경험하게 되고, 더욱 성숙한 어른이 됩니다. 상담 중기 동안 아이의 여러 가지 문제들을 상담자, 아이와 함께 해결해 나가고, 때로 너무나 미운 아이의 행동들을 버텨내면서 부모는 예전보다 훨씬 유능해집니다. 어떤 때 단호해지고 어떤 때 아이의 행동에 공감하며 허용해야 하는지 부모 나름의 기준들이 생기기 시작합니다. 그래서 상담 후기가 되면 상담자에게 "어떻게 해야 할까요?"라는 질문들이 줄어들기 시작합니다. 부모는 자신도 모르는 사이 문제해결능력들을 차곡차곡 쌓아왔기 때문입니다.

화를 조절하는 능력이 좋아지는 것도 중요한 변화입니다. 상담 초기 부모들이 가장 많이 호소하는 자신의 문제 중 하나가 '화를 참기가 어렵다'는 것입니다. 그리고 상담실에 올 때마다 지난 한 주 얼마나 화를 참기가 어려웠는지 털어놓습니다. 결국 참지 못해 폭발했다는 얘기를 하며 죄책감에 힘들어하기도 합니다. 하지만 상담 후기가 되면 부모는 자신도 모르는 사이에 화를 조절하기가 좀 더 쉬워집니다. 물론 아이가 부모를 화나게 하는 일이 줄어서이기도 하지만, 부모 자신의 감정을 조절하는 능력이 좋아졌기 때문입니다. 이제 '참는다'는 표현 대신 '조절한다'는 말을 쓰는 것이 더 적당한 시기가 된 것입니다. 무엇인가를 참는다는 것은 그만큼 많은 에너지를 소비하는 것이지만, 조절할 수 있다는 것은 오히려 힘이 생겼다는 의미입니다. 이제 참는 데 썼던 에너지를 아이 양육에 쏟을 수 있기 때문에 부모의 양육 기술이나 효능감이 점점 커지게 됩니다.

상담이 잘 이루어진다는 것은 아이도 부모도 모두 독립 능력이 커진다는 의미입니다. 그래서 상담 후기가 되면 부모도 상담자에 대한 의존이 줄고 스스로 해결하려는 시도들이 많아집니다. 일례로 상담 초기에는 문제가 생길 때마다 당장 상담실에 전화를 해서 도움을 받고 싶어 하던 부모도 상담 후기가 되면 혼자서 아이와 문제를 해결한 뒤, 상담 시간에 상담자와 그 효과나 방법에 대해서 의논을 하게 됩니다. 상담자에 대한 신뢰는 늘고, 의존은 줄어드는 것이 바로 상담자와 부모 사이의 중요한 변화입니다.

☞ 부모님께 | "상담 약속을 잘 지켜야 종결도 빨라집니다"

고지가 코앞입니다. 손을 뻗으면 금방이라도 닿을 것 같아서 더욱 빨리 달리고 싶기도 하지만, 한편으로는 잠깐 쉬었다가 가고 싶은 것이 바로 이 시기 부모의 마음입니다. 또 이제 웬만한 문제는 부모 스스로 해결할 수 있다는 자신감도 커졌습니다. 이런 마음이 가장 잘 나타나는 증거는 바로 중간 중간 상담을 취소하는 것입니다. 상담 약속 시간에 늦기도 하고, 부모는 상담에 오지 않고 아이만 보내는 경우도 있습니다. 이런 부모의 마음도 충분히 이해가 됩니다. 특히 상담 중기가 길고 힘들었을수록 부모도 지쳤기 때문에 상담 후기의 달라진 아이의 모습이 반갑고, 잠깐 쉬고 싶을 수 있습니다. 하지만 이때 잠깐 쉬어 가려던 마음 때문에 상담 기간이 더욱 길어지거나 더 빨리 바뀔 수 있는 아이의 주 호소 문제들이 더디게 좋아지기도 합니다.

이제 조금만 더 힘을 내서 나아가면 됩니다. 부모의 양육기술이나 자신감이 커진 것은 매우 긍정적이고 박수받을 일입니다. 하지만 지금은 아이도 부모도 모두 자신의 긍정적인 모습을 다져 나가야 할 때입니다. 이때 상담자들은 부모가 더욱 힘을 낼 수 있게 지지하고 격려해줄 것입니다. 즐거운 긴장감을 갖고 상담 종결까지 함께 걸어가야 합니다.

11. 상담실 문을 열고 세상 밖으로!
─용기를 만들어주는 돌과 새롭게 출발하는 종결─

용기의 돌 이야기

상담을 마치고 종결하는 날, 맑음상담센터를 나서는 아이들에게 상담자들은 작은 상자를 손에 쥐어 줍니다. 그 속에는 '용기의 돌'이 들어 있습니다. 이제 상담실과 선생님을 떠나지만 세상을 살아가면서 힘들고 지칠 때 이 상자를 열어, 작고 예쁜 돌을 꺼내 보며 용기를 얻고 그 용기로 어려움을 헤쳐 가라는 의미이지요. 또 이것으로 아이들이 놀이치료실에서 힘든 문제들을 해결했던 과정과 방법을 돌아볼 수 있었으면 하는 바람도 있습니다. '용기의 돌'은 그동안 아이가 놀이치료실에서 찾아낸 귀중한 힘을 상징하는 징표이기에 소중하게 간직하며 살아가는 데 도움이 되었으면 하는 바람의 상징입니다.

아이와 부모가 상담을 받으러 오는 이유는 바로 '변화'입니다. 변화를 위해 꼭 필요한 것은 무엇보다 용기입니다. 마음을 치유하고 이해받은 아이들은 이제 자기 안의 능력들을 발휘하고, 심리적인 변화를 행동으로 옮기기 위해 용기를 내야 합니다. 상담실을 떠나는 모든 아이들이 문제를 100% 해결하지는 못할 수도 있습니다. 하지만 적절한 종결과정을 거친 상담 경험은 용기와 더불어 세상 밖에서 아이가 영글어 가는 데 큰 자원이 될 것입니다.

1) 상담 종결을 결정하는 과정

자, 열심히 달려왔습니다. 상담 과정을 한번 되돌아볼까요? 참 막막하기만 하던 접수상담 때부터 갑자기 희망에 차서 금방이라도 좋아질 것 같던 허니문 시기를 지나 본격적인 문제가 드러나던 중기를 지나왔습니다. 서서히 부모도 아이도 힘이 생기고, 진짜 변화들이 나타나는 상담 후기 과정도 거쳤습니다. 그렇다면 이제 아이도 부모도 상담실 밖으로 나아갈 때입니다. 마치 학교를 마치고 새로운 세상으로 나아가듯 상담 종결은 일종의 졸업과정에 비유할 수 있습니다. 학교에서는 그 학교에서 정한 학과 과정을 모두 마쳐야 졸업을 하지요? 그렇다면 상담 종결은 어떻게 결정하는 것일까요? 그리고 그 과정은 어떻게 진행되는 것인지 소개합니다.

성공적인 종결의 과정

1. 상담 종결을 해도 좋을지 결정하기
아동의 주 호소 문제의 경과 + 놀이의 변화 + 일상생활에서의 성장과 변화 + 부모님의 변화 등을 탐색하여 결정함

2. 아동, 부모와 함께 상의하고 합의하기
아동이 종결을 준비할 수 있도록 4주 정도 여유를 두고 종결을 알리며 종결 준비하기

3. 종결단계 목표에 맞춘 아동 놀이치료 및 상담
아동이 그동안의 변화를 확인하도록 통찰시키기, 상담실에 오지 못한다는 불안을 다루며 용기 갖도록 지지하기, 부모와 함께 상담 과정에 대해 돌아보고 앞으로 양육 과정에서 중요한 점들 짚어보기

4. 상담 종료
예정에 따라 아동과 상담 종결을 하며, 함께 계획했던 대로 상담 종결을 기념하기

상담의 종결을 결정할 때는 무엇보다 아이의 변화가 가장 중요한 기준이 됩니다. 가장 중요한 것은 처음에 보이던 주 호소 문제가 얼마나 완화되고 좋아졌는지 그 정도를 파악하는 것입니다. 이때 상담자와 부모가 세웠던 목표들이 얼마나 달성되었는지도 기준이 됩니다. 또한 집이나 학교에서 적응력이 어떻게 달라졌는지, 생기 있고 즐겁게 생활하는지 등을 살펴야 합니다. 더불어 상담실 안에서 아이의 행동이 어떻게 변화되었는지, 놀이의 주제는 어떻게 달라졌는지 등도 기준이 됩니다. 또 어찌 보면 막연한 기준 같지만 상담 과정을 거치다 보면 자연스럽게 상담자와 부모, 아이가 '아, 이 즈음이면 종결해도 좋지 않을까'라는 일종의 '감'이 오기도 합니다. 물론 무조건 '이제 종결해도 되겠다'는 느낌만으로 상담을 마무리할 수는 없지요. 위에 제시한 기준들과 함께 상담 종결을 결정할 때 객관적으로 살펴보아야 할 몇 가지 기준들을 제시해 봅니다.

'이제 상담을 종결해도 될까?' 결정하기 전에 미리 다음의 항목들을 체크해 보세요. 상담이 잘 진행되면 다음과 같은 모습과 변화들이 나타납니다. 많이 좋아진 것 같지만 실제로 다음과 같은 변화들과는 아직 거리가 멀다면 상담자와 함께 종결에 대해 다시 한 번 고민해 보세요.

상담 종결을 결정할 때 살펴볼 기준들

▶ 아이의 입장에서 중요한 기준들
√ 아이의 주 호소 문제들이 상당 부분 좋아지고, 변화되었다.
√ 아이가 자신이 힘들어하던 문제들에 대해 조절할 수 있는 구체적인 기술이 생기고,
　실생활에서 적용한다.
√ 아동의 의존성이 감소되고, 자기 스스로 문제를 해결하려는 동기와 의욕을 갖는다.
√ 아동이 자신의 욕구를 말로 표현하고, 어떻게 해결할지 방법을 찾으려 노력한다.
√ 자기 행동과 감정에 대해 책임을 받아들인다.
√ 문제를 해결할 때 좀 더 다양한 시각으로 보고 융통성이 생겼다.
√ 적절하게 화를 표현하기도 하고, 그 화를 조절할 수 있다.
√ 부정적이고 슬퍼하던 감정 대신 긍정적이고 행복한 느낌을 갖는다.
√ 친구관계가 좋아지고, 사회적인 기술을 적절히 발휘한다.

▶ 부모의 입장에서 중요한 기준들
√ 주 호소 문제를 어떻게 다뤄야 할지 부모의 양육 기술이 향상되었다.
√ 아이의 문제를 바라보는 부모의 시각이 달라지고, 양육 효능감이 높아졌다.
√ 아이에 대한 이해의 폭이 넓어졌다.
√ 아이의 문제에 대해 상담자에 대한 의존성이 줄어들고, 스스로 해결하는 것들이 많아졌다.
√ 아이가 예뻐 보이고, 아이와 함께 있는 것이 편안하다.
√ 아동을 양육하면서 부모가 느끼던 개인적인 갈등이 무엇인지 알고, 그것이 아동의 문제인지
　자신의 문제인지 구별할 수 있게 되었다.
√ 양육 스트레스를 효과적으로 관리할 수 있는 기술을 갖게 되었다.

▶ 상담자 입장에서 중요한 기준들
√ 아동의 주 호소 문제가 상당 부분 감소되었다.
√ 상담자에 대한 아동의 의존이 많이 줄어들고, 자율성이 커졌다.
√ 놀이에서 아동이 제한을 적절히 수용하고, 감정조절 능력이 향상되었다.
√ 아동이 언어를 통해 자기감정이나 갈등을 표현하는 양이 늘고 자유롭게 표현한다.
√ 퇴행적인 놀이가 줄고, 발달단계에 적합한 놀이를 통해 성장하였다.
√ 현실부적응적인 환상이 줄고, 좀 더 창의적이고 건설적인 놀이가 증가되었다.
√ 아동이 자신의 변화에 대해 이야기하고, 이에 대해 수용한다.
√ 부모가 상담자에 대한 의존이 줄고, 갈등 상황에서 적절히 해결하는 기술이 향상된 것들을
　확인할 수 있다.

위에 제시한 내용은 가장 기본적인 종결 결정의 기준들입니다. 실제 아동의 주 호소 문제나 상담 상황에 따라서 종결의 기준들은 다양하게 적용될 수 있습니다. 또 여러 가지 면들에서 변화가 보이고 긍정적인 행동들을 보여도 때에 따라 좀 더 지켜보면서 아이와 부모의 변화를 보다 굳건하게 다져야 할 때도 있습니다.

일단 종결해도 좋을 법한 변화들이 보인다면 부모와 상담자가 함께 상의하여 종결 시기를 정하게 됩니다. 종결 제안은 상담자가 먼저 하는 경우도 있고, 부모가 먼저 종결하면 어떨지 의사를 전달하기도 합니다. 일단 종결에 대한 이야기가 나온다면 위와 같은 기준들을 중심으로 상담을 마무리할 시기로 적절한지 여부를 정하게 됩니다. 모든 기준을 다 만족할 수는 없지만, 그래도 아이가 충분히 변화된 것들이 확인되면 상담자도 부모도 기쁜 마음으로 종결을 결정하게 됩니다. 다만 너무 성급하다는 판단이 선다면 앞으로 몇 가지 변화들을 더 지켜보고 종결을 다시 상의하기로 유예시킬 수도 있습니다.

2) 상담 효과를 극대화하는 정상 종결의 과정

앞에서 본 것처럼 건강하게 상담 종결과정을 마치는 것은 매우 중요합니다. 종결은 그 자체로 매우 치료적인 효과가 높기 때문에 종결을 잘못하면, 열심히 달려왔던 상담의 효과가 퇴색될 위험도 있습니다. 무엇보다 종결을 자칫 상담자와 관계가 끊어지는 걸로 받아들이면 아동이 헤어짐의 고통과 앞으로 일어날 일들에 대한 불안을 감당하기 어려울 수 있습니다. 또 상담자가 자신을 거부하는 것으로 왜곡해서 받아들일 위험도 있습니다. 그러므로 준비된 과정을 거쳐서 종결이 이루어질 수 있도록 부모와 아동, 상담자가 서로 협력해야 합니다.

만일 아이의 불안이 심하면 종결 준비 기간 동안 격주에 한 번씩 만나면서 상담실에 오는 기간을 조금 길게 잡을 수도 있습니다. 또한 상담 종결 후 몇 차례는 한 달에 한 번 정도 만나기로 약속하고 아이가 차근차근 적응해 나가도록 돕기도 합니다.

종결을 결정할 때 사실 가장 중심에 있어야 하는 것은 바로 아이입니다. 물론 상담을 마쳐도 좋겠다는 의견 교환과 상의는 부모와 상담자가 먼저 나누게 되는 경우가 많지만, 최종 결정을 내릴 때는 아이의 의사도 고려해야 합니다. 즉 아이에게 "자, 우리는 3주 후에 졸업이다"라는 식으로 통보해서는 안 된다는 것입니다.

상담자가 아동에게 종결하는 것에 대해 얘기를 꺼냈을 때 아동이 너무 격렬하게 저항하거나 불안해한다면 종결까지의 회기를 좀 더 여유 있게 잡으면서 아이의 불안을 줄여줄 수 있습니다. 모든 상담의 과정에서 아동이 존중받아야 하듯이, 종결 과정 또한 마찬가지입니다.

잘못된 종결 과정의 예

▶ 데스크에 전화로 통보하는 경우

상담자에게 상의 없이 데스크에 연락하여 당장 이번 주부터 상담을 그만두겠다고 하는 경우입니다. 이 경우 상담자뿐 아니라 아이도 부모의 일방적인 결정에 상처를 받게 됩니다. 특히 상담을 받으면서 부모에게 마음을 열기 시작하고 자존감이 높아져 가던 아이는 다시 일방적인 부모의 통보 방식에 마음의 문을 닫을 수 있습니다.

▶ 연락 두절

갑작스럽게 연락을 끊는 경우입니다. 사실 상담자뿐 아니라 데스크에조차 연락을 하지 않고 기관에 오지 않는 경우 대부분의 부모들은 마음이 약한 경우가 많습니다. 상담을 중단하고 싶다는 의사를 밝히고 정확하게 의사를 전달하기 힘들다고 느끼는 분들이 이런 방법을 택하는 것을 볼 수 있습니다.

하지만 이 같은 방법은 결국 아이에게는 일방적이고 잔인한 방식으로 여겨질 수밖에 없습니다. 아이는 왜 상담실에 다니지 못하게 되었는지 이유도 잘 듣지 못한 채 관계가 끊어져 버리기 때문입니다.

▶ 상담자에게 일방적으로 통보하는 경우
상담의 종결은 아이의 상담 경과를 보고 부모님과 상담자가 함께 의논하여 결정하게 됩니다. 이런 과정 없이 상담자에게 통보하는 부모도 있는데 상담자 입장에서는 그동안 진행해오던 치료계획이 무너져 버릴 뿐 아니라, 심리적으로도 상처를 받게 됩니다. 무엇보다 최소한의 여유를 주고 상담 종결 의사를 밝혀야, 상담자도 남은 기간 동안 계획을 수정하여 최대한 효과적으로 상담을 할 수 있습니다.

3) 갑작스러운 중단의 부작용

어느 날 갑자기 남편이 헤어지자는 통보를 보내고 훌쩍 떠나 버린다면 어떤 심정일까요? 아니면 이제 좀 정을 붙이고 열심히 일하던 회사로부터 '오늘부터 그만 나와도 됩니다'라는 해고 통지를 받았다면 어떨까요? 왜 이별을 통보받는지, 또 무엇 때문에 해고를 당하는지 이유도 모르고, 준비할 시간도 주지 않았을 때 받는 충격은 이루 말할 수 없을 정도로 잔인한 상처를 남깁니다.

부모가 일방적으로 놀이치료를 중단하여 아이에게 통보할 때 아이들이 받는 충격은 결코 위의 상황들보다 적지 않습니다. 놀이치료에서 가장 중요한 치료적 자원은 상담자와 아이 사이의 안정적이고 신뢰로운 관계입니다. 어느 날 갑자기 타의에 의해서 상담이 중단되면 아이는 마치 버림을 받은 것처럼 느끼며 혼란스러워할 수 있습니다.

어린 아이들, 또 심리적인 문제를 경험하는 아이들은 어떤 문제가 생기면 자신의 탓인 것처럼 죄책감을 느끼거나 혹시 자기 때문에 일이 잘못된 것은 아닌지 걱정하는 경우가 많습니다. 상담이 갑자기 중단되면 그동안 상담실에서 자신이 뭘 잘못한 것인지, 또 자신이 그동안 비밀스럽게 고민하던 것들을 이야기해서 벌을 받은 것은 아닌지 오해하기도 합니다. 그러면 다시 마음의 문을 꽁꽁 닫고 문제가 더욱 악화될 수 있습니다. 또한 그동안 열심히 자아를 키우고 변화를 위해 노력하던 것이 갑자기 허물어져 버리는 느낌을 받기도 합니다.

놀이치료실을 찾아오는 이유와 주 호소 문제는 매우 다양하지만, 아이들 대부분이 '관계 맺기'를 어려워하고 사람에 대한 안정적인 애착이나 신뢰감이 부족한 경우가 많습니다. 이런 아이들에게 가장 위험한 것은 사람과의 갑작스러운 이별, 그리고 관계가 단절되는 것입니다. 조금 마음을 열기 시작했다가 다시 마음의 문을 확 닫아 버리고 불신감을 더할 위험이 있기 때문입니다.

정상적인 종결까지 상담을 마치지 못할 사정이 있다 하더라도 갑작스럽게 상담을 종결하는 것은 이처럼 위험합니다. 반드시 상담자와 몇 회기 정도 그동안의 상담과정을 정리하고 아이가 헤어짐을 안정적으로 받아들이도록 시간을 주어야 합니다. 최소한 마무리하며 인사할 시간을 주어야 아이가 그동안의 상담 성과를 마음에 담고 밖에서 적응할 용기를 낼 수 있습니다. 부모 입장에서도 그동안 시간과 비용을 들여 상담을 받아놓고 상담 중단으로 투자한 만큼의 효과를 거두기는커녕 오히려 원망을 듣는 일은 너무 억울할 것입니다. 아이와 부모 모두 상담 효과를 충분히 경험하기 위해서 갑작스럽게 상담을 중단하는 일은 없어야 합니다.

4) 조기 종결 시 고려해야 할 점들

상담의 종결 시기는 사실 여러 가지 상황에 따라 달라집니다. 가장 좋은 것은 앞서 소개한 일반적인 상담의 과정을 모두 거쳐서 정말 졸업다운 마무리를 하는 것입니다. 그래야만 이후에 작은 자극에도 똑같은 문제가 반복되거나 상담의 효과를 별로 보지 못한 것 같다는 느낌을 받지 않습니다.

물론 상담이 중단되거나 조기 종결되는 경우도 있습니다. 상담이 한창 진행되고 있을 때 갑자기 종결 단계도 거치지 않은 채 중단되기도 합니다. 또 예상보다 빨리 상담을 마무리해야 하는 조기종결의 경우도 있습니다. 상담이 중단되거나 조기 종결되는 이유는 여러 가지입니다. 이사를 가게 되거나 경제적인 문제, 갑작스러운 가족 갈등, 이혼 등 매우 다양합니다. 또한 아이의 핵심 문제가 드러나며 마치 아이의 문제가 더 커지는 것처럼 느껴질 때 부모가 감당하지 못하고 중도에 상담을 포기하기도 합니다.

이처럼 상담이 중단될 상황이라도 아이에게 준비할 최소한의 시간을 주는 것은 꼭 필요합니다. 최소 2~3회기라도 시간을 갖고 마무리를 해야 아이가 외부에서 겪는 상황 변화를 견뎌낼 저항력을 키울 수 있습니다. 또한 이사를 가거나 비용 문제 때문이라면 현재 상담을 담당하는 놀이치료사와 의논하여 현실적으로 상담을 받을 수 있는 다른 기관을 소개받아 상담을 이어가는 것도 방법입니다.

어떤 경우라도 상담을 갑작스럽게 중단하기보다는 짧게라도 시간을 갖고 종결 회기를 갖는 것이 좋습니다. 무엇보다 부모가 갑작스럽게 당일 아이에게 "오늘이 상담센터 가는 마지막 날이야. 다음 주부터는 못 가"라는 식의 통보를 해서는 안 됩니다. 갑작스러운 통보는 그동안 아이가 상담 과정을 통해 회복했던 관계에 대한 믿음이나 심리적인 안정감을 깨뜨리는 악영향을 끼칠 수 있습니다.

5) 4주간의 준비를 통해 얻는 상담 효과

상담 종료가 결정되면 이제 마지막 졸업 날까지 준비기간을 거쳐야 합니다. 학교에서 졸업할 때도 친구나 선생님과 이별할 여유를 갖는 것처럼 상담실에서도 마찬가지입니다. 상담을 마친다고 결정하게 되면 아이와 부모 모두 여러 가지 감정들을 느끼게 됩니다. 먼저 '시원하다'는 느낌입니다. 이 시원한 느낌은 '드디어 그동안 힘들었던 문제들에서 벗어나게 되었다' 혹은 '무거운 짐을 벗어던진다'는 의미일 것입니다. 또한 매주 꼬박꼬박 상담을 받았던 지난 일들을 떠올리면서 이제 커다란 산을 하나 넘었다는 기쁨이기도 합니다. 희망찬 느낌이 들고, 아이도 부모님도 해냈다는 자신감을 얻게 됩니다. 그러나 한편으로는 불안감과 허전함이 밀려들기도 합니다. 부모님 입장에서는 '과연 내가 잘 해낼 수 있을까?', '이제는 누구한테 고민을 털어놓나?'라는 걱정이 들 수 있습니다. 또 아이는 자신의 든든한 지원군을 잃어버리는 느낌과 함께 혹시 예전처럼 친구나 부모와의 관계가 힘들어지는 건 아닐까 걱정할 수도 있습니다.

종결 과정에서의 복잡한 마음은 매우 자연스러운 감정입니다. 상담 과정 자체가 매우 의미 있고 소중했기 때문에 허전함이나 걱정, 상담자와 헤어지는 것에 대한 불안을 느끼는 것입니다. 또 한편으로는 그동안 많이 성장하고 분명히 변화했기 때문에 희망도 느끼고, 자신감에 벅차오르기도 합니다. 이런 다양한 감정을 적절히 다스리고 받아들이기 위한 시간이 바로 종결 과정입니다.

보통 4주 정도 종결준비 과정을 가지면 아이는 초반의 불안했던 마음에서 조금씩 안정을 찾으며, 상담자와 헤어질 준비를 합니다. 아직 4주라는 시간 개념이 없는 아이에게는 사탕 4개를 준비했다가 매주 하나씩 가져가도록 하면서 종결일이 얼마나 남았는지 알려주기도 합니다. 또 좀 더 큰 아이들은 앞으로 몇 주가 남았는지 달력을 보면서 확인해 보기도 합니다.

이 과정에서 상담실에 오지 못한다는 불안감 때문에 일시적으로 놀이가 퇴행하거나 집에서 갑자기 부모를 속상하게 하는 문제 행동이 나타나기도 합니다. 이런 모습을 보면 '아, 이 치료가 잘못됐나?'라거나 '괜히 종결한다고 했나?' 하고 걱정할 수도 있습니다. 하지만 상담이 잘 진행되어 왔다면 이런 행동은 일시적으로 나타났다가 곧 좋아집니다. 종결에 대한 느낌을 나누기도 하고, 그동안 의미 있었던 놀이를 반복해 보거나 뭔가 좀 더 건설적인 놀이들을 하면서 자신의 변화를 확인하기도 합니다.

아이가 상담실에서 헤어짐에 대한 서운함과 불안을 다스려 나간다면 부모는 4주 동안 지난 상담 과정을 정리하고, 앞으로의 계획들을 세우게 됩니다. 그동안 아이가 변화되었던 점, 그리고 그런 변화를 가능하게 했던 요인들 속에서 앞으로 부모가 어떻게 어려움을 해결해 나갈 수 있는지 답도 찾아볼 수 있습니다. 또 궁금한 점들에 대해 상담자와 방법을 찾으면서 자신감도 키우게 됩니다.

6) 성장을 경험하는 종결일

상담자: ○○야, 그동안 선생님과 함께하면서 무엇이 많이 달라진 것 같니?
아동: 힘도 세지고요, 그리고 마음도 많이 커진 것 같아요.

상담을 종료하기 전 상담 시간에는 종료를 어떤 식으로 할지 이야기를 나누기도 합니다. 예를 들어 혹시 상담실에 초대하고 싶은 사람이 있는지, 마지막 시간은 뭘 하면서 보내면 좋을지 등에 대해 얘기합니다. 어떤 아이는 엄마 아빠를 초대하고 싶다고 하기도 하고, 친구나 동생을 초대하고 싶다고도 합니다. 또 어떤 아이는 상담자와 그동안 가장 재미있었던 놀이를 하면서 마무리하고 싶어 하기도 합니다.

이렇게 상담 종료일을 맞이하게 되면 아이와 협의한 내용대로 작은 파티를 열거나 졸업장을 만들어 주기도 하고, 작은 선물을 받기도 합니다. 종결하는 날 중요한 것은 선물이나 졸업장의 화려함이 아니라, 아이가 그동안 얼마나 변화하고 자랐는지, 어떤 힘을 갖게 되었는지 알려주는 것입니다. 그동안 종료에 대해 실감하지 못했거나 혹은 자신의 변화를 잘 모르던 아이도 이 졸업식을 통해서 '아, 내가 이렇게 변했구나. 나에게는 이제 밖에 나가서도 잘 지낼 수 있는 힘이 있구나'라는 것을 느낄 수 있습니다.

종결을 잘 마치면 아이가 종결 그 자체만으로도 큰 에너지를 얻게 됩니다. 아이들은 이런 의식을 통해서 자신이 이제 컸다는 것을 확인할 수 있기 때문입니다. 자, 이제 부모님도 아이도 힘차게 상담실 문을 나아가 한층 더 성장한 자신을 확인하며 앞으로 나아가시길 바랍니다.

7) 추후 상담 과정

상담실은 떠나도 관계가 끊어지는 것은 아닙니다. 상담을 종결할 때 아이들은 마음 한편에 불안감을 갖고 있습니다. 이때 상담자들은 아이에게 종결한다고 관계가 끊어지는 것이 아니라 필요할 때는 연락할 수 있고, 다시 올 수도 있다는 것을 알려줍니다. 어떤 경우에는 상담자가 몇 달 후에 전화를 걸어서 근황을 묻기도 하고, 몇 달 후 1~2차례 만나서 추후상담을 하기도 합니다. 이런 안정적인 헤어짐이 아이에게 신뢰감을 심어주고, 불안을 줄여 더 넓은 세상으로 나아가게 하는 힘이 되어줍니다.

아이뿐만 아니라 부모를 위해서도 추후상담 과정은 매우 유용합니다.

추후상담은 상담 종결 후 몇 달간 한 달에 한 번, 또는 두 달에 한 번 정도 아이는 놀이치료 회기를 갖고 부모는 양육상담을 받습니다. 그동안 상담을 통해 달라진 점들을 꾸준히 이어나갈 수 있도록 정기적으로 아이나 부모 모두 변화를 다져 나가는 것입니다. 또 몇 달이 지난 후 다시 만나서 상담 회기를 가질 수도 있습니다. 간혹 추후상담 과정을 갖는 것이 아이의 주 호소 문제나 증상이 좋아지지 않았다는 증거가 아닌지 의심하기도 하는데, 종결 후 추후 상담을 갖는 이유는 이런 염려와는 다릅니다. 아이들은 발달과정 속에서 끊임없이 변화하기 때문에 각 시기마다 겪는 문제가 다르고, 처음 나타났던 증상들이 조금 다른 모습으로 나타날 수도 있습니다. 이때 부모들은 '다 좋아진 줄 알았는데 왜 저러지?' 덜컥 겁을 먹게 되는데, 추후 상담과정을 통해서 아이가 겪는 문제의 특성을 이해하고 잘 다루는 방법을 알 수 있습니다. 또 이미 상담과정을 잘 마쳤기 때문에 짧은 기간 동안 몇 회기만 상담이나 치료를 받으면 증상이나 문제가 빨리 좋아진다는 것도 장점입니다.

8) 재상담이 필요한 경우

'상담을 또 받으라고? 그럼 몇 달 동안 받았던 건 다 소용없었다는 거야?' 아이가 다시 상담을 받아야 한다고 생각하면 부모는 한편으로 기존 상담이 효과가 없었는지 화가 나기도 하고, 한편으로는 또다시 문제가 나타났다는 것에 대해 좌절감과 우울감을 느끼기도 합니다. 물론 상담을 다시 받아야 한다고 생각하면 힘이 빠질 수 있습니다. 하지만 재상담이 필요하다고 해서 너무 좌절할 필요는 없습니다. 아무리 좋은 다이어트 관리를 받고, 최신의 피부 시술을 받아도 재관리를 받아야 처음처럼 유지가 되는 것처럼 마음 또한 다르지 않습니다. 더구나 아이는 발달과정에서 수많은 자극들을 받고 환경 변화를 경험하게 됩니다. 이런 과정에서 아이의 증상이 다시 나타날 수도 있고, 기존과는 다른 문제가 발생하기도 합니다.

재상담이 필요한 이유는 다양합니다. 그중 하나는 아이가 많이 건강해지고 달라졌다는 생각에 부모가 한발 앞서 욕심을 부리는 경우입니다. 부모로서는 그동안 아이를 너무 풀어줬다는 생각도 들고, 아이도 의욕에 차 있어 무엇이라도 잘 해낼 것 같은 기대를 품기 때문입니다. 자칫 아이보다 너무 앞서가면 아이는 '이제 또 시작이구나'라는 생각에 한껏 움츠러들면서 다시 문제를 보입니다.

예를 들어 불안과 관련된 문제를 갖고 있는 아이가 등교거부 문제로 놀이치료를 받고 잘 마무리되어 종결을 했습니다. 그런데 얼마 후 이 아이가 이유 없이 몸이 아프고 집중을 하지 못하며 안절부절못하는 모습을 보입니다. 다시 상담센터를 찾아온 부모님은 한편으로는 '또 시작인가'라는 생각에 화도 나고 절망스럽기도 합니다. 이유를 살펴보니, 아이가 상담 종결 후 많이 강해졌다는 생각에 부모가 아이의 외국 어학연수를 결정한 것이 원인이였습니다.

급격한 환경 변화도 재상담의 이유입니다. 부모가 이혼을 한다거나 이사나 전학, 가정의 경제적 어려움, 양육자가 바뀌는 상황 등 아이를 둘러싼 환경이 갑자기 달라지면 아이가 다시 문제를 보일 수 있습니다.

또한 주 호소 문제가 해결되어 상담을 종결했지만, 좀 더 근본적인 문제까지 해결되지 않았던 경우도 재상담 비율이 높습니다. 예를 들어 물건과 돈을 훔치는 도벽 문제로 상담실을 찾아온 아이가 더 이상 물건을 훔치지 않는다는 이유로 상담을 조기에 종결한 경우를 들 수 있습니다. 도벽 문제는 충동조절 문제나 반항성 장애 등과도 관련이 있지만 부모자녀 관계문제가 얽혀 있는 경우가 많습니다. 부모가 아이의 증상을 없애는 데만 초점을 맞춰 행동으로만 잘해주고 잠깐 관심을 보였을 뿐 근본적인 관계문제나 애착문제를 해결하지 않으면 곧 또다시 문제가 나타날 수 있습니다.

이처럼 재상담의 원인은 다양하지만, 중요한 것은 일단 정상적인 종결과정을 한번 거치며 상담을 받았다면 재상담은 첫 번째 상담보다 훨씬 기간이 짧을 가능성이 많고 아이와 부모 모두 수월하게 과정을 거칠 수 있다는 점입니다. 재상담을 두려워하지 마세요. 문제를 해결하고 변화하려는 의지를 가지고 있다면 늘 그 문은 열려 있기 마련입니다.

12. 부모님도 상담을 받으세요!
-문제해결의 핵심과정, 부모상담-

1) 부모상담

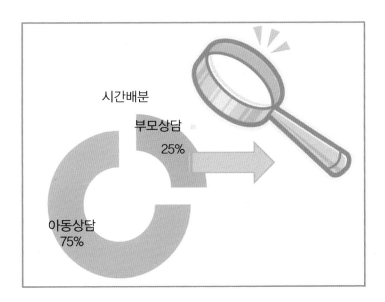

시간배분
부모상담
25%
아동상담
75%

접수상담을 통해 상담을 시작하기로 결정을 내렸다면 부모와 아이는 매주 정해진 시간에 상담자를 만나게 됩니다. 아동의 어려움을 해결하기 위해 상담을 시작하기는 했으나 부모 또한 매주 10~15분간 상담자를 만나야 합니다. 이때 몇몇 부모는 아이가 문제가 있어서 상담을 받는 것인데 왜 나까지 받아야 하냐며 이 시간을 불편해할 수도 있습니다. 하지만 실제 임상현장에서의 경험으로 미루어 볼 때 부모의 적극적 참여는 상담 효과에 매우 중요한 역할을 합니다. 상담에 참여한 부모들 또한 스스로 자신을 이해하고 돌아볼 수 있는 값진 시간이 되었다며 종결을 앞두고 짧은 소감을 말해 주기도 합니다. 어떤 부모는 전반적으로 마음의 여유가 생기고 훨씬 행복해졌다고도 했습니다. 부모상담은 상담자가 세운 목표하에 아동의 놀이를 이해하고, 아동의 새로운 성장을 지지해줄 수 있는 환경을 마련해주기 위한 방법을 익히고 검토하는 방식으로 이루어집니다. 때로는 필요에 따라 별도의 부모상담 시간을 마련하기도 하지요.

새롭고 낯선 길을 찾아 나설 때 누군가의 아주 작은 팁만으로도 불안한 마음이 조금은 편안해지는 것처럼 막 상담을 시작한 부모들이 느낄 수 있는 막연한 걱정과 불안을 조금이라도 덜어 주고자 임상경험과 이론적 연구 등을 종합하여 부모상담에 대해 보다 자세히 이야기를 나누고자 합니다.

(1) 부모상담의 필요성

부모상담의 필요성
아동의 정보제공자
보조치료자 역할훈련
부모 자신의 문제해결

첫째, 아동의 '정보 제공자' 역할을 위해 부모상담이 필요합니다. 상담이 시작되면 상담자는 아이가 어떤 환경 속에서 성장해왔고, 왜 이런 어려움을 가지게 되었는지를 여러 측면에서 가설을 세우게 됩니다. 그러면 상담자가 세운 가설이 맞는지 틀리는지에 대한 정답은 어떻게 확인을 할까요? 우선 아이의 놀이를 관찰함으로써 평가를 할 수도 있고 그다음으로 부모가 작성한 접수면접지를 참고하기도 합니다. 심리검사를 받고 상담을 시작했다면 그 자료 또한 매우 중요한 역할을 하지요. 때로는 담임선생님이 들려주는 아동에 대한 정보도 도움이 되기도 합니다. 이렇게 상담자는 흩어져 있거나 아주 오래되어서 기억하기 어려운 아동의 여러 모습들을 한곳에 모아 마치 퍼즐을 맞추듯 정리를 하게 됩니다.

한 번쯤 퍼즐을 맞춰 본 경험이 있으시죠? 조각들 중에서도 뚜렷한 그림 일부분이 그려져 있거나 특정 색깔이 들어가 있어서 결정적인 역할을 하는 조각이 있기 마련입니다. 퍼즐 전체 그림을 아동이라고 하면, 결정적 퍼즐 조각은 부모가 전해주시는 정보 속에서 드러나게 됩니다. 부모의 생생한 정보를 통해 상담자는 아이에 대한 전체 그림을 그리고, 문제해결을 위한 목표를 세울 수 있습니다.

둘째, '보조치료자' 역할을 위해서 부모상담이 필요합니다. 상담자는 오랜 훈련을 통해 정해진 상담시간 동안 아동의 모습이나 놀이를 관찰하고 필요한 정보를 얻을 수 있을 뿐 아니라 좋은 관계를 맺는 데 필수적인 원활한 의사소통 기술을 사용할 수 있습니다. 아이들은 상담자를 만나면서 지금껏 경험해 온 어른들과는 다르다는 느낌을 받게 됩니다. 안전한 공간에서 상담자로부터 충분한 믿음과 신뢰를 경험하면 아이들 스스로 좋아지려는 능력을 발휘하게 되지요. 이러한 믿음과 신뢰의 경험은 상담실 밖에서도 유지되어야 하는데 아이들과 가장 많은 시간을 보내며, 가장 큰 영향력을 미치는 부모가 이 역할을 해주어야 합니다. 그 내용에 대해서는 이 장의 마지막 부분에 자세히 설명하도록 하겠습니다.

셋째, 부모 자신을 들여다보기 위해서 부모상담이 필요합니다. 종종 부모가 삶에 대해 매우 지쳐 있고, 새로운 것을 시도할 만큼 마음의 여유가 없는 경우도 있습니다. 이 경우 당연히 보조치료사로서의 역할을 하기 어려울 뿐만 아니라 자녀의 변화에 좋지 않은 영향을 미칠 수도 있기 때문에 부모 자신을 위한 상담시간을 반드시 가져야 합니다. 사회와 가정에서 요구하는 기본적인 역할을 수행할 수 있는 어른이 되기는 하였으나 어렸을 적 부모와의 경험에서 받은 상처와 어려움들이 해결되지 않은 채 고스란히 남아 있다면 그 감정 덩어리들은 마음속 아주 깊은 곳에 숨어 있게 됩니다. 그리고 그것들은 자신도 모르게 불쑥불쑥 튀어나와서 자신과 주변 사람들을 힘들게 만들어 버립니다. 특히 아이에게서 자신과 비슷한 모습을 보거나 자신이 정말로 원치 않은 행동이나 표현을 하는 것을 본다면 부모는 자녀를 있는 그대로 바라보기 어려울 수밖에 없습니다. 이 때문에 반드시 부모상담 시간을 통해 과거 부모의 성장과정 등을 살펴보아야 합니다. 지난 시간을 돌이켜보기도 하고, 부모도 모르는 자신의 마음을 들여다보는 작업을 하기 때문에 한편으로는 힘들고 피하고 싶을 수도 있습니다. 그러나 이 시간은 자녀를 마음으로 이해하는 데 있어서 매우 중요하고 의미 있는 시간이 될 것입니다. 이뿐만 아니라 자녀의 상담 기간을 단축하는 데도 도움이 된다는 것을 꼭 기억해주었으면 좋겠습니다. 이와 관련된 부모상담 내용은 본장의 마지막 부분에 추가하였습니다.

2) 부모상담의 유형

(1) 부모상담의 대상

■ 부모 모두 만나기

편의상 부모상담이라 칭하기는 하지만 대부분 이 시간에는 어머님께서 참석하십니다. 그러나 요즘에는 아버님들도 상담시간에 참석하는 경우가 꽤 있고, 상담자가 아버님 면담을 요청하기도 하지요. 어머님을 통해 자녀에 대한 정보나, 양육방식 등을 아버님께 전달하기에는 아무래도 한계가 있습니다. 어디까지나 어머님이 해석한 대로 아버님께 전하는 것이기 때문에 상담자의 의도와 다르게 내용이 전달되기도 하고, 때로는 아버님께서 불쾌한 느낌을 받을 때도 있습니다. 그렇기 때문에 매주 참석이 어렵다면 한 달에 한 번 정도라도 시간을 내어 두 분이 함께 참석한 가운데 아이의 변화과정을 나눌 것을 권장하는 바입니다. 그 이외의 경우는 아래의 예처럼 효과적인 스케줄 분담이 필요합니다.

> **Tip** 상담센터 오는 날 역할 분담하기
>
> "나도 형처럼 놀이방 들어가 보고 싶다. 엄마 나도 ○○센터에 가야겠어. 나도 스트레스 받는단 말이야!"
> "싫어, 엄마랑 같이 있을 거야! 이제 더 이상 안 기다려!"
> 형제가 놀이치료를 받는 동안 엄마와 아빠를 따라와 하염없이 대기실에 기다리기만 하는 아이들은 이와 같은 불만을 표현하기도 합니다. 때문에 내담아동 외에 돌보아야 할 자녀가 또 있을 경우에는 두 분 모두 참석하는 것이 그리 효과적이지 않을 수도 있습니다. 다른 자녀에게 질투심이나 소외감을 느끼게 하여 새로운 문제가 발생할 수도 있으니까요. 이럴 경우 어머님은 상담센터에 오시고, 아버님은 그 시간 동안 다른 자녀와 집에서 머물거나 바깥활동을 함께하면서 특별한 시간을 가지는 건 어떨까요?

■ 따로 만나기

> 남편: "그러니까 애를 가만히 내버려두면 되는데 그걸 꼭 이렇게 해라 저렇게 해라
>   하니까 문제가 더 생기는 거 아냐?"
> 아내: "그럼 엄마가 돼서 애를 포기하란 말이에요? 그리고 당신 없는 동안 내가
>   얼마나 힘들게 아이를 키웠는지 당신도 알면서 어떻게 그런 말을 하세요?"

부모 모두 상담시간에 참석하는 것이 가장 효과적이긴 하지만 항상 예외적인 상황은 있기 마련입니다. 한 번쯤은 위 두 분의 대화처럼 서로 다른 입장 차이로 인해 말다툼을 해본 경험이 있으시죠? 자녀를 사랑하는 마음은 두 분 모두 동일하시겠지만 각자 다른 성장 환경 속에서 만들어진 자신만의 방식이 서로 충돌하면서 갈등이 생기게 됩니다. 이를 극복하기 위해 서로 조율하는 과정을 거치며 공통된 방식을 찾으려는 부모들도 있지만, 어떤 부모는 전혀 차이를 좁히지 못한 채로 상담센터를 방문하기도 합니다. 이 경우 대부분은 상담자 앞에서 서로를 비난하는 표현이나 서운한 감정을 토로하며 더욱 배우자의 마음을 상하게 합니다. 그동안 자신의 마음이 얼마나 상처받았었는지를 상담자가 알아줬으면 하는 표현이 배우자에게는 비난의 표현으로 들릴 수 있는 거죠. 이런 경우 상담자는 상담 초기에는 별도의 시간을 통해 충분히 아이에 대한 각 부모의 입장과 생각을 들어 보는 시간을 가질 수 있도록 상담시간을 조정하게 됩니다. 두 분 모두 아이를 사랑하는 마음은 같은데 단지 그 방식이 다를 뿐인 것이죠. 서로의 입장을 충분히 편안하게 털어놓는 시간을 가져야 배우자의 입장도 이해할 수 있는 여유가 생기는 것이 아닐까요?

■ 아버지 상담

"처음에 아이가 여기 다닌다고 했을 때 저는 못마땅했습니다. 또 여자 선생님과 마주하는 것도 불편할 것 같았고요. 그래서 시간은 많은데도 불구하고 오지 않았었죠. 그런데 한번 와보니 정말 편안했습니다. 그리고 선생님 말씀 들으면서 아이를 마음으로 이해하기 시작하니 그다음부터 아이들 반응이 달라지더군요. 제가 그렇게 무서웠나 하고 후회도 많이 하고, 마음이 아팠습니다. 한편으로는 아이들의 변화하는 모습에 즐겁고 신이 나서 더욱 노력을 했죠. 마음 같아서는 상담비를 두 배로 내고 싶을 정도입니다."

"얼마 전 아이들과 TV를 보다가 '아빠가 아직도 무섭니?' 하고 슬쩍 물어봤는데 아이들이 단 0.1초의 망설임 없이 '아니요!'라고 하더군요. 저는 그때 겉으로는 '으응, 그래' 하고 아무렇지 않게 반응했지만 속마음은 정말 기뻤습니다. 어떻게 표현할 수 없을 정도였죠."

"예전에는 뭘 해도 어차피 아내가 잔소리하니까 아예 하기가 싫었어요. 그래서 일찍 들어와도 아무것도 안 하고 피곤한 척만 했죠. 그런데 아내가 상담소를 다니면서 조금씩 달라지는 것 같았어요. 저를 조금씩 존중해준다는 느낌이 들더라고요. 처음에는 어색하긴 했지만 몇 번 반복이 되니 저도 괜히 기분이 좋아져서 집에 들어오면 밀린 설거지라도 해주고, 아이들과 한바탕 뛰어 놀아주려고 노력하게 됐어요. 그러니 여기 오는 것이 그다지 거부감이 없어지더라고요. 참, 제가 아내를 얼마나 생각하는지 선생님께서 꼭 전해 주셔야 해요!"

　

상담에 대한 인식이 점차 긍정적으로 바뀌고 있고, 대중화되고 있다고는 하지만 부정적으로 생각하는 경향은 여전한 것 같습니다. 특히 아버님들의 경우 어머님들에 비해 자녀양육에 대한 정보를 얻거나 다른 부모들과 의사소통을 하는 것이 원활하지 않기 때문에 훨씬 더 상담을 탐탁지 않게 생각하는 경향이 있습니다. 그러나 막상 상담에 참여하고, 자신의 노력에 의한 아동의 변화를 직접 체험한 아버님들께서는 위와 같은 말을 하시며 상담의 열렬한 지원자가 되어주기도 하지요.

아동상담에 있어서 아버님의 적극적인 참여는 매우 중요한 부분임에

틀림없습니다. 그러나 앞서 언급한 것처럼 예외 사항도 있기 때문에 참여 여부를 떠나 자녀의 상담에 대한 아버님의 적극적 지지는 어머님이 아이를 상담센터에 지속적으로 데리고 올 수 있도록 하는 데 긍정적 역할을 한다는 것을 강조하고 싶습니다. 간혹 아버님께서 상담을 반대하시거나 불만을 토로하실 때에는 여건이 되면 직접 면담을 하기도 하고, 그렇지 않을 경우 편지로 상담자의 입장을 전달할 수도 있으니 이런 어려움으로 고민하고 있다면 언제든지 상담자에게 요청을 하기 바랍니다.

Tip 부모가 아이상담에 참여하기 어려운 경우

최근 들어 재혼이나 이혼 등으로 인해 부모가 아이를 양육하지 않거나 맞벌이 부모 대신 직계 가족(할머니나 고모 등)이 아이를 키우는 경우를 흔히 볼 수 있습니다. 이럴 때 아이가 어려움을 호소하면 누가 부모상담 시간에 참석해야 하는지 고민이 될 수 있습니다. 경우에 따라 다를 수 있지만 가장 우선은 부모입니다. 그러나 상담 현장에 있다 보면 피치 못할 사정으로 부모가 아이를 데리고 오지 못할 때가 있습니다. 퇴근이 늘 늦는 맞벌이 부부 대신 아이를 어렸을 적부터 키워 온 친할머니가 매주 부모상담에 참석할 수도 있습니다. 어떻게 보면 엄마보다 할머니가 아이에 대해 더 많은 정보를 가지고 있지 않나 싶습니다. 그렇기 때문에 할머니와 함께 면담을 하면서 아이에 대한 정보도 얻고, 일상생활 속에서 아이와 즐겁게 대화할 수 있는 방법을 알려 주는 것 또한 아동의 변화에 도움이 될 수 있습니다. 그렇지만 아이의 양육에 대한 권리와 책임은 부모에게 있습니다.

전화나 이메일로 간단히 내용을 주고받거나, 매주는 아니지만 적어도 한 달에 한 번 정도는 꼭 상담자를 만나서 부모로서의 역할을 검토하고, 엄마가 아닌 다른 양육자와 일치된 양육방식을 고수할 수 있도록 지속적으로 대화를 나누어야 합니다.

(2) 부모상담 진행

보통은 아동이 먼저 상담자를 40분 정도 만난 다음 10~20분 정도의 부모상담이 이루어집니다. 이는 아동이 상담자로부터 자신이 먼저 존중받는다는 느낌을 가질 수 있도록 하는 데 도움이 됩니다.

몇몇 부모님들은 10~20분의 시간이 충분하지 않다고 말하시기도 합니다. 한 주간 있었던 일들을 자세히 설명하고 나면 금세 시간이 지나가 버릴 수 있습니다. 또 마음은 급한데 생각이 나지 않아 엉뚱한 이야기만 하고 정작 하려고 했던 말은 하지 못해 안타까워하며 자리에서 일어서는 부모님도 있습니다. 이럴 때에는 대기실에서 아동을 기다리는 동안 간단히 메모를 하면 좋습니다. 상담자에게 물어보고 싶은 것이 무엇인지, 한 주 동안 어떤 일이 있었는지 등을 써 내려가다 보면 짧은 한 주를 정리하는 기회도 가지면서 부모상담 시간을 보다 효율적으로 활용하는 데 도움이 될 수 있습니다.

■ 부모상담 형태

일반적인 경우는 위에 언급한 내용대로 상담이 이루어지지만 상황에 따라서 부모상담을 먼저 할 수도 있고, 부모는 다른 날 별도로 상담을 할 수도 있습니다.

가장 흔한 사례로, 분리불안 증상으로 인해 상담실을 찾은 아이들은 초기 과정 동안 엄마와 떨어져서 놀이방에 들어가거나, 엄마가 자신만 두고 상담자를 만나는 것에 대해 굉장히 불안해합니다. 아이들의 불안은 울거나 떼쓰기 혹은 엄마에게 껌딱지처럼 딱 달라붙어서 절대로 떨어지지 않으려고 하는 행동으로 나타납니다. 그렇기 때문에 당연히 부모상담이 어려울 수밖에 없습니다.

이 경우는 되도록이면 상담자와 부모가 중요한 이야기를 나눌 것이 있더라도 부모상담을 생략하고 아이와 곧바로 상담센터를 떠나는 것이 효과적일 수 있습니다. 대신 상담자의 역량에 따라 전화통화나 이메일로 서로 정보를 주고받기도 하고, 별도 부모상담을 약속하기도 합니다. 그 외에 부모가 직장 일이나 개인적인 사정으로 매번 참석할 수 없을 경우에는 2주나 4주에 한 번씩 30~60분 정도의 부모상담을 가질 수도 있습니다.

■ 부모상담 장소

대부분의 상담센터는 부모상담을 위한 별도의 공간을 마련하고 있습니다. 그러나 공간적 여유가 없는 곳의 경우 놀이치료실에서 부모상담을 할 수도 있습니다. 이런 경우 고려해야 할 사항이 있습니다.

아이들은 놀이를 통해서 자신의 여러 가지 감정들을 털어놓기도 하고, 또 그것을 아무도 모르게 치료자가 비밀을 지켜주길 원할 때가 있습니다. 만약 아이가 부모와 관련된 내용을 주제로 소품을 꾸며놓았거나, 내용적인 면은 관련이 없더라도 엄마가 자신이 놀았던 곳을 검사한다는 마음을 가지게 되면 아이들은 있는 그대로를 내놓기가 어려워지겠죠. 놀이치료실은 아이들에게 그야말로 아주 안전하고 비밀스러운 공간입니다.

그래서 공간적 제한으로 인해 어쩔 수 없이 놀이치료실에서 부모상담을 정기적으로 하다가도 간혹 상담자가 아동의 놀이를 부모로부터 꼭 보호해 주어야 할 필요가 있다고 판단될 경우에는 통화를 하자고 하거나 어머님만 따로 올 것을 부탁하기도 합니다.

■ 부모상담 동안 아동 놀이

부모상담 동안 아이들은 대기실에서 기다리게 됩니다. 아이들이 흥미 있어 하는 책을 읽을 수도 있고, 그림을 그릴 수도 있습니다. 또 대기실에 비치된 놀잇감을 가지고 혼자 놀 수도 있고, 다른 아이들과 어울려 놀기도 한답니다. 일부 상담센터에는 자원봉사자나 인턴선생님들이 대기실의 아동들과 함께 시간을 보내주기도 합니다.

■ 엄마가 부모상담을 감당하기 어려운 경우

부모상담을 하다 보면 일상적인 정보를 나누는 것 외에 지난 시간을 돌이켜 보면서 후회를 하기도 하고 좌절도 하면서 눈시울을 붉힐 때가 종종 있습니다. 혹은 한 주간 아이와 지내며 감당하기 힘들었던 에피소드를 털어놓으면서 감정이 격해질 때도 있기 마련입니다.

그러나 간혹 부모상담이 끝난 후 엄마의 붉은 눈시울이나 상기된 표정이 아이에게 불편함을 주기도 한답니다. 그럴 때에는 상담 전날이나 당일 일찍 상담자가 부모님에게 미리 전화를 해서 간략하게나마 한 주간 있었던 일을 알려 달라고 제안하기도 합니다. 통화를 먼저 하고 나면 아무래도 상담센터에 오기 전에 미리 감정을 추스를 시간을 조금이라도 가질 수 있기 때문입니다.

3) 부모상담 내용

부모상담을 통하여 부모는 점차 자녀에게 주파수를 맞추어 가면서 내가 기대했던 아이의 모습이 아닌 우리 아이의 있는 그대로의 모습을 발견하게 되고, 이에 맞는 적절한 부모 역할을 배우고 시도해가는 과정을 거치게 됩니다. 또한 이 과정에서 엄마의 어린 시절 탐색을 통해 현재 부모로서의 자신의 모습을 들여다보는 시간을 가지기도 하지요. 아동의 놀이치료 횟수가 늘어가면서 상담자와 부모가 서로의 목표를 재확인하고, 변화를 점검하는 것 또한 부모상담 시간에 매우 중요하게 다루는 작업이기도 합니다. 그럼 실제 부모상담에서 나누는 이야기들을 살펴보도록 하겠습니다.

(1) 양육상담 내용

■ 부모의 어려움 풀어 놓기

"생각해보면 제가 무심했어요. 바쁘다는 핑계로 아이에게 굉장히 차갑게 대했거든요. 그랬더니 어느 날부턴가 제가 안아줘도 전혀 반응이 없고, 오히려 불편해하더라고요. 아이가 지금 이런 것이 제 탓인 것만 같아요."

"저 어제 잠 한숨도 못 잤어요. 우리 애가 여기까지 와야 하나. 그 정도로 심각한가. 지금도 사실 이렇게 앉아 있는 게 편하지는 않아요."

"도대체 왜 자꾸 이러는지 모르겠어요. 꼼짝도 못하게 하고, 안 그러는 애가 화를 더 많이 내고 있어요. 그렇다고 예전처럼 제가 다시 엄하게 하자니 그동안 쌓은 공든 탑이 무너질 것 같아 그럴 수도 없고요. 남편은 애 버릇 더 나빠진다고 난리예요."

"사실 우리 애보다 더 심각한 애들도 많고, 얘는 집에서는 이제 너무 잘 지내거든요. 그런데도 계속 상담을 받아야 하나요? 언제까지 해야 하는지에 대한 확신이 없으니 제 마음이 좀 불편한 건 사실이에요."

상담을 시작하기로 하고 매주 상담자를 만나면서도 부모들은 위와 같은 여러 가지 생각과 말 못할 고민을 많이 하게 됩니다. 그런데 막상 상담자 앞에서는 불편한 감정들을 시원하게 이야기 못 하고 돌아서서 후회하거나,

남편과 이야기를 나눴음에도 불구하고 뭔가 찜찜한 마음을 해결하지 못한 채 상담에 계속 참여하는 부모들도 있습니다. 그러다가 결국 중간에 상담을 그만두는 경우도 발생합니다. 혹시 지금 이 글을 읽고 있는 부모도 위 어머니들과 같은 불편한 마음을 갖고 있으시다면 주저 말고 상담자와 의논하기 바랍니다. 아이와 상담자 간의 친밀한 관계만큼 부모와 상담자 간의 신뢰 있는 관계 또한 상담과정에서 매우 중요한 요소입니다. 물론 부모가 이야기를 꺼내기 전에 상담자가 민감하게 알아차리고 이야기의 물꼬를 틀 수도 있습니다.

상담자에 대한 신뢰가 굳건하지 않거나, 불편한 마음이 해결되지 않은 채 상담이 진행될 경우, 마음으로 아이를 이해하는 작업이 더디게 진행될 수밖에 없습니다. 상담자가 자주 안아주고 쓰다듬어 주라고 해서 나름대로 노력은 하지만 아이에 대한 미운 감정이 남아 있다면 아이는 엄마 품 안에서 편안함을 절대 느낄 수 없겠죠. 힘들고 지친 어머님의 마음을 상담자에게 털어놓기도 하고, 또 불안한 마음을 잠시 내려놓고 상담자와 마주하고 있는 순간만이라도 자신에게 집중하면서 에너지를 충전하는 시간을 가지는 것이 필요합니다.

늘 상담시간에 불만이 많고, 걱정거리만 털어놓던 어머님께서 하루는 나가기 직전 문고리를 잡으며 이렇게 말했습니다. "그냥 저도 여기 와서 이렇게 좀 털어놓고 가면 한 며칠은 견딜 만한 것 같더라고요. 아휴, 또 아이랑 잘 지내 봐야죠. 고맙습니다." 아마도 에너지가 한가득 충전되었다는 의미가 아닐까요?

■ 아이 행동 특성에 대한 이해

아이들이 종종 상담자에게 묻습니다. "엄마랑 무슨 얘기해요?" 그럴 때 상담자는 "네가 어떻게 하면 더 즐겁고 행복하게 지낼 수 있는지 선생님하고 엄마하고 같이 고민하기도 하고, 엄마가 너를 키우면서 궁금한 것들을 선생님이 알려주기도 해"라고 말해준답니다. 아동이 즐겁고 행복하게 지낼 수 있기 위해서는 무엇보다 부모의 자녀에 대한 이해가 증가해야 합니다. 아이가 보이고 있는 어려움의 근원을 파악하는 것이지요.

초등학교에 갓 입학한 8살 남자아이는 평소 물건을 잘 잃어버리고, 수업시간에는 늘 오징어처럼 팔다리를 움직이며, 선생님 말씀에 잘 집중하지 못합니다. 그러니 알림장을 제대로 쓰는 것은 기대도 하기 어려운 일이고, 그나마 써온 내용은 누구도 알아보지 못하는 지렁이 필체이기 일쑤였죠. 또 자신이 원하는 것은 기필코 하고야 말겠다는 고집 때문에 "싫어!" "아잉, 오늘 한 번만! 딱 한 번만!"을 늘 입에 달고 사는 아이였습니다. 엄마와 선생님은 이 아이의 행동이 단지 버릇이 없고, 습관이 잘 들지 않아서 그렇다고 생각하여 어떻게든 고치려고 하는 마음에 자주 언성을 높여 혼내거나 매를 들었습니다.

이와 비슷한 경험을 가지고 상담센터에 방문하는 부모와의 초기 부모상담시간에는 우선적으로 '왜 이 아이가 이러한 행동을 계속 반복하는가?'에 대한 해답을 부모가 찾을 수 있도록 도와주게 됩니다. 위 사례의 경우 종합 심리검사 및 초기 놀이 평가를 통해 아동이 또래 아이들에 비해 원하는 것을 즉각적으로 얻어야 하고, 생각이나 계획 후 행동하기보다는 몸이 자동적으로 먼저 나가는 특성을 가지고 있으며, 오랜 시간 동안 한

가지를 지속하는 것을 어려워한다는 것을 부모에게 설명하였습니다. 즉, 아이가 일부러 그러는 것이 아니라는 것을 부모가 이해할 수 있는 시간을 가지는 거죠. 이를 통해 부모는 아이의 행동이 잘못되거나 나쁜 것이 아니라 이 아이의 특성 중 하나라는 것을 받아들이게 됩니다. 이 과정은 일회적으로 끝나는 것이 아니라 매 부모상담 시간에 어머님께서 전해 주는 아동의 에피소드를 통해 반복적으로 이루어집니다. 아이가 가지고 있는 고유 특성은 절대 바꿀 수 없는 것입니다. 그러나 아이의 행동을 고치려고만 한다면 부모와 아이의 관계마저도 나빠질수 있습니다. 대신 이제부터는 아이의 장점을 찾아 칭찬해주는 것은 어떨까요?

■ 아이 발달에 대한 이해

"도대체 얘는 오로지 노는 것에만 관심이 있어요. 학교 끝나면 집에 와서 간식 먹고 바로 학원에 가야 하는 것을 알면서도 늘 운동장에서 애들하고 축구하느라고 정신이 없어요. 노는 걸로 대학 가면 하버드도 거뜬할 걸요? 결국에는 학원도 지각하고, 아빠한테 엄청 혼났죠."

초등학교 고학년 자녀를 둔 부모라면 누구나 이러한 상황을 한 번쯤은 겪었을 겁니다. 몇 달 후면 중학교에 들어갈 것이고, 남들은 선행학습이다 뭐다 해서 정신없이 학원 투어를 하고 있는 시점에서 노는 것에만 치중을 하고 있으니 부모 입장에서는 답답할 수밖에 없죠. 그러나 우리는 이 시기 아이들의 정상발달에 대한 이해를 반드시 해야 할 필요가 있습니다.

초등학교 고학년이 되면 공부를 열심히 하는 것도 중요한 과업 중 하나지만 그것보다 더 중요한 것이 또래관계의 확장입니다. 이 시기에는 또래들끼리 정해놓은 규칙을 따르고, 집단 속에서 수용되고 인정받는 경험을 충분히 느껴야 성인이 되었을 때 사회구성원으로서 성공적인 사회적 상호작용을 할 수 있습니다. 그러니 위축되었던 아이가 예전과 다르게 신나게 신체활동을 하고, 새로운 아이들과 지속적으로 관계를 맺으면서 그 속에서 즐거움을 찾으려고 한다면, 부모는 감사한 마음으로 아이를 믿고 기다려 주어야 합니다.

부모상담을 통해 이와 같은 발달특성을 이해하게 되면 아이의 행동을 무턱대고 비난하거나 통제하기보다는 '우리 애가 얼마나 즐거웠을까?' 하는 것에 초점을 두고 자녀를 이해하게 됩니다. 그러다 보면 아이는 스스로 학원 시간을 조정해 달라고 요구하거나, 몇 시까지 놀고 들어와도 되는지 부모의 허락을 구하면서 한곳에 치중되었던 에너지를 서서히 분산하려는 변화를 보이게 된답니다.

■ 아이 놀이에 대한 이해

"절대 움직이지 마! 꼼짝 마! 죽어 버려!" 하고 칼을 들고 무섭게 인형을 노려보던 5살 남자아이는 늘 이렇게 공격적인 놀이를 하고 난 다음에는 세상 그 누구 엄마보다 다정한 말투로 "아가야, 배고프지? 내가 얼른 맘마 만들어 줄게. 자, 먹어" 하고 양육놀이를 하곤 했습니다.

상담자와 아동이 서로 관계를 맺는 시간이 지나고, 회기가 중반으로 들어서게 되면, 위 사례처럼 아동은 자신의 어려움을 표현하거나 해소하기 위해 반복적으로 놀이를 하게 됩니다. 훈련받은 상담자는 아동의 놀이에 대한 의미를 파악한 후 현재 아이가 느끼고 있는 다양한 감정을 부모에게 적절히 설명합니다. 물론 어떻게 놀았고, 무엇을 가지고 놀았으며, 어떤 이야기를 했는지에 대한 상세한 설명을 하지는 않습니다.

여러 가지 경험이 위와 같은 놀이를 통해 드러나게 됩니다. 가장 흔한 예로 아이들은 동생이 태어나게 되면 떼쓰기가 늘어나면서 주변 어른들을 자주 곤란하게 만들게 됩니다. 동생이 태어나기 전까지만 해도 엄마의 무한한 관심을 받으며 자랐던 아이가 동생으로 인해 파라다이스를 잃어버린 것이죠. 엄마를 뺏겼다는 마음과 동생에 대한 미움을 공격적인 놀이로 충분히 표현해내고 나면, 음식 만들기나 인형 돌보기와 같은 양육놀이를 통해 아이 스스로 마음의 안정을 얻으려고 할 수도 있습니다. 이러한 놀이를 관찰한 상담자는 부모에게 놀이에 대한 대략적인 설명을 할 것입니다. 또한 일상생활에서 아이가 보였던 떼쓰는 행동이나 공격적인 행동을 부모가 이해할 수 있도록 설명을 하기도 합니다. 더불어 상담자는 부모에게 하루 15분만이라도 아이와 함께하는 특별한 시간을 갖도록 하는 등의 과제를 내주어 아이가 여전히 부모의 보살핌을 받고 있음을 느낄 수 있도록 돕습니다. 물론 15분의 시간은 둘째가 잠을 자고 있을 때나 엄마와 잠깐 외출할 때 등 둘째가 알아차리지 못하는 시간을 활용할 수 있도록 의논을 해야겠지요. 그리고 부모에게는 한 주 동안 아이와 15분간 데이트 시간을 가져 보고, 한 주 뒤 부모상담을 통해 점검을 하게 됩니다. 부모와 상담자의 협공작전하에 이 과정이 반복되다 보면 떼쓰고 울기만 하던 아이가 서서히 연령에 맞는 행동을 하기 시작하고, 동생과도 사이좋게 지낼수 있게 된답니다.

■ 아이 마음에 대한 이해

"자꾸 유치원을 가기 싫다고 해요. 낯선 아이들하고 어울리는 게 힘든가 봐요. 그렇다고 안 보낼 수도 없으니 고민이에요. 달래 보기도 하고 혼내 보기도 하는데 매번 더 가기 싫어하고 어제는 급기야 배가 아프다고 하더라고요. 도대체 왜 이러는 걸까요?"

이러한 고민을 털어놓는 부모들은 대부분 아이를 도저히 이해할 수 없고, 어떻게 대처해야 하는지 난감하다는 말을 많이 합니다. 이때 물론 상담자는 아동의 발달적 특성, 기질적 특성 등 이론적인 이야기들을 통해 부모가 아동을 이해할 수 있도록 도울 수도 있습니다. 그러나 대부분은 머리로 이해할 뿐 마음으로 이해되지 않기 때문에, 아이가 행동을 반복하게 되면 엄마로서는 화가 나게 되고 난감한 상황에 빠지게 되죠. 이럴 땐 아이의 입장이 되어 생각해 보거나, 엄마 또한 살아오면서 지금까지 뭔가 정말 하기 어렵고 두려웠을 때를 떠올려 볼 수 있도록 상담자가 제안하게 됩니다. 어머님도 그런 상황에서는 안 하고 싶고 도망가고 싶은 마음이 들었는데, 훨씬 어린 아이는 얼마나 힘이 들었을까요? 온통 세상이 자기를 위협한다는 느낌을 받고 움츠러들려고만 하는 것일 수도 있습니다.

처음에는 이 시간이 부모의 일시적인 마음의 위로만 될 뿐이지 시간과 비용을 투자한 것에 비해 아이의 행동은 그다지 변화되지 않는다고 생각되어 몇몇 부모는 불편해하기도 합니다. 그러나 마음으로 이해하는 시간을 반복적으로 가지다 보면 '지금 아이 기분이 어떨까? 얘는 그럴 수도 있겠구나.' 하면서 재촉하고 화만 내었던 예전과 다르게 아이를 관찰하고 진심으로 이해하고 있는 부모 자신의 모습을 반드시 발견하게 될 것입니다.

■ 적절한 역할 배우기

"아이와 특별한 데이트 시간을 만들어 보세요."

"아이가 지하철 타는 걸 좋아한다면 센터 오는 날은 차를 두고 지하철을 타고 오세요. 오면서 눈앞에 펼쳐진 다양한 상황들에 대해 이야기도 나누시고, 문이 어느 쪽으로 열릴지, 몇 명이나 탈지 등 서로 퀴즈 맞히기를 하면서 즐거운 시간을 가져 보세요."

"아이가 갓난아기였을 때 사진을 보여 주면서 얼마나 예쁘고 사랑스러웠는지를 이야기해주세요."

"가족들과 함께 여행계획을 세워 보세요. 아이가 어디에 가고 싶어 하는지, 무엇을 하고 싶어 하는지 이야기를 많이 들어주시고 계획을 짜 보세요. 그리고 여행을 가셔서 아이에게 가이드 역할을 맡겨 보세요."

아이의 특성과 반복되는 놀이의 의미를 기반으로 하여 상담자는 위와 같이 부모에게 적절한 과제를 내주게 됩니다. 자신도 모르게 저지르는 행동 실수로 인해 주변에서 부정적 피드백을 많이 듣고 자라온 아이라면, 겉으로 드러나는 크고 거친 행동과는 달리 늘 '실수하면 어떻게 하지?'와 같은 생각들로 쉽게 불안해하고, 자신없는 표현을 자주 할 수도 있습니다. 이런 자녀를 둔 부모에게는 다음과 같은 과제를 제시할 수 있습니다.

- 아이가 가장 즐거워하고 잘 하는 것이 무엇인지 찾아보기
- 그리고 그것을 함께하기
- 아주 사소한 행동(ex. 화장실 사용 후 불 끄기, 혼자 가방 챙기기 등)에도 칭찬해주기

분리불안 증상을 가지고 있는 아동의 부모에게는 아이가 엄마를 통해 안정감을 가질 수 있도록 다음과 같은 과제를 줄 수 있습니다.

- 퇴근 후 열 일 제쳐놓고 아이와 15분간 특별한 시간 가지기
- 잦은 신체접촉(ex. 뽀뽀하기, 같이 목욕하기 등)
- 당분간 엄마 품에서 잠들고 일어나기
- 숨바꼭질이나 물건 숨기고 찾기 놀이

이후 다음 부모상담을 통해 과제 수행 동안 어려웠던 점이나 과제를 통해

새롭게 알게 된 아이의 모습에 대한 부모의 여러 가지 마음을 나누게 됩니다. 이해할 수 없고 밉기만 하던 아이에게서 귀엽고 사랑스러운 모습을 발견하여 기쁜 마음을 표현하기도 하고, '아, 엄마의 따뜻함이 아이에게 정말로 필요했었구나' 하는 생각과 함께 부모 역할의 중요성을 다시 한 번 깨닫는 시간이 되기도 하죠.

(2) 개별 부모상담 시간

■ 부모 자신에 대한 이해 넓히기

"엄마는 굉장히 꼼꼼하고 철저한 사람이었어요. 그런 엄마의 눈에 저는 항상 서툴고 실수 많은 아이였죠. 늘 '왜 이렇게 했니. 이렇게 해야지' 하는 잔소리가 끊이지 않았던 것 같아요. 그게 그렇게 싫어서 나중에 엄마가 되면 '나는 절대 잔소리 안 하고 아이 하고 싶은 대로 하게 해줘야지' 하고 다짐을 하기도 했는데 어느 날 제가 친정엄마와 똑같은 모습으로 아이에게 하고 있지 뭐예요. 내가 '이러면 안 되는데' 하고 생각하면서도 멈출 수가 없었어요."

"저는 어렸을 때 친정엄마가 일을 하는 게 너무 싫었어요. 그 당시만 해도 일하는 엄마가 그렇게 많지는 않았거든요. 초등학교 때 기억이 나요. 집에 가기 전에 비가 내려서 엄마들이 우산을 들고 교문 앞에서 아이들을 기다리더라고요. 저는 늘 그랬듯이 혼자 비를 맞으며 집으로 가는데 어떤 아주머니께서 우산을 씌워주셨어요. 아, 그때 정말 울컥하면서 '왜 우리 엄마는 안 데리러 오는 거야' 하고 속으로 원망을 많이 했죠. 그래서 저는 아이를 위해서 일도 포기하고 집에만 있기로 했어요. 그리고 모든 것은 최고 좋은 것으로 해줬죠. 그런데도 아이가 저렇게 자신 없어 하고 사람들 앞에서 말도 제대로 못하니 도대체 뭐가 잘못된 건지 모르겠어요."

부모들은 종종 부모상담을 통해 자신의 오래된 기억 속에 묻혀 있던 친정엄마에 대한 미움, 서운함 등을 털어놓기도 합니다. 성인이 되어 한 아이의 엄마가 된 지금에도 그때 그 기억들은 아주 생생히 남아 있어 마음

한쪽을 계속 시리게 만들고 있었던 거죠. 이렇게 해결되지 못한 감정들은 깊은 곳에 자리 잡고 있다가 비슷한 상황에 처했을 때 불쑥 튀어나오게 됩니다. 그러나 대부분의 부모는 어디에서 시작된 감정인지 알아차리지 못한 채 단지 자녀를 못마땅하게 여기고 다그치며 혼을 내게 되죠. 이 경우 상담자와 함께 성장과정을 검토하면서 상처받았던 어린 시절의 자신을 스스로 충분히 위로하는 시간이 필요합니다. 이 과정이 이루어져야 진정으로 자녀를 있는 그대로 이해하고 바라볼 수 있게 되니까요.

또 성장과정에서 엄마에게 충분히 보살핌을 받지 못했던 것을 자녀를 통해 보상받으려고 하는 부모도 있을 수 있습니다. 이 경우 정말로 아이가 원하는 것을 해주기보다는 엄마 입장에서 '우리 아이는 이건 꼭 해줘야 해' 하고 생각했던 것들을 다소 일방적으로 주는 것을 많이 볼 수 있습니다. 대신 엄마 생각에 아니다 싶은 아이의 부탁은 절대 들어주지 않고 단호하게 거절을 하면서 말이죠. 이러한 관계는 아이가 자신의 의사를 남들에게 표현하는 것을 두려워하고, 엄마와의 관계처럼 늘 소극적이고 수동적인 패턴으로 대인관계를 맺는 데 영향을 미칠 수 있습니다.

일정한 부모상담을 통해 어린 시절 자신의 외로움, 허전함 등을 충분히 돌이켜 보고 '아, 그건 내가 필요한 거였구나'를 인식하게 되면 점점 아이에게 주파수를 맞추는 것이 자연스러워지는 것을 느끼게 됩니다.

■ 부모문제로 인한 자녀와의 관계 통찰하기

> "제 목숨을 걸고 낳은 아이예요. 정말 진통이 너무 심해서 거의 죽을 뻔했어요. 남편도 옆에 없어서 혼자 너무 무서웠어요. 거기다가 아이는 크면서 잔병치레를 정말 많이 했답니다. 아휴, 그렇게 죽을 힘을 다해 키웠는데 이 녀석이 이제 와서 반항을 하니 너무 화가 나요."

힘들고 어렵게 자녀를 출산하였거나 그렇게 키운 부모라면 위 어머님처럼 한 번쯤 아이에게서 일종의 배신감을 경험해 보았을 겁니다. 그러나 이 마음이 너무 크게 자리 잡고 있어서 건강한 엄마 역할을 제대로 수행하지 못할 수도 있습니다. 그럴 때에는 부모상담 시간을 통해 부모자신의 힘든 마음을 상담자와 충분히 함께 공유하면서 부모가 기대하고 있는 아이의 모습은 어떤 것인지에 대해 이야기를 나누는 것이 도움이 됩니다. 아이를 정말로 사랑한다면 그 아이가 원하는 것이 무엇인지, 어떻게 하면 행복하다고 느끼는지에 대해 관심을 가질 수 있는 부모가 되어야 합니다. 반복적인 상담을 통해 이를 받아들이게 되면 아이의 문제행동이 자연스럽게 줄어들기도 한답니다.

위에서 살펴본 내용을 다시 정리해보면 아래 표와 같습니다.

부모상담내용		
아동상담 후 면담 (양육상담)	개별부모상담 (성인상담)	집단부모상담 (교육 및 훈련)
- 부모의 어려움 풀어놓기 - 아이 행동 특성에 대한 이해 - 아이 발달에 대한 이해 - 아이 놀이에 대한 이해 - 아이 마음에 대한 이해 - 적절한 역할 배우기	- 부모 자신에 대한 이해 넓히기 - 부모 문제로 인한 자녀와의 관계 통찰하기	- 대화방식 및 훈육방식 등 보다 교육적인 측면 - 유사한 특성의 자녀를 둔 부모모임을 통한 정서적 지지

양육상담은 주로 아동상담이 끝난 후 15~20분 시간에 이루어집니다. 그러나 상담 초기에는 상담자와 부모 모두 나누어야할 이야기가 많을 수 있기 때문에 이 시간이 충분하지 않습니다. 상황에 따라 다를 수는 있지만 위에서 언급한 시간 문제를 해결하기 위해 상담 초기에 1~3회 정도 별도의

양육상담시간을 가지기도 합니다.

　개별부모상담의 경우 양육상담과는 달리 부모가 독립된 한 내담자로서 별도의 상담을 받게 됩니다. 아동상담 초기 회기에 단기로 진행을 할 수도 있고, 아동상담과 함께 지속적으로 개별부모상담을 할 수도 있습니다. 물론 항상 상담자는 여러 요건(부모 문제의 심각성, 상담에 대한 부모의 참여도, 경제적 형편, 시간적 여유 등)을 고려한 후 부모와 상의하여 상담계획을 세우게 되지요.

　집단부모상담은 보통 기관에서 정기적으로 실시하는 부모교육시간이나 특별 프로그램으로 이루어집니다. 동일한 어려움을 가진 부모들이 모여 상담을 몸소 체험해볼 수 있고 마음속의 어려움을 토로하고 함께 나눌 수 있다는 것이 장점이지요. 다양한 기관의 공지사항을 통해 집단부모상담 관련 프로그램에 대해 적극적인 관심을 가져보세요. 시간이 허락한다면 꼭 용기 내어 참여할 것을 권합니다.

　아이를 키우면서 개별상담이나 집단상담 등을 위해 별도의 시간을 내어 다시 상담소를 방문하는 것이 현실적으로 어렵기도 하고 불편한 일일 수도 있습니다. 그러나 상담과정 전체를 고려한다면 부모님의 노력이 아이의 상담기간을 축소하는데 분명 도움이 될 것입니다. 부모가 적극적으로 참여하는 개별부모상담이나 집단양육상담에 대한 실례는 본 저자들이 저술한 마음맑음 시리즈 『엄마와 아이 애착 다지기』와 『직장맘과 아이들 도와주기』의 치료적 접근 파트에 상세히 다루고 있으니 참고하시기 바랍니다.

부록

부록 1. 상담과정 동안에 지켜야 할 규칙

1) 상담 시간을 지킵니다

Q1. "선생님! 우리 아이가 좀 일찍 왔는데 기다리기 힘들어하네요. 선생님 시간이 되시면 일찍 들어가면 안 될까요?"
Q2. "선생님! 오늘은 제가 컨디션이 안 좋아서 그러니 부모상담 없이 아이상담만 10분 더 해 주시면 안 될까요?"

일반적으로 상담 시간은 40~60분으로 배정되어 있습니다. 내담자가 예약된 시간보다 일찍 올 수도 있고, 늦게 올 수도 있습니다. 몇몇 부모들은 정해진 시간보다 일찍 도착하였다며 일찍 상담을 시작할수 있는지, 늦게 온 경우는 늦은 만큼 더 받을수 있는지 궁금해 합니다. 하지만 이런 바람을 기관에서 들어주지 못하는 데는 다음과 같은 이유가 있습니다.

상담시간을 지키는 것은 아이와 부모가 상담실 밖에서 얻을 수 있는 좋은 치료적 경험입니다. 일찍 온 날 정해진 치료시간을 지키기 위해 지루한 기다림을 이겨내는 일은 한 사회의 구성원으로서 사회적 규칙을 지키는 혹독한 훈련을 받는 것입니다. 또한 치료시간에 늦은 날, 늦은 만큼의 시간을 잃어버리고 아쉽게 치료시간을 마쳐야 하는 일은 아이와 부모에게 이 세상은 마음대로 조정할 수 있는 곳이 아니고 행동의 결과에 대해 책임을 지는 것을 배우는 기회가 됩니다. 치료시간을 연장하게 되면 다음 치료받을 사람에게 피해를 줄 수 있어 제 시간에 마칠 수밖에 없다는 것을 받아들이게 되면 아이는 타인과의 관계에서 합리적으로 판단하고 결과에 승복하는 것을 배우게 될 것입니다.

세상의 모든 시간 약속이 다 유사하지만 가장 이상적으로 치료시간을 지킨다는 것은 상담시간보다 5분 정도 일찍 와서 기다리는 것입니다. 치료시간을 지키게 되면 오랜 시간 기다리며 받을 부모와 아이의 스트레스, 부모가 주는 행동 주의, 그리고 치료시간에 늦어 치료실에 머무르는 시간이 짧아져서 부모를 원망하는 등의 모든 부정적인 사건들을 예방할 수 있습니다.

2) 치료 시간 변경은 가급적 피합니다

> Q1. 상담센터 가는 날인데 우리 아이가 친구생일 파티에 초대를 받았어요. 친구관계에 어려움이 있는 아이라 친구 생일파티에 가는 것도 중요할 것 같아서 상담을 다른 날로 바꾸면 안 될까요?
> Q2. 오늘은 날씨도 그렇고, 아이도 가기 싫어해서 그냥 다른 날로 바꿔주세요.

첫 번째로 아동이나 부모의 사정이든 치료자 사정이든, 상담 시간을 바꾼다는 것은 상담환경을 혼란스럽게 하는 일입니다. 같은 간격으로, 같은 요일과 시간대에 규칙적으로 상담을 받는다는 것은 아이가 안정적인 치료환경에서 자신의 문제를 끌어내어 해결해 가는 치료효과에 중요한 역할을 합니다. 상담시간을 변경하여 아이의 스케줄에 변화가 오면 불안정한 심리상태가 되어 치료적으로 쏟을 에너지를 불필요한 불안해소에 사용하게 되어 치료효과를 더디게 합니다.

두 번째로 상담을 한 주 쉰다는 것은 치료간격을 변화시키는 것으로 마찬가지로 치료환경의 안정성을 떨어뜨리는 일입니다. 아이는 주 1회기의 상담을 통해 치료자와의 치료적 관계를 탄탄히 해 가고 치료실에서 풀어놓은 문제를 심리적으로 소화하여 다음 단계로 진행하게 됩니다. 또한 놀이치료의 경우 규칙적인 만남을 통해 놀이주제를 매주 연결하여 풀어내게 되고 이로써 치료적 과정이 무르익게 됩니다. 이뿐만 아니라 치료간격을 지킨다는 것은 치료실에서 배운 것을 현실에서 훈습해 보며 시행착오를 수습하고 보완할 적절한 간격을 보장해주는 것이기도 합니다.

특히 아이가 상담을 시작한 지 최소 5회기 미만인 초기단계라면 시간변경은 상담자와의 치료적 관계 형성에 걸림돌이 됩니다. 상담 초기단계는 친밀감과 신뢰감 형성의 시기로 일정하게 지켜지지 않으면 치료적 관계형성을 지연시켜 상담을 마치는 시간을 그만큼 더 연장하게 되는 결과를 낳습니다. 그리고 상담과정 초기에는 상담실에 적응하는 기간이기 때문에 안정감을 가질 수 있도록 시간약속을 반드시 지켜야 합니다. 불가피한 경우라면 미리 상담자와 아이, 부모가 합의하여 다른 시간으로 대체할 수 있는 시간을 잡아야 합니다.

만약 아이가 갑자기 상담실에 가지 않겠다고 하는 경우 부모님들은 어떻게 해야 할지 난감해 합니다. 그럴 때는 아이에게 이렇게 이야기해 주십시오.

> "○○야. 오늘은 네가 놀이실을 가고 싶지 않나 보다. 그런데 선생님이랑 약속한 일이라 꼭 가야 한단다. 만약 상담센터에 가서도 네 마음이 그러면 선생님하고 이야기해보자. 네가 가고 싶지 않은 것은 분명히 이유가 있고 선생님은 네 이야기를 듣고 같이 생각해 주실 거야"

3) 상담시간에 있었던 일은 아이에게 맡겨 두세요

Q1. ○○야. 오늘 상담실에서 뭐 하고 놀았어?
Q2. 재밌게 놀았어? 오늘 집에 가서 그것 또 하고 놀까?

부모는 아이가 상담시간에 무슨 놀이를 했는지, 무슨 이야기를 했는지 모두 알기를 바랍니다. 그래서 상담이 끝난 후에 집에 돌아가면서 상담실 안에서 있었던 일들을 질문하는 경우가 있습니다. 그러나 부모가 모두 알아야 도움이 되는 것은 아니며 때로는 부모가 모르는 것이 상담에 도움이 될 수 있습니다. 상담실 안에서 있었던 일은 아이만의 특별한 경험이기 때문에 부모가 개입하는 인상을 주어서는 곤란합니다. 아이는 놀이실 안에서 자신만의 특별한 경험을 안전하게 할 수 있다는 확신이 생겨야 자신을 충분히 탐색할 수 있고, 자신의 어려움을 편안하게 꺼낼 수 있습니다. 가끔은 아이가 자발적으로 상담시간에 만든 것을 부모에게 보여 주고 싶어 하는 경우가 있는데 이런 경우에 대해서만 반응해 주십시오.

만약 상담실 안에서 있었던 일이 궁금하다면 아이에게 묻는 것보다 상담자에게 질문하는 것이 더 나을 수 있습니다. 그러나 상담에 방해가 된다면 상담자도 상담시간에 있었던 일이나 아동의 놀이 등을 부모에게 다 노출할 수 없다는 것을 알아 두어야 합니다. 그리고 상담자가 부모에게 상담시간에 있었던 일을 알려주는 것의 효과는 아이의 연령과 증상에 따라 달라집니다. 어린 아이들의 경우 매 회기가 끝난 후 진행되는 부모상담 시간에 아이에 대해 부모에게 알려주는 것이 상담 진전에 도움이 될 수도 있습니다. 그렇지만 아이의 연령이 높을수록 특히 청소년의 경우에는 자기의 문제가 부모에게 노출될까봐 걱정하기도 합니다. 이러한 아이의 불안과 걱정은 오히려 상담에 방해가 될 수 있습니다.

4) 상담센터에 가는 날을 둘만의 데이트로 활용합시다

> Q1. 동생도 따라가고 싶다는데 상담실 갈 때 동생을 데려가도 되는지요?
> Q2. 상담센터 가는 날 아이가 좋아하는 과자를 사준다면 상담에 도움이 될까요?

부모들의 연애시절, 달콤했던 데이트를 떠올려 보십시오. 둘만의 오붓했던 시간, 두 사람이 좋아하는 것들을 공유하며 즐겼던 그 시간으로 아이들을 초대하십시오. 상담실에 오는 날을 부모로서의 의무나 숙제를 하는 날이라고 생각하면 아이도 그 기운을 고스란히 느끼고 부모 자신도 늘 발걸음이 무거울 것입니다. 부모도 아이와의 달콤한 데이트를 즐기길 바랍니다.

아이에게는 놀이치료실에 온다는 그 자체만으로 특별한 행복을 안겨 줍니다. 오고 가는 시간까지 잘 활용한다면 부모자녀 관계가 더욱 돈독해져 상담효과 또한 두 배가 될 수 있습니다. 그 시간만큼은 아이가 유일하게 부모를 독점할 수 있는 기회가 되고, 오가며 이야기도 나누고, 맛있는 것도 먹으며, 정을 쌓아가는 소중한 시간이 됩니다. 그리고 부모와 자녀 간의 친밀감과 신뢰감을 돈독히 쌓을 수 있는 날이 되기도 합니다.

특히 형제간의 갈등이나 질투가 있는 아동일 경우 상담실에 오는 날만이라도 아동과 엄마 둘만이 함께한다면 그 자체만으로도 형제간 갈등이나 문제 해소에 도움이 될 것입니다. 놀이치료실은 어린 아이들 눈에는 매우 매력적인 놀이방으로 보이기 때문에 다른 형제를 상담실에 데리고 오면 자신은 놀이치료실에 들어갈 수 없음에 크게 상처를 받습니다. 자기만 거부당하고 놀이치료를 받는 아동만 특혜를 받는 것으로 오해를 할 수 있습니다. 그리고 부모가 상담을 받는 아이에게 온전하게 집중하기 어려울 수도 있습니다. 그렇기 때문에 가능한 상담실에 올 때는 다른 형제를 데려오지 않는 것이 좋습니다. 만약 부득이하게 형제를 데리고 온다면 부모가 아이들 모두에게 관심을 가져주고 마음을 헤아려 주어야 합니다.

5) 문제해결을 위해 상담자와 부모가 함께 노력합니다

Q1. 선생님! 놀이치료를 받기 전에는 우리 아이가 잘 클 수 있을지 많이 불안했는데 이제는 안심이네요. 선생님이 알아서 잘해 주실 거죠?

Q2. 선생님, 아이가 선생님 말은 들으니까 제가 하고 싶은 말을 아이에게 전해 주세요. 제가 말하면 화내고 짜증부터 내서 힘들어요.

아이가 상담을 받기 시작하면 전문가와 함께 해결책을 나누고 심리적 지원을 받게 되므로 부모의 양육부담은 한결 가벼워집니다. 그러나 상담을 시작한 후 문제해결을 위한 노력과 책임을 상담자에게 전적으로 의존한다면 궁극적인 문제는 해결되지 않습니다. 이런 경우, 상담이 끝난 후에 부모는 여전히 양육에 대한 자신감을 얻지 못하여 항상 아이 문제를 전담해 줄 누군가를 찾고자 합니다.

아이가 상담을 받는 과정 동안 부모는 부모상담시간을 통해 부모자녀관계를 도울 수 있는 방법이나 아이의 증상을 완화시킬 수 있는 방법들을 듣고 실천하는 과정을 거칩니다. 부모도 변화를 위해 아이만큼이나 고군분투하는 시간을 가진다는 의미이지요.

상담자들은 부모와 아이 사이에 징검다리 역할을 하여 실제상황에서 발생하는 문제를 완화하는 데 도움을 주기도 하지만, 전적으로 부모의 대리자 역할을 하지는 않습니다. 아이에게 문제가 생겼을 때 해결에 직접적으로 참여하고 지지해주는 사람은 부모입니다. 상담자는 아이에게 보약을 지어 주는 사람이고, 부모는 밥을 지어 주는 사람입니다. 부모가 정성스럽게 밥을 지어 주지 않는다면 보약은 효능을 볼 수가 없다는 사실을 잊지 말길 바랍니다.

6) 부모상담(10~20분)도 아이상담만큼 중요하게 여기십시오

Q1. 부모상담 시간도 얼마 안 되고, 저도 별로 내키지 않는데 그냥 안 하면 안 되나요?
Q2. 부모상담 시간을 빼고, 그냥 아이 상담을 더 길게 하면 안 되나요?

아이가 어떤 환경에서 성장해 왔고, 왜 이런 어려움이 생기게 되었는지에 대한 자세한 정보를 탐색하기 위해 부모상담을 하게 됩니다. 그리고 상담자는 부모상담을 통해 양육에 대한 정보를 제공하고, 부모가 효능감과 자신감을 얻고 양육스트레스를 줄일 수 있도록 돕습니다. 어린 아동일수록 부모가 강력한 영향력을 발휘하기 때문에 부모상담은 아동상담 못지않게 중요한 과정입니다. 많은 연구에서도 부모상담을 동시에 진행할 경우에 상담효과가 더 극대화된다는 결과를 얻었습니다(본서의 부모상담 편 부모상담의 필요성 부분 참조).

7) 상담 종결은 상담자와 함께 상의하여 결정합니다

일반적으로 상담 종결 시점은 접수 당시에 세운 목표의 달성여부에 따라 판단됩니다. 그러나 상담이 진행되는 동안 예상치 못한 문제가 발생하기도 하고 추가적으로 다루어야 할 주제들이 등장하기도 하므로 상담 종결 시점을 정확히 예측하는 것은 쉽지 않습니다.

특히 아이들은 성장과정 중에 있으므로 초기의 목표가 달성되었다고 하더라도 또 다른 문제가 대두되어 상담기간이 연장되는 경우도 있습니다. 아동과 부모, 상담자는 놀이과정이나 일상생활에서의 변화를 살피며 초기에 세운 목표에 대해 검토하며 새로운 문제를 해결하기 위한 다각적인 접근방법을 모색할 필요가 있습니다.

아동이 자발적으로 의지를 보여 상담을 시작하는 경우는 많지 않습니다. 놀이치료가 아무리 부모의 선택으로 시작되었다고 하더라도 종결은 반드시 아동의 의사가 존중되어져야 합니다. 아동이 스스로 자신의 문제에 대해 돌아보고 상담자와의 관계를 정리하는 기회를 가진다는 것은 그간의 상담과정을 정리하는 데 필수적인 것입니다. 또한 그간 부모에게 결정을 의지해왔던 아이들도 상담의 종결과 같은 의미 있는 일에 주도권을 발휘하면서 더 큰 성장을 하게 됩니다.

상담성과가 없어서 중단을 원한다면 상담자와 구체적인 상담목표와 현재 이루어지는 과정에 대해 의논하여 어느 정도 상담이 진행되었는지 알아보는 과정이 필요합니다. 종결 준비가 안 되었음에도 불구하고 부모 마음대로 종결을 결정해 버린다면 아이는 다시 상담초기의 무능한 사람으로 돌아가고 그간 상담에서 얻은 자기존중과 신뢰가 무너져 내리는 경험을 하게 됩니다. 상담센터에 올지 말지는 마음대로 결정할 수 있지만 종결은 마음대로 결정할 수 없고 더 신중해야 합니다. 그동안 공들인 노력들이 헛되지 않도록 충분히 상담자와 상의하여 결정하기 바랍니다.

8) 부모 먼저 치료자를 믿는 모습을 보여 줍니다

아이 앞에서 치료자에 대한 평가를 한다거나 기관에 대한 불만을 표현하는 것을 삼가 주십시오. 또는 상담자에게 있는 그대로의 모습이 아니라 잘 보이려는 행동을 하는 것도 아이에게 좋지 않은 모델링이 됩니다. 놀이치료실은 자신의 문제를 있는 그대로 표현함으로써 자신을 성장시키는 곳입니다. 상담자에게 잘 보이기 위해 가면을 쓰도록 요구하거나 상담자가 믿지 못할 사람이라고 여겨지면 자신을 편하게 드러내는 데 어려움을 지닙니다. 이러한 행동은 아이들에게 상담에 대한 혼란을 주어 마음을 열었다 닫았다 하며 상담기간만 지연시키게 되니 삼가 해주세요.

9) 치료를 빌미로 아이를 협박하거나 비난하지 않습니다

간혹 부모들 중에는 "그렇게 행동하면 치료실에 안 보낸다"라는 말로 아이들을 통제하려는 분들이 있습니다. 또 어떤 부모들은 상담센터에 가는 것을 아이의 행동에 대한 보상으로 생각하거나, "네 행동이 안 바뀌면 놀이치료를 받을 필요가 없어"라며 아이도 뜻대로 되지 않는 치료성과의 책임을 아이에게만 돌리기도 합니다. 때로는 "너 때문에 누나 스케줄을 빼가며 놀이치료실을 가는데 네가 이렇게 말을 안 들으면 우리 모두가 이럴 필요가 없지"라며 아이 치료를 위해 가족이 고생하고 희생하고 있다는 메시지를 전해주는 부모도 있습니다. 이런 말을 들은 아동은 치료실에 오는 것 자체에 대한 부담감과 가족들을 힘들게 한다는 죄책감으로 일시적인 행동변화를 연기하거나 자신이 사랑받고 욕구를 표현하는 일을 포기하게 됩니다. 아이가 치료를 그만하겠다고 할 때는 여러 가지 이유가 있지만 가족의 사랑을 희생으로 느끼며 부담으로 작용한 경우도 있습니다.

매주 아이를 데리고 치료실을 찾는 일이 쉽지 않은 일입니다. 그런 고통이 없으면 성장도 없으니까요. 하지만 그 힘든 마음을 치료를 받고 있는 아이에게 푸는 것은 어리석은 행동입니다. 차라리 치료자와 힘든 마음에 대해 다루는 시간을 가지십시오.

10) 치료실에서의 치료적 제한에 대해 이해합니다

놀이치료실은 마음속에 상처가 있는 아이들이 오는 곳입니다. 그래서 간혹 아이들이 원하는 모든 것을 허용해 줄 것으로 오해하는 사람들이 있습니다. 하지만 놀이치료과정에서 말하는 허용이라는 것은 '모든' 행동을 수용한다는 의미는 아닙니다. 놀이치료 자체가 경험을 통한 학습을 목표로 하므로 상담실 안에서의 제한은 현실생활에서 필요한 자기통제를 배우고 훈련하는 기회를 얻는 일입니다. 즉, 제한은 아동에게 선택권을 주고 아동이 자신의 선택에 대한 결과를 수용하고 책임을 지는 과정입니다. 따라서 놀이치료실 안에서의 제한설정은 아동에게 자신의 성장을 위해 스스로 책임져야 한다는 것을 배우는 기회라고 생각할 수 있습니다. 부모님들 중에 치료자의 제한에 대해 섭섭해하거나 오해를 하는 경우가 간혹 있습니다. 아래의 치료적 제한 사항들을 잘 숙지한다면 아이 치료에 대한 이해를 넓힐 수 있을 겁니다. 놀이치료에서 제한 설정 범위는 아이의 증상에 따라 다를 수 있으나 기본적으로 지켜야 하는 제한사항으로는 다음과 같습니다.

(1) 치료실에서의 제한

① "선생님! 이 인형을 가져가면 안 될까요? 이 방에는 놀잇감이 많아서 이것 한 개쯤은 가져가도 되잖아요."
@ 상담 초기에나 상담자와 관계가 깊어지면 아이들은 놀이치료실의 물건을 가져가기를 원합니다. 더 놀고 싶은 마음 때문에 물건을 가져가고 싶어 할 수도 있고, 상담자가 정말로 나를 좋아하는지를 테스트하고 싶은 마음에서 그럴 수도 있습니다. 이때 상담자는 아이의 마음을 수용해 준 후 행동을 제한하게 되고, 대안을 찾을 수 있도록 도와줍니다.

② "이 방에서 나갈래요."
@ 놀이실을 자유롭게 드나들게 허용한다면 치료적 관계를 발전시키는 데 방해가 됩니다. 드문 경우를 제외하고는 상담실 안에서 아동과 상담자는 관계를 맺고 주어진 시간과 공간에서 아이의 어려움을 해결하는 과제를 수행해야 합니다. 화장실이나 물을 먹는 행동은 예외를 두지만, 반복되는 경우에는 상담시간 전에 미리 알려주고 준비할 수 있도록 합니다. 또 의도적으로 치료자를 시험하기 위한 도구일 때도 치료적으로 제한을 하게 됩니다.

③ "더 놀고 싶어요."
@ 몇몇 아동들은 놀이치료 초기에 시간이 퇴실할 시간이 되었는데도 불구하고 나가지 않겠다고 떼를 부리기도 합니다. 아이에게 시간제한을 하는 것은 아이가 놀이실 밖으로 나가게 하는 것이 목적이 아니라 방을 나가기로 결정한 자신의 선택에 책임을 지도록 하는 것입니다.

④ "놀이실에서 소변 봐도 돼요?"

@ 놀이실에서의 소변은 절대 금지입니다. 놀이방에서의 소변을 금지시키는 이유는 물론 방이 더러워지면 안 되는 것도 있지만, 아무 데서나 성기를 노출시켜서는 안 되기 때문입니다. 이러한 행동통제를 통해 조절하는 것을 배우기도 합니다.

(2) 제한을 지키기 위한 부모의 대처

① "나 먼저 치료실에 들어 가 있을래요."

@ 놀이치료실은 상담자와 아이가 함께하는 특별한 공간이고, 아이와 상담자가 관계를 통해 성장하는 공간이기 때문에 항상 같이 입실하는 것을 원칙으로 합니다. 상담시간보다 일찍 왔다고 아이가 지루해할까 봐 아이를 먼저 방으로 들어보내서는 안 됩니다.

② "치료실에 있는 장난감을 몰래 가져왔어요."

@ 치료실의 장난감을 상담자 몰래 집으로 가져온 것을 발견하였다면 다음 시간에 반드시 돌려보내고 아이가 선생님에게 직접 이야기하도록 지도하십시오. "선생님! 제가 지난 시간에 이 장난감을 집에 가지고 가고 싶어서 가져갔어요"라고 말입니다.

③ "집에 있는 장난감을 치료실에 가지고 가서 놀래요."

@ 놀이치료 초반에 아이들은 집에 있는 익숙한 물건을 가져가겠다고 하는 것을 볼 수 있습니다. 그 이유는 익숙한 물건을 낯선 곳에 가져감으로써 낯선 환경에서 느끼는 불안을 감소시키고자 하는 것입니다. 이것은 마치 유아가 특별한 담요나 인형 또는 부드럽고 유연한 물건이 없으면 불안해서 잠을 못 이루는 것과 같습니다. 그럴 경우 놀이실에 아이의 장난감을 가져갈 수 있지만 선생님의 지시를 따르도록 알려 주십시오. 또는 치료자와 무엇인가를 함께 나누고자 할 때도 있습니다. 마음은 알아주되, 치료실에는 그것을 대체하여 함께 나눌 수 있는 것들이 아주 많다는 것을 알려 주세요.

④ "엄마 상담할 때 기다리기 힘들어요."

@ 아이들은 부모상담 시 기다리는 것을 힘들어합니다. 통제의 어려움이 있는 아이의 경우 더 그렇지요. 아이와 부모상담 시간 동안 기다리는 일에 대해 얘기를 나눠 보십시오.

"○○야, 엄마랑 선생님이 상담할 때 기다리기 힘들지? 하지만 40분은 네가 선생님과 만나는 시간이고, 15분은 엄마가 선생님을 만나는 시간이야. 그 시간 동안 너를 더 잘 키우는 방법을 배우게 돼. 어렵겠지만 그 시간은 네가 기다려야 해. 만약 그 시간이 너무 지루하고 힘들면 다음 시간부터 그 시간 동안 네가 즐겁게 할 수 있는 것을 준비해 오자."

그 시간을 기다리는 것에 대해 보상을 받기를 원하거나, 참지 못하고 부모상담 시간에 불쑥불쑥 들어와 당황스럽게 하는 경우도 있지요. 상황이 급할 때는 단호하게 "엄마와 선생님이 이야기하는 시간은 15분으로 정해져 있어. 그 시간 동안은 네가 기다려야 해"라고 하십시오.

부록 2. 부모의 일반적인 궁금증(Q & A)

1) 치료를 받으면 진짜로 우리 아이가 좋아질까요?

상담효과에 대해 100% 나아진다고 확신하는 사람은 이 세상 그 어디에도 없을 것입니다. 그러나 대체적으로 상담의 효과는 많은 연구에서 입증하여 왔고(이 책의 6장 상담유형에서 효과 부분 참조) 많은 아이들이 아동상담을 통해 '새 길'을 찾아 갑니다. 물론 전문가의 도움을 받겠다고 결정하고 나서도, 아이를 잘 도와줄 맞춤형 기관을 찾고 나서도, 상담을 시작하고 나서도 의구심은 여전히 남습니다. 비싼 치료비와 시간을 투자하고도 효과가 없으면 어쩌나에 대한 불확신이 늘 부모를 흔들어 댑니다.

하지만 상담을 받겠다고 결정했다면 이제부터는 효과가 있을지 없을지, 이 기관이 좋은지 안 좋은지, 잘한 결정인지 아닌지에 미련을 두지 말고 효과를 더 빨리 더 많이 얻기 위해 무엇을 할 것인가에 집중하십시오. 상담효과에 대한 부모의 확신 있는 태도는 아이에게 전달되어 아이도 자신의 변화를 위해 더 힘을 쏟게 만듭니다. 또한 혼란스럽지 않고 안정적인 마음으로 상담과정에 몰두하도록 돕습니다. 부모들에게도 치료에 대한 믿음과 확신이 더 협력적인 치료관계를 만들어 효과를 앞당깁니다. 아동의 치료효과에 대한 불안, 치료 및 기관에 대한 궁금증, 의심 및 불만이 생길 때 치료자에게 부모의 이런 마음을 솔직하게 말하고 함께 풀어가는 것이 좋습니다.

2) 아이가 매번 그냥 놀았다고 하는데 놀이로 치료가 되나요?

아이들은 놀이를 통해 자신이 힘들었던 것을 표현합니다. 어른들은 자신의 어려움을 언어로 표현할 수 있지만 아이들은 언어가 유창하지 않기 때문에 자신의 생각과 마음을 언어로 표현하는 것을 어려워합니다. 그렇기 때문에 놀이를 통해 자신의 생각과 마음을 표현하고 거기에 치료자의 치료적 기술이 더해져 아동의 문제가 점진적으로 해결되어 갑니다. 상담자는 아동이 표현하는 놀이를 통해 아동의 어려움을 이해하고, 아동이 경험하고 있는 어려움에서 벗어나서 정서적으로 건강하게 성장하도록 돕기 때문에 아이는 좋아지게 됩니다. 하지만 만약 부모가 좋아질 것이라는 믿음이 없다면 상담과정 동안 아동을 긍정적으로 바라보거나 기다릴 수 없고, 비일관적인 태도를 보일 수 있습니다. 무엇보다 상담기간 동안 부모가 상담에 대한 확신을 가지고 잘 버텨주는 것이 부모가 할 수 있는 치료적 기술입니다.

3) 놀이치료실에 오기 전에 아이에게 상담에 대한 설명을 어떻게 해줘야 할까요?

대부분의 부모는 전문가에게 상담받기를 결정한 후 부모가 아이에게 뭐라고 설명하고 상담실에 데리고 갈지 고민하게 됩니다. 상담실에 처음 온 아이에게 상담실에 대한 설명을 어떻게 듣고 왔냐고 물으면 대답은 다양합니다. 어떤 아이들은 설명 없이 왔다는 아이도 있고, 어떤 아이들은 학원에 가자고 해서 학원인 줄 알고 따라왔다는 아이도 있고, 또는 '네가 성격적으로 문제가 많아서 가자'고 해서 왔다고도 합니다. 부모가 아이에게 정확하게 설명하지 못하는 것은 어떻게, 어디까지 아이에게 설명해야 할지 몰라서이거나, 아이가 어떻게 받아들일지 모르기 때문일 것입니다. 하지만 상담실을 방문하기 전에 부모는 아이에게 상담센터에 가는 이유를 솔직하게 이야기하는 것이 좋습니다. 아이가 경험하고 있는 문제 상황을 정확하게 밝히고, 이것 때문에 아이가 얼마나 힘들어하는지, 추가적으로 부모의 입장에서 부모가 아이에게 어떻게 도움을 주어야 할지 모르기 때문에 이를 해결하기 위해 전문가의 도움을 받기로 결정한 사실을 설명해 주십시오(본서의 7장 예문 참조). 그리고 이에 덧붙여서 몸이 아프면 의사를 찾아가서 도움을 받지만 마음이나 감정이 자신을 괴롭힐 때 혹은 자신은 잘하고 싶은데 잘 안 될 때 상담자와 함께 해결하면 아이가 훨씬 행복해질 수 있기 때문에 상담자의 도움을 받는 것이 필요하다고 말해 주세요. 상담이 시작되면 첫 시간에 상담자는 상담센터를 찾는 이유와 앞으로 상담이 어떻게 진행될지에 대해 다시 한 번 설명할 것입니다. 이러한 절차를 거쳤음에도 아이들은 상담 도중에 힘이 생기면 자신이 왜 상담을 받아야 하는지에 대해 당당하게 묻기도 합니다. 이런 질문을 받을 때 겁내지 말고 처음 했던 것처럼 자신 있게 설명해 주십시오.

4) 놀이치료를 받아서 진전을 보이다가 다시 안 좋아지기(퇴행)도 하나요?

> Q1. 선생님, 우리 아이가 상담을 받아서 많이 좋아졌는데 요즘 다시 어리광 피우고, 떼쓰고……. 예전으로 돌아간 것 같아요. 왜 다시 나빠지는 거죠? 계속 상담을 받을 필요가 있을까요?
>
> Q2. 선생님, 아이가 요즘에 동생을 따라 해요. 예전에는 동생에게 핀잔을 주던 행동을 자기가 하네요?

상담이 시작되어 끝날 때까지의 형상을 나선형 모형으로 설명하기도 합니다. 나선형 모형은 위 아래로 둥글게 곡선을 그리며 오르락 내리락하지만 전체적으로 보면 점진적으로 위로 올라가는 모습을 하고 있지요. 상담을 받고 행동이 개선되어 가는 과정은 '급격한 상향 일직선 모형'이 아닙니다. 부모가 원하는 행동의 외적 변화는 급격히 상향되지 않지만 안전한 치료적

환경에서 상담받는 과정 동안 아이의 심리내적 힘은 분명히 좋아지고 있습니다. 심리 내적 힘을 동반한 '진정한 성장과 발달'은 퇴행을 기반으로 합니다. 퇴행이 없으면 진행도 없습니다. 퇴행하는 아이의 행동을 잘 관찰하여 발견한 일은 상담과정에서 훌륭한 일입니다. 좋아진 일을 발견한 것 만큼이나 치료적으로 역동적인 면을 발견한 거니까요. 이제부터는 아이의 외적 변화에만 초점을 두지 말고 내면의 변화도 살피며, 일어나는 모든 일이 치료적으로 의미 있는 발생임을 이해하길 바랍니다. 어떤 일이 일어나도 변함없이 버티어 주는 부모의 치료적 기술을 응원합니다.

5) 언제까지 아이의 (퇴행) 행동을 기다려야 하나요?

초기가 지나 상담자에 대한 아동의 신뢰감이 깊어지면 아동은 안심하게 되고 긴장이 이완되어 상담자에게 잘 보이려고 했던 그동안의 노력을 하지 않고, 더 깊숙한 내면으로 들어가면서 부정적인 모습을 보이게 됩니다. 이 시기에 잠이 늘었거나 악몽을 꿔서 자다가 우는 일이 많아지거나, 다시 주 증상이었던 틱, 어리광 피우기, 성기 만지기, 떼쓰기 등이 증가할 수 있습니다. 이를 퇴행이라 생각하고 불안해하는 부모도 있습니다. 하지만 이러한 증상들은 치료적으로는 심층작업이 시작되었다는 신호입니다. 우물에 빠졌을 때 바닥을 치지 않으면 위로 올라올 수 없듯이 올라오기 위해 바닥을 치고 있는 중입니다. 얼마나 기다려야 하는지는 아이 문제의 정도와 깊이와 관련이 있습니다. 충분히 머물지 못했다면 다시 내려가야 하므로 아이에게 필요한 양만큼 시간이 필요할 것입니다. 치료적인 퇴행인지 부모를 조종하기 위한 퇴행인지, 치료자와 상의하시고 함께 문제를 풀고 해결해 나가도록 하십시오.

6) 아동 상담을 더 자주, 여러 군데를 병행해서 받으면 증상이 빨리 좋아
지지 않을까요?

간혹 마음이 급한 부모는 아동상담을 자주 받으면 그만큼 빨리 좋아지지
않겠냐며 주 2~3회 혹은 매일 오는 것에 대한 효과를 묻기도 합니다. 다른
기관에서 동시에 병행하여 상담을 받는 것에 대해서도 의견을 묻기도 합니다.

만약 아이가 발달 손상이나 지연에 어려움을 가진 경우라면 보다 자주,
다양한 자극을 받아 효과를 얻을 수 있어 주 2회 정도의 개별아동상담을
하는 경우도 있습니다. 사회기술에 어려움이 있는 아동이라면 개별치료를
마치고 집단아동상담을 연계하거나 병행하는 경우도 있습니다. 대부분의
정서행동 문제를 지닌 아이들은 주로 주 1회의 상담을 진행하여 아이들의
심리적 발달을 도와줍니다. 그러나 특별한 경우로 위기개입이 필요한 경우,
아이가 2번의 상담을 소화할 수 있을 만큼의 상담동기나 내적 힘을 가진
경우, 1회기 만으로는 상담시간이 짧아 시간 연장이 필요한 경우 등에는 2회기
이상의 상담을 진행하기도 합니다.

부모가 불안한 마음에 빨리 치유적 효과를 보고자 두 곳의 상담기관에서
동시에 아동상담을 받고자 할 수도 있으나 이는 아이와 부모 모두에게
혼란을 줄 수 있습니다.

아이에게 상담자는 애착 대상으로 아이-상담자 사이에서의 역동은
매우 복잡하게 진행되며 새로운 모-자관계가 형성됩니다. 따라서 아이에게
상담자가 둘이라는 것은 아이에게 심리적 혼란을 일으키고 치료 진전에
방해가 될 수도 있습니다. 아동의 상황, 특성, 진행과정 등을 신중하게
고려하여 상담자와의 충분한 상의를 통해 아동에게 보다 적절한 개입방법을
결정하시는 것이 필요합니다.

7) 담임선생님께 '우리 아이가 아동상담을 받는다'는 것을 알려야 하나요?

많은 부모들은 "선생님, 우리 아이가 아동상담을 받고 있다는 것을 담임선생님께 말씀드려도 될까요?"라는 질문을 합니다. 이러한 고민은 특히 학기 초가 되면 대부분의 부모들이 공통적으로 하는 고민 중 하나입니다. 아마 부모 입장에서는 담임선생님에게 아이에 대한 정보를 주어 이해와 협조를 받고자 하는 마음이 클 것입니다. 한 아이의 사례가 있습니다. 아이의 ADHD 진단을 받은 어머님이 담임선생님에게 '아이가 ADHD(Attention Deficit Hyperactivity Disorder, 주의력 결핍-과잉행동장애) 진단을 받아서 현재 약물치료와 아동상담을 받고 있으니 잘 부탁드립니다'라고 했다가 반 아이들에게 공개적으로 "애들아, ○○는 장애인이니까 너네가 잘해줘라"라고 말하여 아이는 수치감을, 부모는 자책감에 시달린 경우가 있었습니다.

담임선생님에게 아이에 대한 사정을 알리어 이해를 받으며 원활한 학교생활을 할 수 있을 것이라고 기대하지만, 이와는 다르게 역효과가 날 수도 있다는 점을 염두에 두길 바랍니다. 아이에 대한 정보를 노출하기 전에 선생님의 성향을 먼저 파악해 보는 것이 좋습니다. 우리 아이에 대해 노출해도 편견 없이 이해할 수 있는 성격인지, 어느시점에 이야기를 할 것인지 고민해 볼 필요가 있습니다. 또 아이에 대해 어디까지 이야기하는 것이 좋을지 이러한 고민을 먼저 상담자와 상의해 보는 것도 좋습니다. 부모가 선생님에게 꼭 알리고자 한다면 아이에 대한 정보와 함께 부탁과 협조사항도 함께 선생님에게 말할 것을 권합니다.

8) 상담 기간은 얼마나 걸리나요?

부모님들이 가장 알고 싶어 하는 것은 치료기간이 얼마나 걸리는가 입니다. 그렇지요. 매주 아이를 데리고 센터로 오는 길이 쉽지 않고 참으로 길게 느껴지실 것입니다. 이러한 어머님들의 마음에 조금이나마 위로가 된다면 조심스럽게 말씀드려 보겠습니다. 정확한 기간을 말할 수는 없지만 대략 6개월~1년 정도의 기간에서 가감이 있다고 생각할 수 있겠습니다. 아이들마다 어려움의 종류가 다르고, 정도에 차이가 있으며, 또한 상담에 대한 동기나 협조도가 다르기 때문에 정확하게 말하기는 어렵습니다.

상담기간의 길고 짧음보다는 아이가 진정으로 심리적 도움을 받았는지, 어떻게 하면 더 도움이 될지에 대해 고민의 방향을 전환해 보길 바랍니다. ADHD나 발달장애의 경우, 그리고 중복장애를 가진 경우는 상담시간이 오래 걸린다는것을 염두해 두고 마음의 준비를 할 필요가 있습니다. 아이들의 문제와 상관없이 기간에 집착하다 보면 문제는 해결되지 않았는데 기간이 다 되었다는 생각에 더 조급해지고 결과에 대한 실망만 쌓여 갑니다.

9) 상담 종결 후에도 문제행동이 다시 생기기도 하나요?

상담을 종결한 후에 다시 문제 행동이 생기지 않을까 걱정을 하는 경우도 있습니다. 어떤 부모는 이런 걱정 때문에 종결 시점을 미루기도 합니다. 치료효과에 대해 100% 완벽한 변화를 기대해서도 안 되지만, 문제행동이 없어졌다고 해서 종결하는 것도 아닙니다. 치료실을 떠나서 영글어지는 아이, 겉으로 보기에는 많이 좋아진 듯하지만 내적 힘이 부족하여 작은 환경의 변화에 민감하게 불안해 하는 아이, 상담자를 떠나는 것이 두려워 의존상태를 유지하려는 아이 등 다양한 아이들이 있습니다. 아이가 충분히 단단해졌을 때 상담자와 부모, 아이가 함께 상의하여 종결시점을 정하고 상담실을 떠나는 것이 가장 중요합니다.

이러한 과정을 거쳤음에도 불구하고 문제가 재발되기도 합니다. 그러나 상담받기전의 똑같은 상태나 문제로 되돌아가지는 않습니다. 상담을 받으면서 좌절을 극복할 수 있는 내면의 힘이 생겼기 때문에 또 다른 문제에 직면한다 하더라도 이를 극복할 수 있는 힘이 있습니다. 때로는 그간 생겼던 내적 힘이 환경의 변화를 이길 만큼 안 되어 치료적 도움이 다시 필요할 때도 있습니다. 그럴경우 1~2회기의 추후 상담이나 다른 문제를 해결하기 위해 재상담하는 방법도 있습니다. 그러나 대부분의 경우 충분한 기간 동안 아동상담을 받았고, 부모의 양육태도가 변화되었다면 아이들은 건강하게 성장할 수 있습니다.

부록 3. 부모지원 자원 소개

1) 학/협회

국내

대한소아청소년 정신의학회	http://www.kacap.or.kr
아동심리치료재활학회	http://www.playtherapy.or.kr
아동심리치료학회	http://www.kacpt.or.kr
춤테라피학회	http://www.dancetherapy.or.kr
한국놀이치료학회	http://www.playtherapykorea.or.kr/
한국모래놀이치료학회	http://www.sandplay2004.or.kr
한국모래상자치료학회	http://www.sandtray.or.kr
한국미술치료학회	http://www.arttherapy.com/
한국발달심리학회	http://www.baldal.co.kr
한국발달장애학회	http://www.k-add.co.kr
한국상담심리학회	http://www.krcpa.or.kr/
한국상담학회	http://www.counselors.or.kr
한국심리학회	http://www.koreanpsychology.or.kr/
한국아동학회	http://www.childkorea.or.kr/
한국언어청각임상학회	http://kasa1986.org.kr/
한국인간발달학회	http://www.kahd.or.kr
한국인지행동치료학회	http://www.kacbt.org
한국임상모래놀이치료학회	http://www.sandplay.or.kr
한국임상심리학회	http://www.kcp.or.kr/
한국자폐학회	http://www.autism.or.kr
한국장애인복지관협회	http://hinet.or.kr
한국지적장애인복지협회	http://www.kaidd.or.kr

한국청소년보호협회	http://www.kjpa.or.kr
한국청소년복지학회	http://www.youthwelfare.org
한국청소년학회	http://www.kyra.or.kr
한국특수교육학회	http://www.ksse.or.kr

2) 서울지역 연구소 및 병원 위치 및 연락처

강남구

강남구가정복지센터	개포동	3412-2222
강남연세아동발달연구소(사)	논현동	543-7942
개암아동상담소	일원동	445-4488
김동현 신경정신과 치료실	신사동	545-3203
김선희언어임상연구소	대치동	546-4601
레이디청각언어교육연구원	대치동	501-7715
마음공간심리치료연구센터	도곡동	570-9763
메티스 신경정신과(사)	역삼동	564-7575
밀알연구소	수서동	3411-4665
박주희행동치료실	도곡동	2057-9530
백상소아정신과	역삼동	3452-9700
삼성병원재활의학과 언어치료실	일원본동	3410-2848
신경혜소아청소년발달연구소	율현동	3411-5865
신석호소아청소년 정신과 클리닉(사)	개포동	2226-2231
신철희아동청소년상담센터(전)(사)	대치동	566-2082
연세 유 & 김 신경정신과(사)	삼성동	563-1275
연세말언어센터	일원동	459-3575
영동세브란스병원 이비인후과 언어치료실	도곡동	3497-2587
우리아동발달연구소	개포동	3413-5700

원광아동발달센터(전)(사)	신사동	2634-1147
원광아동상담센터(전)(사)	신사동	516-2356
원호택임상심리상담센터	역삼동	550-4231
이루다아동발달연구소	신사동	518-8175
이신경정신과의원	논현동	517-0471
이해하제 특수체육실	삼성동	547-5876
이화언어장애연구원	신사동	518-8536
자폐증클리닉센터	논현동	549-9915
정인아동청소년상담센터(전)	도곡동	571-4981
주영어린이발달연구원 언어치료실	신사동	514-7139

강동구

강동소리샘치료교육센터	명일1동	427-7924
강동신경정신과 언어치료실	갈동	487-6220
강동아동발달센터	천호동	470-4222
강동종합사회복지관	천호3동	475-4585
강동특수교육원	길동	473-3403
김미자 음악치료	성내3동	489-2722
로뎀나무아동발달센터	성내2동	477-7040
로뎀나무아동발달센터(사)	성내2동	477-7040
사과나무소아정신과의원(사)	천호2동	482-5275
성내종합사회복지관	성내동	478-2555
소리샘치료교육센터	명일동	427-7924
아이비특수교육원	천호2동	474-3825
이재희맑은샘언어치료센터	암사동	441-1003
이해빛언어치료실	천호1동	451-6000
천사종합복지센터	성내3동	483-3962
한국HARP심리연구소(사)	명일동	426-7595
홍치료놀이센터	성내동	470-0654

강북구

국립재활원 언어치료실	수유5동	902-3763
노엘아동발달연구원	수유3동	905-8626
노엘언어연구실	수유3동	905-8626
맑은샘 특수체육교실	번2동	942-0683
미래생활체육교실	수유동	016-216-2966
순천향언어연구소	수유동	998-3987
순천향학습자폐언어발달연구소	번1동	998-3987
신경숙언어연구원	번동	903-3711
애화언어치료실	미아3동	987-7149

강서구

강서한빛아동발달연구소	등촌동	2658-9575
기쁜우리복지관	가양동	3665-3831
늘푸른나무복지관 치료실	가양동	3661-3401
방화6단지종합사회복지관	방화6동	666-6181
백상신경정신과치료실	화곡본동	696-0913
연세언어치료교육원	등촌3동	3665-0975
한경언어교육원	방화4동	019-267-8566
한마음조기교육실	화곡6동	2608-1665

관악구

관악아동발달센터	봉천2동	875-0707
김익수, 김금미 자폐아치료센터	봉천6동	8982-0788
낮은울타리	봉천7동	887-5652
마음클리닉 디딤 서울대입구	봉천7동	872-0675
삼육재활외래센터(수영)	봉천동	871-3636
삼육재활원 언어치료실	봉천동	878-8122
서울대학교장애아동체육교실	신림9동	880-7790
중대부설종합사회복지관	봉천10동	872-5802

특수교육센터	신림8동	863-7808
포올운동교실	봉천3동	873-2501
하은주언어치료연구소	신림동	875-0480
햇빛교실	봉천3동	017-280-7238

광진구

STM언어교육원	구의동	456-7897
국립서울정신병원 자폐치료센터	중곡3동	204-0374
마음들(언어인지발달교육원)	구의동	220-9310
신강특수교육연구원	중곡2동	453-7987
장언어치료실	구의1동	454-6009
조순숙언어교육원	광장동	446-1220

구로구

| 개봉초등학교 병설유치원 특수학급 | 개봉3동 | 2613-0936 |
| 서울정신학교 유치부 | 궁동 | 688-1304 |

노원구

공릉종합사회복지관	공릉3동	974-2989
광운참빛아동지원센터	월계동	940-5778
김화수언어장애연구원	상계8동	935-4300
노원1종합사회복지관	월계4동	979-0700
노원구보육정보센터	상계동	930-1943
노원아동발달센터	하계1동	974-9910
노원을지병원 이비인후과 언어치료실	하계1동	970-8273
다지기특수체육교실	상계동	935-3968
마들사회복지관 조기교실	중계3동	971-8387
마음클리닉 디딤 노원	상계동	909-8782
미래조기교육원	상계동	952-1971
베데스다복지재단	중계동	3391-2123
온누리특수아동 조기교육원	공릉1동	975-1543

정&정 아동센터	하계동	3391-2627
플라리스미술치료실	하계동	977-7277
해담아동발달연구소	상계동	933-7582

도봉구

| BPA종합발달센터 | 창4동 | 933-8677 |
| 이화아동상담센터 | 창동 | 999-5232 |

동대문구

경희의료원 한방병원 언어치료실	회기동	958-9219
동부아동상담소	장안동	248-4567
서울휘경유치원 특수학급	휘경2동	2242-0356
장안종합사회복지관	장안1동	242-7564
하늘꿈터	이문2동	969-3927
하연상담교육연구소	답십리동	2248-2221
헬렌켈러 연구소	전농1동	245-0057

동작구

박민숙신경과 발달장애교실	사당1동	523-2211
삼성소리샘복지관	상도4동	824-1414
시립남부장애인종합복지관	신대방2동	841-2077
아낌없이 주는 나무	사당1동	581-1320
원광아동상담실	흑석동	816-2082
이경미아동발달센터	신대방동	834-5174
최희언어치료실	사당동	533-6931

마포구

상암교회부설 나사렛언어치료실	상암동	304-1352
연세누리정신과(사)	노고산동	6357-7575
연희아동가족상담센터	서교동	334-3316
윤승주언어발달연구소	합정동	3141-2080
학습아동발달센터	성산동	374-9741

한국부모코칭센터(사)	도화동	704-5478
한신아동발달임상센터	대흥동	704-7665

서대문구

김수연아기발달연구소	대신동	765-8158
동서한방병원언어치료실	연희동	320-7806
명지심리언어클리닉	남가좌동	300-1700
서대문종합사회복지관	남가좌1동	375-5040
연세아동가족상담센터(전)	신촌동	2123-3480
연세의료원재활병원 재활심리실	신촌동	361-7581
이대언어청각임상센타	대현동	360-3270
이혜련상담연구소(사)	대신동	393-7745
이화여대발달장애아동센터 언어치료실	대신동	3277-3270
이화움직임센터(발달장애운동)	대신동	312-2595
한국아동문제연구소	대신동	393-7745
홍아동발달연구소	홍제동	723-1944

서초구

강남성모병원재활의학과 언어치료실	반포동	590-1114
강남아동상담센터	서초동	523-2662
글라라언어발달연구원	서초동	3482-8403
기쁨언어치료교실	서초동	523-5646
김수영 언어연구원	반포본동	593-5336
김신자행동수정 연구소	서초동	523-2714
다미솔 언어연구원	서초3동	584-2244
두리언어치료교육센터-뚝섬역점	성수1가	499-1758
마음클리닉 디딤 서초	방배동	534-7576
말.언어치료연구원	서초동	568-6777
모니카아동가족지원연구소(사)	잠원동	3446-7856
박성복언어연구원	서초동	525-2736

박성숙신경정신과 치료실	서초동	586-7678
발달장애아행동연구소	방배동	587-9370
사랑의 복지관 조기교실	서초4동	3450-7734
서울시립병원 장애아교육실	내곡동	575-3300
서울아동청소년 상담센터	잠원동	3477-7942
서초여성회관 언어치료실	방배3동	522-0291
성모특수교육원	금호동	2238-1782
송암수중체조교실	방배4동	530-8282
연세언어치료실	금호동	2235-4475
예사랑언어치료실	성수1가	499-9733
예사랑특수어린이집	성수1동	498-9733
윤미선언어청각연구실	방배동	588-3457
이화특수교육센터	양재동	572-5478
장애아동가족지원 연구소	방배1동	521-5364
정신운동발달연구소	서초동	552-0083
지현운동발달실	방배3동	525-1665
채인영신경정신과 발달장애교실	방배1동	522-7575
한국교육문화원	방배본동	593-2045
한국아동상담센터	방배동	3476-5009
한국아동신경발달연구소	방배동	523-3930
한국언어청각센터	반포동	537-8537
한림대학교난청언어연구센터	잠원동	3446-2474

성북구

라임청소년상담센터(전)	동소문동	928-4275
서울명수학교(정신지체특수학교)유치부	성북동	762-8452
아이마음체육교실	장위1동	010-7413-0506
연세언어치료교육 연구원	길음동	914-9075
참 잘크는 아이들	삼선동	745-8319

한국아동발달지원센터(사)	동소문동4가	953-8502

송파구

YMCA가락종합사회복지관 조기교실	가락동	449-2347
곰두리체육관	오금동	404-6240
김영미언어치료실	가락동	010-6688-2794
김희수언어임상연구원 송파점	잠실동	2144-6233
다솜특수체육교실	문정동	406-4556
다운센터	거여동	400-6912
단혜아동가족상담센터(전)(사)	잠실동	2145-4740
마음클리닉 디딤 송파	석촌동	6289-1133
믿음특수교육연구소	오금동	448-2519
삼전종합사회복지관	삼전동	421-6077
서울언어치료센터	석촌동	419-4192
서울중앙병원 재활의학과 언어치료실	풍납동	2224-3786
아이코리아 치료교육연구소	장지동	2144-1120
어린이언어발달연구원	가락본동	404-3814
예사랑조기교실	거여동	403-0956
원광아동청소년상담센터(전)(사)	잠실동	3432-2356
인성종합사회복지관	마천1동	431-8881
정신아동발달임상연구원	송파동	413-6602
조양호언어치료실	신천동	424-6353
천주가락교회 베드로교실	송파2동	413-9739
한국아동발달지원센터(사)	장지동	2144-1120
한국어린이육영회치료교육연구소	신천동	202-1505
한국언어장애연구소	신천동	424-6352

양천구

극동심리상담연구원(사)	목1동	2646-6826
도담아동발달연구소	신정동	2690-1057

마인드케어의원(사)	신정5동	2602-7588
목동아동발달센터	신정5동	2698-7551
박연진특수아크리닉	신정동	2608-5687
새길아동청소년상담센터(전)(사)	목1동	2642-6848
서울베다니학교 언어치료실	신월1동	692-5081
언어치료교육원 도토리	목1동	2654-7576
이영숙 언어치료실	신정5동	694-5395
이혜원언어교육원	목3동	2647-2784
한국아동문제연구소	목6동	634-6667
한정주 언어임상연구원	신정5동	2608-9531

영등포구

민재심리발달연구소(전)(사)	당산동	2635-1137
라파언어치료교육실	신도림동	2068-1202
살레시오청소년센터(사)	대림1동	832-5026
여의도성모병원재활의학과 언어치료실	여의도동	3779-1255
영등포아동가족상담센터(사)	신길5동	845-1272
영중초등학교 병설유치원 특수학급	영등포동	2633-8793
한국어린이재단 특수아동교실	신길5동	849-1454

용산구

서울아동발달연구소	후암동	319-5999
소리띠언어치료실	한남2동	798-6157
쏘르띠언어치료교육실	한남2동	798-6157
숙명여대놀이치료센터	청파동	710-9158
숙명여대음악치료센터	청파동	710-9657
온누리교회 조기교실	서빙고동	793-9686

은평구

| 늘푸른발달지원센터 | 응암4동 | 373-3536 |
| 서부장애인종합복지관 | 구산동 | 351-3984 |

| 박경미 언어치료실 | 응암동 | 388-0526 |
| 서울시립은평병원 언어클리닉 | 응암동 | 300-8257 |

종로구

대한적십자사 중부적십자봉사관 언어치료실	숭인2동	2238-3103
미카엘아동발달교육원	명륜2가	3676-2994
서울대병원소아정신과 주간치료실	연건동	2072-3572
서울대학교부속병원	연건동	760-2882
이준자 언어청각연구소	필운동	739-7818
임계원신경정신과 PDD크리닉	혜화동	747-6131

중구

| 성심어린이집 해바라기반 | 신당2동 | 232-6904 |
| 행복한 언어치료실 | 신당2동 | 2238-8849 |

중랑구

두리언어치료교육센터	묵동	971-8085
우리언어치료실	면목1동	435-7595
원광장애인종합복지관	신내동	438-2691
중랑문화원 통합예술치료	면목4동	010-9898-0654
혜인언어치료실	상봉동	432-8961

3) 경기도 지역 기관 위치 및 연락처

고양시

도우리아동상담소(사)	고양시 장항동	031-906-8223
송정중신경정신과	고양시 주엽동	031-918-7575
아동청소년상담센터 지오(전)	고양시 일산동구	031-906-2386
연세이룸정신과(사)	고양시 장항동	031-902-7820
이보연아동가족상담센터	고양시 백석동	031-903-9212

일산병원 정신과	고양시 백석동	031- 900-0480~1
일산아동발달센터(사)	일산서구 일산2동	031-977-7547
청아신경정신과(사)	고양시 주엽동	031-716-7234
한국아동발달일산센터	일산서구 탄현동	031-921-7577
한울아동가족상담센터	고양시 장항동	031- 921-1218
햇살신경정신과	고양시 행신동	031-978-6688

분당구

마라 아동상담센터	분당구 수내동	031-712-1685
분당어린이카운슬링(전)(사)	분당구 서현동	031-701-1685
아동청소년 상담센터 맑음(사)	분당구 야탑동	031-706-1417
연세주니어상담클리닉 분당	분당구 서현동	031- 781-8626
연세해피마인드클리닉	분당구 서현동	031- 707-3343
청솔아동청소년 상담소(사)	분당구 금곡동	031- 716-7234
한국행동수정연구소	분당구 서현동	031-783-5722

수원시

마음과마음심리상담센터	수원시 영통동	031-224-2355
수원대 아동가족상담센터	화성시 와우리	031- 220 2534
수원시 청소년상담센터	수원시 인계동	031-212-1218
아이마음 학습발달연구소(사)	수원시 매탄동	031-212-3476
아주심리상담센터	수원시 팔달구	031-219-1721
아주행동수정센터	수원시 팔달구	031-224-3630
오은영소아청소년클리닉	수원시 영통동	031-2415-1543
이화학습발달연구소(수원)	수원시 우민동	031-217-6913
좋은마음신경정신과	수원시 정자동	031-269-0033
화성동실 미술치료연구소	화성시 병점동	031-224-1114

의정부시

강남연세아동발달연구소	의정부시 신곡동	031-853-7922

광명시

빛나라 아동심리놀이센터	광명시 하안동	02-897-2966
하안종합사회복지관(사)	광명시 하안동	02-894-0720

인천광역시

인천아동복지관	인천시 도화동	032-876-0045
이솔아동발달센터(사)	인천시 원당동	032-552-7220
힐리언스심리상담연구소	인천시 부평	032-508-2405~7

부천시

춘의종합사회복지관	부천시 춘의동	032-653-6531
한국심리언어연구소(사)	부천시 심곡본동	032-662-0475
한국일면심리발달센터(사)	부천시 상동	032-325-8375

용인시

우물가마음치료상담소(사)	용인시 수지구	031-272-5281
최종진 정신과 의원	용인시 풍덕천동	031-261-6901

안산시

한빛아동센터(사)	안산시 고잔동	031-411-8286

안양시

새중앙상담센터	안양시 평촌동	031-425-3000

가평군

신현영미술심리치료센터	가평군	031-584-3320

이천시

길아동청소년상담센터	이천시 갈산동	031-215-1543

4) 지방

강원도

강원심리상담센터	원주시 일산동	033-745-3275
동해심리상담센터	동해시 천곡동	033-535-2271

대전/충청

다솜소아정신과공감놀이발달센터(사)	대전시 둔산동	042-487-3724

문채련심리상담센터	청주시 개신동	043-266-0520
남서울대학교 아동가족상담센터(사)	천안시 성환읍	041-580-2410
임정란아동청소년발달센터(사)	유성구 어은동	042-863-8006
지규남아동청소년상담센터(사)	천안시 서북구	041-576-1916

경북

153심리상담센터	경주시 성건동	054-284-8383

대구광역시

Kim's아동가족상담센터(사)	서구 둔산동	042-471-3501
KUNSTHOUS(쿤스트하우스)	수성구 중동	010-5143-2489
대구심리상담센터	달서구 신당동	053-589-7520
대구심리상담연구소	수성구 범어3동	053-754-0702
마인드플러스심리상담센터	중구 대봉 1동	053-253-2704~5
명성미술심리치료센터	북구 침산동	053-215-4405
새미래정신재활연구소	달서구 신당동	053-582-6726
이화심리상담연구소	남구 봉덕 2동	053-475-5965

경남

노리심리미술치료센터	창원시 용호동	055-264-1985
아이조은세상크리닉센터	김해시 외동	055-337-1027
연세미술심리치료센터	밀양시 교동	055-353-7115
한국미술심리치료센터	김해시 삼방동	055-322-2236

울산광역시

울산아동발달센터	남구 무거동	052-224-8879

부산광역시

(사)가족상담센터 희망의 전화	남구 대연3동	051-623-1399
(사)부산가정법률상담소 　　부설 가정폭력관련상담소	동구 초량3동	051-469-2987
(사)부산여성의전화	진구 전포2동	051-817-4321
(사)한국발달상담연구소 부산센터	동래구 사직동	051-502-4710
(사)한국심성교육개발원	연제구 연산5동	051-868-2977

TS 부산심리상담센터	남구 대연3동	051-627-6646
강문주심리상담소	해운대구 중동	051-701-8440
다다이즘 미술심리치료센터	연제구 연산동	051-868-9992
동그라미아동가족상담센터	중구 보수1가	011-9307-7211
부산가족발달상담센터	남구 대연5동	051-622-8001
부산북부미술치료센터	사상구 모라동	051-328-0709
부산상담및심리치료연구소	연제구 거제동	051-505-7202
부산심리상담미술치료센터	진구 양정동	011-862-3239
부산심리상담센터	남구 대연동	051-627-6646
샛별아동미술심리치료센터	진구 전포동	051-805-5391
신라대학교 가족상담센터	사상구 괘법동	051-309-5742
아미정신건강센터	서구 아미동	051-244-2005
연우심리연구소	해운대구 좌동	051-746-9801
예진미술치료연구소	진구 양정동	051-926-8306
우리아이미술심리치료연구소	사하구 괴정동	051-208-6326
은별미술심리치료센터	연제구 연산동	051-753-1179
조이상담센터	북구 구포2동	051-361-8891
하얀숲미술심리상담센터	진구 전포동	051-816-2237
한국교육상담센터	수영구 남천동	051-631-8248
행복을여는문상담센터	중구 중앙동	051-740-5377
광주/전라		
광주심리상담연구소	광주 북구 신안동	062-527-3400
길명상담연구소	광주 동구 학동	062-227-8853

마음사랑의집	전북정읍시시기동	063-533-8233
샘솟는심리상담센터(사)	광주 동구	062-228-2448
전북가족상담연구소	전주시 서노송동	063-272-0622
참성장심리상담센터	광주광역시 동구	062-222-6811~3
한울사이코드라마연구소	광주시 북구 신안동	062-527-3404

5) 특수학교 사이트

서울

광성하늘빛학교	http://www.hanulbit.sc.kr/
광성해맑음학교	http://shine.sc.kr
다니엘학교	http://www.daniel.sc.kr/
밀알학교	http://www.miral.sc.kr/
서울경운학교	http://www.gyeongun.sc.kr/
서울광진학교	http://www.kjin.sc.kr/
서울동천학교	http://www.dongchun.sc.kr/
서울명수학교	http://www.myungsu.sc.kr/
서울인강학교	http://www.ingang.sc.kr/
서울정문학교	http://www.jeongmun.sc.kr
서울정애학교	http://www.jungae.sc.kr/
서울정인학교	http://www.jeongin.sc.kr/
서울정진학교	http://www.jungjin.sc.kr/
성베드로학교	http://www.stpeters.sc.kr/
수도사랑의학교	http://www.sudolove.sc.kr/
은평대영학교	http://www.sep.sc.kr/
주몽학교	http://www.jumong.sc.kr/
한국육영학교	http://www.yukyoung.sc.kr/

경기

경은학교	http://www.ge-s.sc.kr/
동방학교	http://www.dongbang.sc.kr/
동현학교	http://www.donghyun.sc.kr/
명현학교	http://www.myhy.sc.kr/
명혜학교	http://www.myhe.sc.kr/
밝은학교	http://www.bgn.sc.kr/
부천혜림학교	http://www.hl.sc.kr/
새얼학교	http://www.saeul.sc.kr/
성광학교	http://www.sksk.org/
성남혜은학교	http://www.hyeeun.sc.kr/
성심학교	http://www.seongsim.sc.kr/
성은학교	http://www.sbse.sc.kr/
안양해솔학교	http://www.haesol.sc.kr/
인덕학교	http://www.induk.sc.kr/
자혜학교	http://www.jh.sc.kr/
창인학교	http://www.changin.or.kr/
한국경진학교	http://www.kj.sc.kr/
한국선진학교	http://www.sunjin.sc.kr/
해원학교	http://www.huimang.or.kr/
홀트학교	http://www.holt.sc.kr/

부산

부산동암학교	http://www.dongam.sc.kr/
부산두레학교	http://www.doorhe.com/
부산성우학교	http://www.sungwoo.sc.kr/
부산은애학교	http://www.eunai.sc.kr/
부산혜성학교	http://www.hyeseong-s.sc.kr/
부산혜원학교	http://www.hyewon-s.sc.kr/

대구

대구남양학교	http://www.namyang.sc.kr/
대구덕희학교	http://www.dukhee.sc.kr/
대구보명학교	http://www.bomyung.sc.kr/
대구선명학교	http://www.smschool.sc.kr/

인천

인천연일학교	http://www.yonil.sc.kr/
인천예림학교	http://www.yerim.sc.kr/
인천인혜학교	http://www.inhye.or.kr/
인천혜광학교	http://www.ichk.sc.kr/

광주

광주선광학교	http://www.sunkwang.sc.kr/
광주선명학교	http://www.sunmyong.sc.kr/

대전

대전혜광학교	http://www.hyekwang.sc.kr/

울산

울산혜인학교	http://www.hyein.sc.kr/
태연학교	http://taeyoun.sc.kr/

강원

강릉오성학교	http://www.knose.sc.kr/
속초청해학교	http://www.속초청해학교.kr/
태백미래학교	http://www.tbmirae.sc.kr/

충북

꽃동네학교	http://www.kkot.sc.kr/
제천청암학교	http://www.cheongam.or.kr/
청주성신학교	http://www.cjss.sc.kr/
청주혜원학교	http://www.cjhwon.sc.kr/
청주혜화학교	http://www.hehwa.sc.kr/

충남

공주정명학교	http://www.jeongmyeong.sc.kr/
나사렛새꿈학교	http://www.ns.or.kr/
보령정심학교	http://jeongsim.sc.kr/
서산성봉학교	http://www.seongbong.sc.kr/
천안인애학교	http://www.inae.sc.kr/

전북

군산명화학교	http://www.myounghwa.sc.kr/
전북혜화학교	http://www.hyehwa.sc.kr/
전주유화학교	http://www.yoohwa.sc.kr/
전주은화학교	http://www.eunhwa.sc.kr/
전주자림학교	http://www.jarim.sc.kr/

전남

강진덕수학교	http://www.duksu.net/
목포인성학교	http://www.mpinsung.sc.kr/
여수여명학교	http://yeomyeong.sc.kr/
함평영화학교	http://www.yh.sc.kr/

경북

경북영광학교	http://www.kbyk.sc.kr/
경희학교	http://www.gyeonghui.sc.kr/
상희학교	http://125.242.115.140/class/
안동영명학교	http://www.andong.sc.kr/
안동진명학교	http://www.adjm.sc.kr/

경남

거제애광학교	http://www.aikwang.sc.kr/
경남은광학교	http://www.ek.ac.kr/
경남은혜학교	http://www.eunhye.sc.kr/
경남천광학교	http://www.kcs.sc.kr/

경남혜림학교	http://www.knhr.sc.kr/
통영잠포학교	http://www.jp.sc.kr/

제주

서귀포온성학교	http://www.onseong.sc.kr/
제주영송학교	http://www.youngsong.sc.kr/
제주영지학교	http://www.youngji.sc.kr/

6) 지역 장애인종합복지관 사이트

강릉시장애인종합복지관	http://www.gnrehab.or.kr/
경기도장애인종합복지관	http://www.ggrehab.or.kr/
경남장애인종합복지관	http://www.assist.or.kr
경북장애인종합복지관	http://www.kbrc.or.kr
고양시장애인종합복지관	http://goyangrehab.or.kr/
광주광역시장애인종합복지관	http://www.kjwc.or.kr/
대구장애인종합복지관	http://www.dgrc.or.kr/
대전시립장애인종합복지관	http://www.tjrehab.or.kr/
부산장애인종합복지관	http://www.rehabcenter.or.kr
부천시장애인종합복지관	http://www.pchand.or.kr/
서울강북장애인종합복지관	http://happylog.naver.com/gangbukrc.do
서울남부장애인종합복지관	http://www.ilovenambu.or.kr/
서울북부장애인종합복지관	http://www.internet.or.kr/
서울서부장애인종합복지관	http://www.openlife.or.kr/
서울장애인종합복지관	http://www.seoulrehab.or.kr/
성남시장애인종합복지관	http://www.rehab21.or.kr/
수원시장애인종합복지관	http://www.suwonrehab.or.kr/
안산시장애인종합복지관	http://www.ansanrehab.or.kr/
울산시장애인종합복지관	http://www.ulsanrehab.or.kr/

인천광역시장애인종합복지관		http://www.icjb.or.kr/
전남장애인종합복지관		http://www.relife.or.kr/
전북도립장애인종합복지관		http://www.jbwe.or.kr
제주도장애인종합복지관		http://www.jejurehab.or.kr
춘천시장애인종합복지관		http://www.ccrehab.or.kr/
충남서부장애인종합복지관		http://www.westrc.or.kr/
충북장애인종합복지관		http://www.cbr.or.kr/

7) 서울지역사회복지관

가락종합사회복지관	449-3691	http://www.garak.or.kr/
가산종합사회복지관	806-6856	http://www.gasan.or.kr/
가양4종합사회복지관	2659-1301	http://www.yonseigayang.or.kr/
가양5종합사회복지관	2668-1623	http://www.gayang.chueonsa.or.kr/
가양7종합사회복지관	2668-4225	http://www.gayang7.or.kr/
갈월종합사회복지관	752-7887	http://www.galwol.or.kr/
강남종합사회복지관	451-0051	http://www.kangnamwelfare.or.kr/
강동종합사회복지관	2041-7800	http://www.kdswc.or.kr/
공릉종합사회복지관	948-0520	http://www.gongneung.or.kr/
광장종합사회복지관	2201-1333	http://www.gj.or.kr/
구로종합사회복지관	852-0522	http://www.9ro.or.kr/
구세군강북종합사회복지관	986-0698	http://www.gangbuk.or.kr/
궁동종합사회복지관	2613-9367	http://www.happykd.or.kr/
기쁜 우리 복지관	3665-3831	http://www.gibbun.or.kr/
길음종합사회복지관	985-0161~4	http://www.guswc.org/
까리따스방배종합복지관	522-6004	http://www.cbwc.or.kr/
노원종합사회복지관	949-0700	http://www.nowon.or.kr/
노원북부종합사회복지관	934-7711	http://www.bookboo.or.kr/

녹번종합사회복지관	355-4044	http://www.nokbeon.or.kr/
늘푸른나무복지관	3661-3401	http://www.egreen.or.kr/
능인종합사회복지관	571-2989	http://www.nungin.or.kr/
대방종합사회복지관	826-2900	http://www.daebangswc.org/
대청종합사회복지관	459-7514	http://www.daechung.or.kr/
도봉서원종합사회복지관	3494-4755	http://www.seowonbokji.or.kr/
동대문종합사회복지관	920-4599	http://www.communitycenter.or.kr/
동작아수종합사회복지관	591-3721	http://www.isuwelfare.or.kr/
동작종합사회복지관	812-9001	http://www.dongjaksw.or.kr/
등촌1종합사회복지관	2658-6606	http://www.dc1welfare.or.kr/
등촌4종합사회복지관	2658-1340	http://www.dc4.or.kr/
등촌7종합사회복지관	2658-6521	http://www.dc7.or.kr/
등촌9종합사회복지관	2658-4127	http://www.dc9.or.kr/
마들종합사회복지관	971-8387	http://www.madeul.org/
마천종합사회복지관	448-3302	http://www.kwf-mc.or.kr/
마포장애인종합복지관	306-6212	http://www.mapowelfare.or.kr/
면목종합사회복지관	436-0500	http://www.truem.or.kr/
목동종합사회복지관	2651-2332	http://www.mokdongswc.org/
반포종합사회복지관	3477-9811	http://www.mybanpo.org/
방배종합사회복지관	584-9004	http://www.cbwc.or.kr/
방아골종합사회복지관	3491-0500	http://www.bangahgol.or.kr/
방이복지관	3432-0477	http://www.bangiwelfare.or.kr/
방화2종합사회복지관	2662-6661	http://www.banghwa2.or.kr/
번2동종합사회복지관	989-4214	http://www.saeun.com/
본동종합사회복지관	817-8052	http://www.bdswc.or.kr/
봉천종합사회복지관	875-4422	http://www.bongchuny.or.kr/
방화11종합사회복지관	2661-0670	http://www.banghwa11.or.kr/
방화6종합사회복지관	2666-6181	http://www.21csw.or.kr

사당종합사회복지관	597-3710	http://www.sadangwelfare.org/
사랑의 복지관	3479-7733	http://www.esarang.org/
사랑의전화마포종합사회복지관	712-8600	http://www.laf.or.kr/
삼전종합사회복지관	421-6077	http://www.samjeon.or.kr/
상계종합사회복지관	951-9930	http://www.sanggyebokji.or.kr/
상도종합사회복지관	825-4875	http://www.happysangdo.or.kr/
생명의전화종합사회복지관	916-9193	http://www.lifelineseoul.or.kr/
서대문종합사회복지관	376-0500	http://www.sdmbokji.or.kr/
서울시립대학교종합사회복지관	3411-1988	http://www.uoscc.or.kr/
서울시립정신지체인복지관	846-1569	http://www.seoulmr.or.kr
서초양재종합사회복지관	579-4782	http://www.seochowc.or.kr/
선의관악종합사회복지관	886-9935	http://www.goodwill.or.kr/
성내종합사회복지관	478-2555	http://www.welfarecenter.or.kr/
성동종합사회복지관	2290-3100	http://www.omni.or.kr/sjs/
성모자애복지관	3411-9581	http://www.smwelfare.or.kr/
성민종합사회복지관	876-0900	http://www.smw.or.kr/
성프란치스코장애인복지관	830-6500	http://www.fwc.or.kr/
송파종합사회복지관	401-1919	http://www.songpacc.or.kr/
수서명화종합사회복지관	2226-1391	http://www.mhwelfare.or.kr/
수서종합사회복지관	459-5504	http://sschild.sc.or.kr/
신길종합사회복지관	831-2755	http://www.singil.org/
신내종합사회복지관	3421-3400	http://www.snwc.or.kr/
신당종합사회복지관	2231-1876	http://www.shindang.or.kr/
신림종합사회복지관	851-1767	http://www.sillym.or.kr/
신사종합사회복지관	376-4141	http://www.sscc.or.kr/
신월종합사회복지관	2605-8728	http://www.sinwc.or.kr/
양천장애인종합복지관	2061-2500	http://www.ycsupport.or.kr/

에덴장애인종합복지관	2611-0589	http://www.edenwelfare.org/
영등포종합사회복지관	845-5331	http://www.kwf-ydp.or.kr/
옥수종합사회복지관	2282-1100	http://www.oksoocwc.or.kr/
우면종합사회복지관	577-6321~2	http://www.woomyun.or.kr/
원광장애인종합복지관	438-2691	http://www.wwcd.or.kr/
월계종합사회복지관	995-2092	http://www.wwc.or.kr/
월곡종합사회복지관	911-5511	http://www.ewolgok.or.kr/
유락종합사회복지관	2235-4000	http://www.yurak.or.kr/
유린원광종합사회복지관	438-2691	http://www.yurin.or.kr/
은평종합사회복지관	307-1181	http://www.eunpyeong.or.kr/
이대성산종합사회복지관	374-5889	http://www.sungsan21.org/
인성장애인종합복지관	431-8881	http://www.dasan.org/
자양종합사회복지관	458-1665	http://www.jayang.or.kr/
잠실종합사회복지관	423-7806	http://www.jamsilswc.or.kr/
장안종합사회복지관	2242-7564	http://www.jang-an.or.kr/
장위종합사회복지관	918-3073	http://www.jangwi.or.kr/
정릉종합사회복지관	909-0434	http://www.jnwelfare.or.kr/
종로종합사회복지관	741-4906	http://www.jongno.or.kr/
중계종합사회복지관	952-0355	http://www.junggye.or.kr/
중곡종합사회복지관	453-3217	http://www.chunggok.org/
중앙대부설종합사회복지관	872-5802	http://www.causwc.or.kr/
창동종합사회복지관	993-3222	http://www.changdong21.or.kr/
충현복지관	584-4885	http://www.chw.or.kr/
태화기독교종합사회복지관	2040-1600	http://www.taiwha.or.kr/
평화종합사회복지관	949-0121	http://www.pyunghwa.or.kr/
풍납종합사회복지관	474-1201	http://poongnap.dasan.org/
하상장애인종합복지관	451-6000	http://www.hasang.org/
한빛종합사회복지관	2690-8542	http://www.han-bit.or.kr/

홍은종합사회복지관	391-2381	http://www.hwelfare.or.kr/
화원종합사회복지관	837-0761	http://www.hwawon.org/
효창종합사회복지관	716-0600	http://www.hyochang.or.kr/

8) 지방지역사회복지관

강원

강릉종합사회복지관	강원도 강릉시 입암동 49-9	653-6375-6
동해종합사회복지관	강원도 동해시 천곡동 1098	533-8247
명륜종합사회복지관	강원도 원주시 명륜2동 705 임대단지내	762-8131-2
삼척종합사회복지관	강원도 삼척시 원당동 170	573-6168
속초종합사회복지관	강원도 속초시 교동 961-1 주공3차	631-8761-2
양구종합사회복지관	강원도 양구군 양구읍 상리 394-14	480-2241
양양군종합사회복지관	강원도 양양군 양양읍 연창리 203-19	670-2187
원주가톨릭종합사회복지관	강원도 원주시 봉산2동 950	744-6617
원주종합사회복지관	강원도 원주시 태장1동 729-3	732-4007
월드비전춘천종합사회복지관	강원도 춘천시 효자1동 373-90	254-7244
정선군종합사회복지관	강원도 정선군 정선읍 봉양리 144-5	563-2922
춘천종합사회복지관	강원도 춘천시 후평3동 석사3지구내	242-0051-5
춘천효자종합사회복지관	강원도 춘천시 효자2동 333 주공8단지	261-1790
홍천군종합사회복지관	강원도 홍천군 홍천읍 진상리 21-1	430-2341
화천종합사회복지관	강원도 화천군 화천읍 아리 239	440-2321
횡성군종합사회복지관	강원도 횡성군 횡성읍 읍하리 500-1	345-3450-2

경기

가야종합사회복지관	경기도 군포시 산본동 1155 주공5단지내	395-4894-5
거모종합사회복지관	경기도 시흥시 거모동 67블럭 6노트	493-6347-9
고강복지회관	경기도 부천시 오정구 고강본동 324-4	677-9090

고양시문촌7종합사회복지관	경기도 고양시 일산구 주엽2동 14 문촌7단지	916-4071-2
고양시문촌9종합사회복지관	경기도 고양시 일산구 주엽2동 23 문촌9단지	917-0202
고양시원당종합사회복지관	경기도 고양시 덕양구 성사2동 736-2	966-4007-8
고양시일산종합사회복지관	경기도 고양시 일산구 일산동 620-3	975-3322
고양시흰돌종합사회복지관	경기도 고양시 일산 백석동 1434 흰돌마을 4단지	905-3400-1
과천종합사회복지관	경기도 과천시 별양동 1-17 과천타워빌딩	507-6319-21
광명종합사회복지관	경기도 광명시 광명동 158-970	2687-2921
구리시종합사회복지관	경기도 구리시 토평동 984	556-8100
군자종합사회복지관	경기도 안산시 선부동 1079	410-6070
김포시종합사회복지관	경기도 김포시 사우동 870번지	989-8271
나래울사회복지관	경기도 화성시 능동 1130번지	8015-7300
대야종합사회복지관	경기도 시흥시 대야동 484-5	404-8112~4
덕유사회복지관	경기도 부천시 원미구 중3동 1041 덕유마을	325-2161-2
매화종합사회복지관	경기도 군포시 산본1동 1055 매화14단지내	393-3677
목감종합사회복지관	경기도 시흥시 조남동 산 9-19	403-0110
무봉종합사회복지관	경기도 수원시 장안구 연무동 256-2	243-2852
본오종합사회복지관	경기도 안산시 본오1동 523-1	438-8321-3
부곡종합사회복지관	경기도 안산시 상록구 부곡동 711	417-3677
부락종합사회복지관	경기도 평택시 이충동 281	611-4820
부천시상동종합사회복지관	경기도 부천시 원미구 상동 318-1	652-0420
부천종합사회복지관	경기도 부천시 소사구 소사본2동 101-141	349-3100-2
부흥사회복지관	경기도 안양시 동안구 부흥동 1102-9	382-7557
분당종합사회복지관	경기도 성남시 분당구 금곡동 200	715-1063
산성종합사회복지관	경기도 성남시 수정구 산성동 563	746-0453
삼정복지회관	경기도 부천시 오정구 삼정동 365-2	323-3162
성남종합사회복지관	경기도 성남시 중원구 금광2동 2957	748-7151
수원연무사회복지관	경기도 수원시 장안구 연무동 260-34	245-7576
심곡복지회관	경기도 부천시 소사구 심곡본동 665-13	665-6061

안성종합사회복지관	경기도 안성시 봉남동 349-2	671-0631-3
안양시비산사회복지관	경기도 안양시 동안구 비산동 510-5	446-5936
양평군종합사회복지관	경기도 양평군 용문면 다문리 793-2	775-7741
영통종합사회복지관	경기도 수원시 영통구 영통동 1012-5	201-8300
오산남부종합사회복지관	경기도 오산시 원동 404-10	376-6193
오산종합사회복지관	경기도 오산시 오산동 6-10	378-2740
용인종합사회복지관	경기도 용인시 이동면 천리 97-1	334-9966-8
우만종합사회복지관	경기도 수원시 팔달구 우만동 301	254-1992-4
원종종합사회복지관	경기도 부천시 오정구 오정동 139-1	677-0108
율목종합사회복지관	경기도 안양시 만안구 안양9동 970-3	466-9125-7
의정부시종합사회복지관	경기도 의정부시 장암동 5번지	874-8081
작은자리종합사회복지관	경기도 시흥시 신천동 882-2	313-6249
정왕종합사회복지관	경기도 시흥시 정왕동 1800-8	319-6195-7
주몽종합사회복지관	경기도 군포시 산본동 1120 주몽10단지내	398-4781-3
중탑종합사회복지관	경기도 성남시 분당구 야탑동 165 목련마을	706-0167-9
철산종합사회복지관	경기도 광명시 철산동 158	2687-0453
청솔종합사회복지관	경기도 성남시 분당구 금곡동 126	714-6333
초지종합사회복지관	경기도 안산시 초지동 604-3	410-2151
춘의종합사회복지관	경기도 부천시 원미구 춘의동 237 춘의아파트내	653-6131-2
포천종합사회복지관	경기도 포천시 군내면 하성북리 522-1	531-4055
하남시종합사회복지관	경기도 하남시 신장동 521-5	790-2944
하안종합사회복지관	경기도 광명시 하안3동 200 하안주공내	894-0720
한라종합사회복지관	경기도 부천시 원미구 중4동 1028번지	324-0723-4
한솔종합사회복지관	경기도 성남시 분당구 정자동 101	8022-1100
함현상생종합사회복지관	경기도 시흥시 정왕4동 1878-11	434-8040-3
합정종합사회복지관	경기도 평택시 합정동 802 주공3단지	655-5337-9
화성시남부종합사회복지관	경기도 화성시 향남읍 행정리 437-3	366-0888

경남

가좌사회복지관	경남 진주시 가좌동 660	754-0016-7
거제시종합사회복지관	경남 거제시 양정동 208-4번지	636-0303
거창군종합사회복지관	경남 거창군 거창읍 중앙리 333-2	940-3142
경남종합사회복지관	경남 마산시 구암2동 31	298-8600-3
고성군종합사회복지관	경남 고성군 고성읍 동외리 203-2	670-3177
구산종합사회복지관	경남 김해시 구산동 321	337-4541-2
김해시종합사회복지관	경남 김해시 외동 1261-3	329-6336-7
남해군종합사회복지관	경남 남해군 남해읍 아산리 355	860-3819
내서종합사회복지관	경남 창원시 마산회원구 내서읍 상곡리 193번지	231-8017-9
마산종합사회복지관	경남 마산시 대내동 1-8	223-9980-2
밀양시종합사회복지관	경남 밀양시 삼문동 34-13	350-1000
벌리사회복지관	경남 사천시 벌리동 259번지 벌리주공아파트내	831-2480
사천시종합사회복지관	경남 사천시 벌리동 256-11	831-2480
삼천포종합사회복지관	경남 사천시 죽림동 581-33	834-4196
성산종합사회복지관	경남 창원시 의창구 신월동 13-67	282-3737
양산시종합사회복지관	경남 양산시 물금읍 범어리 501	365-9544
옥포종합사회복지관	경남 거제시 옥포2동 660-4	639-8150-2
의령군종합사회복지관	경남 의령군 의령읍 서동리 543 일원	570-2860
자은종합사회복지관	경남 진해시 자은동 909	546-9117
진주시종합사회복지관	경남 진주시 남성동 3-18	743-9059
진주평거종합사회복지관	경남 진주시 평거동 392 평거주공2단지	746-5480
창원시진해종합사회복지관	경남 창원시 진해구 풍호동 1번지	540-0100
통영도남사회복지관	경남 통영시 도남동 483-2	645-0645
통영시종합사회복지관	경남 통영시 무전동 464-1번지	640-7700
하동군종합사회복지관	경남 하동군 하동읍 1563-6	884-1478
합천군종합사회복지관	경남 합천군 합천읍 합천리 524-1	930-4501-4

경북

경산시백천사회복지관	경북 경산시 백천동 570	811-1347

경주시종합사회복지관	경북 경주시 용강동 1283	771-8107
구미종합사회복지관	경북 구미시 황상동 110	472-5060
금오종합사회복지관	경북 구미시 도량1동 666	458-0230
김천부곡종합사회복지관	경북 김천시 부곡동 1328	439-0160-1
김천시종합사회복지관	경북 김천시 대광동 1000-11	420-6451
문경시종합사회복지관	경북 문경시 모전동 870	555-0108
상주시냉림종합사회복지관	경북 상주시 냉림동 78	532-5677
안동시종합사회복지관	경북 안동시 옥동 974 옥동임대단지내	853-3090-1
영주시종합사회복지관	경북 영주시 가흥1동 1385	636-0837
영천야사종합사회복지관	경북 영천시 야사동 120 주공4단지	332-8418
창포종합사회복지관	경북 포항시 북구 창포동 645 창포주공내	246-4413
칠곡군종합사회복지관	경북 칠곡군 왜관읍 석전리 254	979-6563
포항종합사회복지관	경북 포항시 남구 대도동 632-11	282-0100
포항학산종합사회복지관	경북 포항시 북구 학산동 346	248-6165-6

광주

각화종합사회복지관	광주시 북구 각화동 202	265-1052
광주시민종합사회복지관	광주시 북구 양산동 산 657-2	571-4100
광주종합사회복지관	광주시 북구 오치동 912-1	264-4370
금호종합사회복지관	광주시 서구 금호동 743-3	376-3017
동신대학교종합사회복지관	광주시 남구 월산동 389	369-1324
두암종합사회복지관	광주시 북구 두암동 968-1	266-8183
무등종합사회복지관	광주시 북구 두암3동 969-6	268-0093
무진종합사회복지관	광주시 서구 광천동 655-9	372-2600
빛고을종합사회복지관	광주시 동구 용산동 산 3번지	234-4563
송광종합사회복지관	광주시 광산구 우산동 1603-1	941-8248-9
시영종합사회복지관	광주시 서구 쌍촌동 1228 시영아파트내	373-0360
쌍촌종합사회복지관	광주시 서구 상무2동 1229 주공아파트내	375-0035-8
양지종합사회복지관	광주시 남구 양림동 293-4	673-1919

오치종합사회복지관	광주시 북구 오치동 1003	267-3700-1
우산종합사회복지관	광주시 북구 우산동 633-1	266-3853
인애종합사회복지관	광주시 남구 봉선2동 145-1	676-5087
첨단종합사회복지관	광주시 광산구 쌍암동 656-2	971-9500
하남종합사회복지관	광주시 광산구 우산동 1571-1	951-0701-2
호남종합사회복지관	광주시 서구 상무2동 887-5	371-2670

대구

가정종합사회복지관	대구시 북구 산격3동 1304-1	955-8310
남구종합사회복지관	대구시 남구 대명2동 19-1	476-7700
남산기독교종합사회복지관	대구시 중구 남산2동 941-22	257-1244
남산종합사회복지관	대구시 중구 남산4동 2482 까치아파트내	254-2562
달성군종합사회복지관	대구시 달성군 논공면 북리 1-104	615-9191
대구종합사회복지관	대구시 동구 서호동 89-1	964-3335
동촌종합사회복지관	대구시 동구 입석동 964-8	983-8211-2
범물종합사회복지관	대구시 수성구 범물동 1283	781-2000-3
본동종합사회복지관	대구시 달서구 송현2동 977-2	636-5567-9
산격종합사회복지관	대구시 북구 산격동 724-12	381-9193-5
상인종합사회복지관	대구시 달서구 상인동 1563	641-1100-1
서구종합사회복지관	대구시 서구 내당1동 67-9	563-0777
선린종합사회복지관	대구시 북구 관음동 477-1	323-2297
성서종합사회복지관	대구시 달서구 신당동 1844 성서주공1단지	583-1284-6
신당종합사회복지관	대구시 달서구 신당동 1846 성서주공3단지	581-8310
안심제1종합사회복지관	대구시 동구 율하동 1018	962-3831-3
안심종합사회복지관	대구시 동구 신기동 594 주공3단지	962-4137
월성종합사회복지관	대구시 달서구 월성동 273	634-4113
제일기독종합사회복지관	대구시 동구 신천3동 171-2	755-9392
제일종합사회복지관	대구시 서구 원대3가 1120-1	353-8310
지산종합사회복지관	대구시 수성구 지산동 1297	781-5156

청곡종합사회복지관	대구시 수성구 노변동 161-4	793-9411-3
학산종합사회복지관	대구시 달서구 월성동 86	634-7230-1
홀트대구종합사회복지관	대구시 수성구 범어동 238-50	746-7501
황금종합사회복지관	대구시 수성구 황금1동 965	768-1252-4

대전

관저종합사회복지관	대전시 서구 관저동 1140번지	545-6810
대덕종합사회복지관	대전시 대덕구 덕암동 48-2	936-7344
대동종합사회복지관	대전시 동구 대2동 1-35	673-8337
대전기독교종합사회복지관	대전시 중구 문화1동 27번지	586-1500
대전종합사회복지관	대전시 대덕구 비래동 116-7	627-2957-8
둔산종합사회복지관	대전시 서구 삼천동 994	482-2033
법동종합사회복지관	대전시 대덕구 법2동 188	633-1141-3
산내종합사회복지관	대전시 동구 낭월동 205	272-0591-2
생명종합사회복지관	대전시 동구 판암2동 239	283-9191-2
성락종합사회복지관	대전시 중구 용두동 53-31	255-2278
송강사회복지관	대전시 유성구 송강동 10 송강마을	934-6338-9
용문종합사회복지관	대전시 서구 용문동 589-7	537-0615
용운종합사회복지관	대전시 동구 용운동 459	284-5717
월평종합사회복지관	대전시 서구 월평2동 218	484-6181-2
유성구종합사회복지관	대전시 유성구 봉명동 451-5	825-3183
정림종합사회복지관	대전시 서구 정림동 637	584-4451-2
중리종합사회복지관	대전시 대덕구 법동 283-1	628-1476-7
중촌사회복지관	대전시 중구 중촌동 128-1	221-2577
판암사회복지관	대전시 동구 판암동 314	272-8981
한밭종합사회복지관	대전시 서구 월평동 218 주공1단지	484-4323-4

부산

감만사회복지관	부산시 남구 감만1동 189-75	634-3415
강서구종합사회복지관	부산시 강서구 대저1동 1549-1	972-4591-2

개금종합사회복지관	부산시 부산진구 개금3동 1-1	893-5034
공창종합사회복지관	부산시 북구 금곡동 53-1 금곡주공1단지	363-2063-6
구평종합사회복지관	부산시 사하구 구평동 125-23	263-3045-6
금곡종합사회복지관	부산시 북구 금곡동 810-1	332-4527
금정구종합사회복지관	부산시 금정구 금사동 545-22	532-0115-8
기장종합사회복지관	부산시 기장군 기장읍 대라리 175-3	723-0415
낙동종합사회복지관	부산시 강서구 명지동 627-28	271-0560-1
남광종합사회복지관	부산시 금정구 노포동 산 15번지	508-1997
남구종합사회복지관	부산시 남구 우암동 129-339	647-3655-6
남산정사회복지관	부산시 북구 덕천동 814-1	342-8206-7
다대사회복지관	부산시 사하구 다대2동 산 113-12	264-5420-1
당감종합사회복지관	부산시 부산진구 당감3동 818-220	896-2320-1
덕천종합사회복지관	부산시 북구 덕천3동 808	331-4674-5
동구종합사회복지관	부산시 동구 범일6동 1542-1	633-3367-9
동래종합사회복지관	부산시 동래구 명장2동 508-72	531-2460-1
동삼사회복지관	부산시 영도구 동삼3동 1121	405-2133
동원종합사회복지관	부산시 북구 금곡동 98-1	361-0045-7
두송종합사회복지관	부산시 사하구 다대2동 96-1	265-9471-5
만덕종합사회복지관	부산시 북구 만덕2동 949-1	332-8004
모라종합사회복지관	부산시 사상구 모라3동 520-1	304-9876-8
몰운대종합사회복지관	부산시 사하구 다대1동 1548-12	264-9033
반석종합사회복지관	부산시 해운대구 반송2동 도개공 apt	542-0196-7
반송종합사회복지관	부산시 해운대구 반송1동 697-2	544-8006-9
반여종합사회복지관	부산시 해운대구 반여2동 1291-1360	784-0552-4
백양종합사회복지관	부산시 사상구 모라3동 75 모라주공3단지	305-4286-7
부산기독교종합사회복지관	부산시 서구 토성동 2가 4	257-9404-7
부산종합사회복지관(로사)	부산시 수영구 망미동 774-269	755-3367-9
부산종합사회복지관(KWF)	부산시 동구 수정동 1169-3	465-0990

부산진구종합사회복지관	부산시 부산진구 개금2동 산 57-9	893-0035-6
사상구종합사회복지관	부산시 사상구 주례1동 1006-5	311-5739
사직종합사회복지관	부산시 동래구 사직2동 594-8	506-5757
사하구종합사회복지관	부산시 사하구 감천2동 12-278	293-2688
상리종합사회복지관	부산시 영도구 동삼3동 1123	404-5061
서구종합사회복지관	부산시 서구 동대신동 1가 11-33	253-1922
연제구종합사회복지관	부산시 연제구 연산3동 2015-9	863-8360-1
영도구종합사회복지관	부산시 영도구 신선동3가 112-127	413-4661
영진종합사회복지관	부산시 해운대구 반여동 1247	529-0005-7
와치종합사회복지관	부산시 영도구 동삼1동 510-9	403-4200-1
용호종합사회복지관	부산시 남구 용호3동 36-7	628-6737-9
운봉종합사회복지관	부산시 해운대구 반송2동 77	543-2431-2
장선종합사회복지관	부산시 북구 구포3동 1255-2	336-7007-8
전포종합사회복지관	부산시 부산진구 전포1동 343-5	802-6383-5
절영종합사회복지관	부산시 영도구 동삼1동 1124-6	404-5530-1
중구종합사회복지관	부산시 중구 대청동 4가 75-7	464-3137
파랑새종합사회복지관	부산시 해운대구 반송2동 233-4	545-0115-7
학장종합사회복지관	부산시 사상구 학장동 168-7	311-4017
해운대종합사회복지관	부산시 해운대구 재송동 100-9	782-5005-7
홀트수영종합사회복지관	부산시 수영구 광안4동 737-10	760-3600
화명종합사회복지관	부산시 북구 화명동 2310번지	338-2233
화정종합사회복지관	부산시 북구 금곡동 1108 주공4단지내	362-0111-3

울산

동구종합사회복지관	울산 동구 화정동 222-10	236-1465
북구종합사회복지관	울산시 북구 호계동 262-2	296-3900
울산남구종합사회복지관	울산시 남구 달동 119-1	260-2981-2
울산중구종합사회복지관	울산시 중구 남외동 529-2	296-3161
울산화정종합사회복지관	울산시 동구 화정동 862-2	236-3139

울주군 남부종합사회복지관	울산광역시 울주군 온산읍 덕신리 36-4번지	237-6850
울주군 서부종합사회복지관	울산광역시 울주군 연양읍 동부리 376-3번지	263-6973
중부종합사회복지관	울산시 울주군 범서읍 천상리 20블럭 1로트	248-5859

인천

갈산종합사회복지관	인천시 부평구 갈산동 360 갈산주공	515-8187-8
계양종합사회복지관	인천시 계양구 서운동 130-6	552-9090-1
만수종합사회복지관	인천시 남동구 만수1동 1005 주공7단지	463-8161
만월종합사회복지관	인천시 남동구 만수3동 844-15	471-9070
미가엘종합사회복지관	인천시 중구 내동 3-5	766-0981-2
미추홀종합사회복지관	인천시 남구 주안5동 22-59	876-8181
백령종합사회복지관	인천시 옹진군 백령면 진촌리 700-2	836-6001-3
부평종합사회복지관	인천시 부평구 산곡3동 370-71	516-0071
부평중부종합사회복지관	인천시 부평구 부평동 182	528-4020
삼산종합사회복지관	인천시 부평구 삼산동 157	529-8607-9
선학종합사회복지관	인천시 연수구 선학동 347	813-6453
성산종합사회복지관	인천시 남동구 간석동 606번지	437-2500
송림종합사회복지관	인천 동구 송림동 193-1	764-1185-6
숭의종합사회복지관	인천시 남구 숭의2동 303-7번지	888-6222
연수세화종합사회복지관	인천시 연수구 연수3동 533	813-2791-4
연수종합사회복지관	인천시 연수구 연수2동 582-2	811-8013
인천기독교종합사회복지관	인천시 서구 심곡동 산 14-5	568-3270
인천종합사회복지관	인천시 남구 학익동 산 75-6	873-0541-4
창영사회복지관	인천시 동구 창영동 42	773-1733-5

전남

구례군종합사회복지관	전남 구례군 구례읍 봉동리 115-3	780-2186
나주영산포종합사회복지관	전남 나주시 용산동 64-1 주공아파트내	334-5111
나주종합사회복지관	전남 나주시 죽림동 88	332-8991-2
목포시종합사회복지관	전남 목포시 산정동 1749	272-2395

무안군종합사회복지관	전남 무안군 일로읍 월암리 214-2	283-1888
문수종합사회복지관	전남 여수시 문수동 797 임대단지	652-4242-3
보성종합사회복지관	전남 보성군 보성읍 보성리 229	852-9845-6
상동종합사회복지관	전남 목포시 상동 739	273-1142
상리사회복지관	전남 목포시 상동 740 임대아파트3단지	274-0068
소라종합사회복지관	전남 여수시 소라면 덕양리 1230	685-9775
순천조례종합사회복지관	전남 순천시 조례 1666 조례주공5단지	722-2304
순천종합사회복지관	전남 순천시 인제동 121	741-3062-3
쌍봉종합사회복지관	전남 여수시 학동 65-나	681-7179
여수미평사회복지관	전남 여수시 미평동 284	652-3457
장흥종합사회복지관	전남 장흥군 장흥읍 건산리 761번지	864-4804
해남종합사회복지관	전남 해남군 해남읍 해리 451-1	534-6777

전북

고창군종합사회복지관	전북 고창군 고창읍 율계리 114-2	563-0009
군산나운종합사회복지관	전북 군산시 나운2동 45 주공4단지	462-7260
군산종합사회복지관	전북 군산시 산북동 3611-1	461-6555-7
길보종합사회복지관	전북 김제시 신풍동 613	545-1923
김제사회복지관	전북 김제시 검산동 1030-1	543-5007-8
김제제일사회복지관	전북 김제시 교동 118-2	545-3954
남원사회복지관	전북 남원시 노암동 275	632-5252
동산사회복지관	전북 익산시 동산동 145 임대단지내	842-2253
부송종합사회복지관	전북 익산시 부송동 1069	831-0250-1
부안종합사회복지관	전북 부안군 부안읍 봉덕리 364	581-9257-8
선녀머종합사회복지관	전북 전주시 완산구 중화산동1가 221-27	232-0334
원광종합사회복지관	전북 익산시 신동 북중길 7	856-2385
전북종합사회복지관	전북 전주시 완산구 서서학동 986-1	282-7230
전주종합사회복지관	전북 전주시 완산구 평화동 1가 445-1	284-2733-4
정읍종합사회복지관	전북 정읍시 수성동 918-1	533-1916-7

평화사회복지관	전북 전주시 완산구 평화동 1가 445-6	285-4408
학산종합사회복지관	전북 전주시 완산구 평화동 2가 230-27	223-9999

제주

동부종합사회복지관	제주도 서귀포시 성산읍 고성리 1108	783-0364
동제주종합사회복지관	제주도 제주시 구좌읍 평대리 409-2	784-8281
서귀포종합사회복지관	제주도 서귀포시 동홍동 353-1	762-0211
서부종합사회복지관	제주도 제주시 한림읍 한림리 1266	796-9091-3
아라종합사회복지관	제주도 제주시 아라1동 1683 아라주공	726-4605
영락종합사회복지관	제주도 제주시 일도2동 324-10	759-4071~2
은성종합사회복지관	제주도 제주시 아라2동 1163-10	726-8388
제주순복음종합사회복지관	제주도 제주시 건입동 115-7	757-9119
제주종합사회복지관	제주도 제주시 도남동 68-7	753-2740

충남

공주기독교종합사회복지관	충남 공주시 중동 321-1	856-0881
공주시종합사회복지관	충남 공주시 의당면 청룡리 903	881-0199
금강종합사회복지관	충남 공주시 옥룡동 123	856-6110-1
논산종합사회복지관	충남 논산시 지산동 459	730-4646
명천종합사회복지관	충남 보령시 명천동 413	936-8501-3
보령시종합사회복지관	충남 보령시 대천동 618-9	930-3582
서산석림사회복지관	충남 서산시 석림동 463-3	667-2303-4
서산시종합사회복지관	충남 서산시 예천동 496-19	667-4063
쌍용종합사회복지관	충남 천안시 쌍용동 1284	571-4064
아산서부사회복지관	충남 아산시 도고면 기곡리 264-17	541-2020
아산종합사회복지관	충남 아산시 영인면 아산리 125-2	542-2308
연기종합사회복지관	충남 연기군 조치원읍 남리 420번지	868-2004
온주종합사회복지관	충남 아산시 읍내동 206	544-7411-2
음봉산동종합사회복지관	충남 아산시 음봉면 산동리 420-11	534-7951-4
천안성정종합사회복지관	충남 천안시 성정2동 787	578-5172

탕정종합사회복지관	충남 아산시 탕정면 용두리 522-1	543-7400
홍성사회복지관	충남 홍성군 홍성읍 오관리 701	632-2008

충북

목령종합사회복지관	충북 청원군 오창읍 양청리 813-4	251-4626
북부종합사회복지관	충북 청주시 상당구 율량동 1055	216-4004-5
산남종합사회복지관	충북 청주시 흥덕구 수곡동 335	288-1428-30
생거진천종합사회복지관	충북 진천군 진천읍 벽암리 570-1	539-3238
서부종합사회복지관	충북 청주시 흥덕구 복대2동 131-3	236-3600-3
용암종합사회복지관	충북 청주시 상당구 용암동 2108	293-9191-4
제천종합사회복지관	충북 제천시 하소동 345	644-2983-4
증평삼보사회복지관	충북 증평군 증평읍 신동리 545	836-6040
증평종합사회복지관	충북 증평군 증평읍 송산리 495-1	838-1906
청주사회복지관	충북 청주시 상당구 영운동 209-6	253-4493
청주종합사회복지관	충북 청주시 흥덕구 신봉동 32-1	266-4761
충주종합사회복지관	충북 충주시 연수동 1228	855-3000

9) 서울시정신보건센터

강남구정신보건센터	2226-0344	http://www.smilegn.net/
강동구정신보건센터	471-3223	http://www.happygd.or.kr/
강북구정신보건센터	985-0222	http://www.kbmaum.com/
강서구정신보건센터	657-0190	http://www.kscmhc.or.kr/
관악구정신보건센터	878-0146	http://www.gwanakmind.or.kr/
광진구정신보건센터	450-1646	http://www.kpr.or.kr/
구로구정신보건센터	861-2284	http://www.grcmhc.or.kr/
금천구정신보건센터	2627-2654	http://www.hope-gcmhc.com/
노원구정신보건센터	2116-2691	http://www.nowonmind.or.kr/

도봉구정신보건센터	900-5783	http://www.dobongmind.com/
동대문구정신보건센터	3295-1577	http://www.ddmind.net/
동작구정신보건센터	820-1454	http://www.dongjakmind.or.kr/
마포구정신보건센터	3272-4937	http://www.mapomhc.org/
서대문구정신보건센터	337-2176	
서울시광역정신보건센터	3444-9934	http://www.semis.or.kr/
서울시소아청소년광역정신보건센터	3444-9934	http://www.youthlove.or.kr/
서초구정신보건센터	529-1581	http://www.scgmhc.or.kr/
성동구정신보건센터	2298-1080	http://www.mindcare.or.kr/
성북구정신보건센터	969-9700	http://www.sbcmhc.or.kr/
송파구정신보건센터	421-5871	http://www.spmind.or.kr/
양천구정신보건센터	2061-8881	http://www.yctouch.or.kr/
영등포구정신보건센터	2670-4793	
은평구정신보건센터	353-2801	
종로구정신보건센터	745-0199	
중구정신보건센터	2236-6606	http://www.junggumind.or.kr/
중랑구정신보건센터	490-3805	http://mind.jungnang.seoul.kr/

10) 지방정신보건센터

부산

금정구정신보건센터	금정구 중앙로 3055 금정구청별관5층	051-518-8700
남구정신보건센터	남구 대연동 1753-16 왕비빌딩 3층	051-626-4660~1
동래구정신보건센터	동래구 온천3동 1413-6 화엄아시아드센터301	051-507-7306
부산광역시정신보건센터	서구 동대신동3가 13-83	051-242-2575
북구정신보건센터	북구 덕천동 412-1 청진빌딩 3층	051-334-3200
사상구정신보건센터	사상구 감전동 380-1	051-314-4101
연제구정신보건센터	연제구 거제동 중앙로 2173 2층	051-861-1914

진구 정신보건센터	부산진구 범천동 849-10	051-638-2662
대구		
남구정신보건센터	남구 대명5동 64-1 3층	053-628-5863
달서구정신보건센터	달서구 월성1동 366 월성교육관내	053-637-7851~2
달성군정신보건센터	달성군 화원읍 천내리 454-5 2층	053-643-0199
동구정신보건센터	동구 검사동 1005-8 동구보건소4층	053-983-8340,2
북구정신보건센터	북구 침산3동 517-4 2층 (보건소내)	053-353-3631
서구정신보건센터	서구 비산2,3동 42-107 (2층)	053-564-2595
수성구정신보건센터	수성구 중동 335-2 보건소별관1층	053-756-5860
중구정신보건센터	중구 남산2동 580-25 성누가빌딩 3층	053-256-2900
인천		
강화정신보건센터	강화군 강화읍 남산리 324-1 보건소	032-930-4077~8
계양구정신보건센터	계양구 장기동 76-1 보건지소	032-547-7087
남구정신보건센터	남구 미추홀길 924 한동수신경정신과 3층	032-421-4047
남동구정신보건센터	남동구 만수동 908-27	032-465-6412
부평구정신보건센터	부평구 부평동 373-11 나스카빌딩 4,5층	032-330-5602,3
서구정신보건센터	인천시 서구 심곡동 246-1(보건소내)	032-560-5006
연수구정신보건센터	인천시 연수구 함박뫼길 13호 연수구보건소2층 (보건소내)	032-810-7844
중구정신보건센터	인천시 중구 전동 2-1 (보건소내)	032-760-6098
광주		
광산구정신보건센터	광산구 소촌동 521-32 청송회관 3층	062-941-8567
남구정신보건센터	남구 백운2동 203-2 동아일보 사옥내 1층	062-625-8236
동구 정신보건센터	동구 서석동 31 (보건소내)	062-233-0468
북구정신보건센터	북구 중흥1동 658-12	062-514-0072
서구정신보건센터	서구 885-11 (보건지소내)	062-350-4193
대전		
대덕구정신보건센터	대덕구 석봉동 318-1 (보건소 별관 2층)	042-931-1671~2
서구 정신보건센터	서구 만년동340 (보건소내)	042-488-9742

유성구정신보건센터	유성구 장대동 282-15(보건소 2층)	042-825-3527
울산		
남구 정신보건센터	남구 삼산동 1538-4 (보건소내)	052-227-1116
동구정신보건센터	동구 화정동 222-10 동구보건소내 3층	052-233-1040
울주군정신보건센터	울주군 삼남면 교동리 1580-1(2층)	052-262-1148
경기		
가평군정신보건센터	가평군 가평읍 읍내리 624-1	031-581-8881
고양시정신보건센터	고양시 덕양구 주교동 603 (보건소 내)	031-968-2333
과천시정신보건센터	과천시 중앙동 1-3 (보건소내)	02-504-4440 (2150-3800)
광명시정신보건센터	광명시 하안동 230	02-897-7787
광주시정신보건센터	광주시 경안동 115 (보건소내)	031-762-8728
구리시정신보건센터	구리시 인창동 674-3 (보건소 내)	031-550-8642
군포시정신보건센터	군포시 부곡동 산 770-1 (노인전문보건센터내)	031-461-1771 (5464)
김포시정신보건센터	김포시 사우동 869 (보건소내)	031-998-4005 (980-5511)
남양주시정신보건센터	남양주시 금곡동 185-10 (보건소내)	031-590-2827
동두천시정신보건센터	동두천시 생연동 714-9 보건소2층	031-863-3632
부천시정신보건센터	부천시 원미구 중2동 1119 (보건소내)	032-654-4024~8
성남시(중원구)정신보건센터	중원구 상대원1동 269-10	031-729-3930
성남시정신보건센터	성남시 수정구 청백리길 10 (태평2동3309) B1	031-754-3220
수원시 노인정신건강장안센터	장안구 조원동 888 장안구보건소 2층	031-228-5737
수원시 아동청소년정신건강센터	수원시 팔달구 화서1동 134-3	031-242-5737
수원시(영통구)정신보건센터	영통구 영통동 37 영통구보건소3층	031-273-7511
수원시정신보건센터	수원시 팔달구 매산로3가 43-1 2층	031-247-0888
시흥시정신보건센터	대야동 484-3 2층 (보건소내)	031-310-5811~2
안산시정신보건센터	안산시 단원구 고잔동 515 (보건소내)	031-411-7573
안성시정신보건센터	도기동 67-21	031-678-5368
안양시정신보건센터	안양시 만안구 안양6동 (보건소내)	031-469-2989

양주시정신보건센터	양주시 남방동 1-1	031-840-7320
양평군정신보건센터	양평군 양평읍 양근리 533-1	031-770-3526 (3502)
여주군정신보건센터	여주군 여주읍 상리 358-3 (보건소 내)	031-886-3435
연천군정신보건센터	연천군 전곡읍 은대리 577-36 (보건의료원내)	031-832-8106
오산시정신보건센터	오산시 오산동 915	031-374-8680 (370-3114)
용인시정신보건센터	용인시 기흥구 구갈동 595-2 강남대프라자 505호	031-286-0949
의왕시정신보건센터	의왕시 고천동 108 (보건소 내)	031-458-0682
의정부시정신보건센터	의정부시 의정부2동 516 (보건소내)	031-828-4567
이천시정신보건센터	이천시 증포동 49-16 신세기타운 B동 2층	031-637-2330~1
파주시정신보건센터	파주시 조리읍 봉일천리 188-6	031-942-2117
평택시정신보건센터	평택시 비전동 850 평택보건소 구관2층	031-658-9818
포천시정신보건센터	포천시 신읍동 한내로 192 보건소내	031-532-1655
하남시정신보건센터	하남시 신장2동 520 (보건소 내)	031-790-6558
화성시정신보건센터	화성시 향남읍 달안리 84-1, 2층	031-369-2892

강원

강릉정신보건센터	강릉시 옥천동220-4	033-651-9668
동해시정신보건센터	동해시 천곡동 1044-5	033-533-0197
원주정신보건센터	강원 원주시 일산동 211 건강문화센터4층	033-746-0199
춘천시정신보건센터	춘천시 효자2동 161-1	033-244-7574
홍천군정신보건센터	홍천군 희망4길 350	033-435-7482

충북

단양군정신보건센터	단양군 단양읍 별곡리 311	043-420-3784
보은군정신보건센터	보은군 보은읍 교사리 91-3	043-544-6991 (543-2825)
음성군정신보건센터	음성군 음성을 읍내리 566-9	043-872-1883
제천시정신보건센터	제천시 청전동 110 보건복지센터3층	043-646-3074~5
진천군정신보건센터	진천군 진천읍 벽암리 570-1	043-539-4038
청원군정신보건센터	청주시 상당구 율량동 724 1층	043-212-1556

충주시정신보건센터	충북 충주시 교현동 618-5 2층	043-855-4006

충남

공주정신보건센터	충청남도 공주시 주미동 산27-1	041-852-1094~5
금산군정신보건센터	금산군 금산읍 중도리 204-8	041-750-4304
논산정신보건센터	논산시 계백2로 22 시외버스터미널 3층	041-730-3834~5
당진군정신보건센터	당진군 당진읍 채운리 1040	041-350-4070
서천군정신보건센터	서천군 군사리 799번지	041-953-4000
아산시정신보건센터	충남 아산시 모종동 574-1 (보건소 내)	041-537-3452
예산군정신보건센터	예산군 예산읍 예산리 23-1	041-339-8053
천안시정신보건센터	천안시 성정2동 684-1 (구보건소)	041-578-9709~10
태안군정신보건센터	태안군 태안읍 남문1리 702-6 동남빌딩 201호	041-672-2637~8
홍성군정신보건센터	홍성군 홍성읍 옥암리 62-3	041-630-9046

전북

고창군정신보건센터	고창군 고창읍 율계리 101번지	063-560-3837
군산시정신보건센터	군산시 대야면 지경리 786	063-451-0363
김제시정신보건센터	전북 김제시 요촌동 423-2 (보건소 내)	063-540-1350
익산시정신보건센터	익산시 무왕1로 147 (보건소 내)	063-841-4235
전주시정신보건센터	전주시 덕진구 진북동 416-12 (보건소 내)	063-273-6996
정읍시정신보건센터	전북 정읍시 수성동 958-2	063-535-2101

전남

고흥군정신보건센터	고흥군 고흥읍 등암리 1258-21	061-830-5793 5561~4
광양시정신보건센터	광양시 광양읍 칠성리 70	061-797-4018
나주시정신보건센터	나주시 이창동 740-1 (보건소 내)	061-333-6200 (339-2110)
목포시정신보건센터	목포시 산정동 1676 (보건소 내)	061-270-0199
순천시정신보건센터	순천시 장평로(풍덕동) 17	061-749-4018
여수시정신보건센터	여수시 학동 174	061-690-7568
영광군정신보건센터	영광읍 남천리 326	061-350-5666

완도군정신보건센터	완도군 완도읍 죽청리 483-8	061-550-6742
장흥군정신보건센터	장흥군 장흥읍 건산리 752-1 (보건소 내)	061-860-0597

경북

경산시정신보건센터	경산시 중방동 708-5 (보건소 내)	053-816-7190,9
경주시정신보건센터	경주시 동천동 733-486 2층	054-777-1577
구미시정신보건센터	구미시 지산동 853-12	054-456-8360
김천시정신보건센터	김천시 시청2길(보건지소 내)	054-433-4005 (4000)
안동시정신보건센터	안동시 남부동 246-4 남부빌딩 2층	054-842-9933
칠곡군정신보건센터	칠곡군 석전2리 262-1	054-973-2023 (4000)
포항남구정신보건센터	인덕동 161-1(남구 제철로 90)	054-284-0907 (270-4004)
포항북구정신보건센터	포항시 북구 덕수동 35-1번지 덕수빌딩 2층	054-241-1275~6

경남

거제시정신보건센터	거제시 신현읍 양정리 981	055-639-3856
김해시정신보건센터	김해시 외동 1261-3 (보건소 내)	055-329-6328
마산시정신보건센터	마산시 해운동 60-1 (보건소 내)	055-220-5600
사천시정신보건센터	사천시 용현면 송지리 228-1	055-831-3577
양산시정신보건센터	경남 양산시 남부동 393-1	055-367-2255
진주시정신보건센터	경남 진주시 남성동 3-18	055-749-4954
진해시정신보건센터	진해시 풍호동 1 (늘봄부페 2층)	055-548-4563
창원시정신보건센터	창원시 신월동 96-2 (보건소 내)	055-287-1223
통영시정신보건센터	통영시 무전동 401-1 통영시 (보건소 내)	055-650-6153 (648-7887)
하동군정신보건센터	하동군 하동읍 읍내리 149-1	055-880-6670
합천군정신보건센터	합천읍 합천리 524-1 종합사회복지관 2층	055-930-3685

제주

서귀포정신보건센터	서귀포시 서홍동 447-3 (홍중 1로)	064-733-1560
제주시정신보건센터	제주시 도남동 567-1 (보건소 내)	064-750-4217

11) 서울시청소년수련관

YMCA청소년성문화센터청소년상담실	영등포동	02)677-9243
강북 청소년 수련관 청소년상담실	강북구 수유동	02)900-6650
구로청소년쉼터 청소년상담실	금천구 가산동	02)3281-2800
근로청소년복지관 청소년상담실	광명시 하안동	02)898-4941
노원청소년수련관 청소년상담실	노원구 상계6동	02)3391-0079
목동청소년 수련관 청소년상담실	양천구 목동	02)2646-8341
문래청소년수련관 청소년상담실	영등포구 문래동	02)676-6114
보라매청소년수련관청소년상담실	동작구 신대방동	02)934-1355~6
서울시 청소년종합상담실	서울 중구	02)2285-1318
수서청소년수련관 청소년상담실	강남구 수서동	02)2226-8555
양천구 청소년 상담실	양천구 목동	02)2645-6900
중랑청소년수련관 청소년상담실	중랑구 면목동	02)490-0200
청소년성문화센터 청소년상담실	영등포구 영등포동	02)676-1318
청소년정보문화센터 청소년상담실	용산구 갈월동	02)793-2000

최명선

학력
숙명여자대학교 학사, 석사 및 박사 졸업(아동상담 전공)
Gestaltpsychotherapie für Kinder und Jugendlischen(Gestalt Institut in Köln)
Ausbildung in'Methoden und supervision der Gestaltpsychotherapie'(in Saarbrücken)

경력
현) 아동청소년상담센터 맑음 소장
　　맑음 부설 아동청소년심리치료 연구소 소장
전) 동신대학교 상담심리학과 교수
　　한국놀이치료학회, 상담심리학회 편집부위원장
　　상담심리학회, 놀이치료학회, 인간발달학회 등 다수 학회의 편집위원/학술위원
　　숙명여자대학교, 덕성여자대학교, 강원대학교 강사

저서
『놀이치료: 아동중심적 접근』
『놀이치료의 치료관계와 치료성과』
『아동청소년심리척도 핸드북』
『꿈을 찾으면 내 직업이 보인다』
『사회조사방법론』
『논문의 저술에서 출판까지』
그 외 인간관계론/인성함양/리더십개발 등 다수의 저서와 학술논문 저술

홍기묵

학력
중앙대학교 유아교육학과 졸업
숙명여자대학교 아동복지학과 아동상담전공 석 · 박사 수료

경력
현) 아동청소년상담센터 맑음 부소장
　　아동청소년상담센터 맑음 놀이치료사
전) 노원구/영등포구 보육정보센터 전문상담원

서울시교육청 부모교육강사
리라초등학교 부속 리라유치원 교사
중앙대학교 교육복지연구소 외래교수
중앙대학교, 한국성서대학교, 숭의여자대학 강사

저 서
『영유아교사를 위한 아동상담』
『어린아이 심리학』
『유아의 통합적 발달을 위한 소집단 활동』

송현정

학 력
숙명여자대학교 아동복지학 전공 학사
숙명여자대학교 아동복지학과 아동상담 전공 석사 및 아동심리치료 전공 박사

경 력
현) 맑음 부설 아동청소년심리치료연구소 부소장
　　아동청소년상담센터 맑음 놀이치료사
전) 단혜아동상담센터 상담원
　　원광아동상담센터 상담원
　　경인교육대학교, 광운대학교 강사

저 서
『집단발달놀이치료: 이론과 실제』

김이경

학 력
숙명여자대학교 아동복지학 전공 학사
숙명여자대학교 아동복지학과 아동심리치료 전공 석사

경 력
현) 아동청소년상담센터 맑음 놀이치료사

디딤소아청소년클리닉 놀이치료사
전) 연세 YOO&KIM 신경정신과 놀이치료사
보라매청소년수련관 상담실 놀이치료사
이경희아동발달센터 놀이치료사
신철희아동청소년상담센터 사이버게시판 상담원 및 인턴
소의초등학교(방과후) 놀이치료사

서은미

학력
숙명여자대학교 아동복지학과 아동심리치료전공 석사

경력
현) 아동청소년상담센터 맑음 놀이치료 및 사회성전문 상담원
전) 오은영 소아청소년클리닉 놀이치료 및 사회성전문 상담원
디딤소아청소년클리닉 놀이치료사
옥수종합사회복지관 연화아동상담센터 놀이치료사, 사회성치료사
노원구보육정보센터 전문상담원·교육복지 투자사업 프로그램 개발연구원

차미숙

학력
숙명여자대학교 아동복지학 전공 및 상담학 전공 학사
숙명여자대학교 아동복지학과 아동심리치료 전공 석사 및 박사 수료

경력
현) 아동청소년상담센터 맑음 놀이치료사
전) 한국아동청소년심리상담센터 놀이치료사
솔빛아동발달센터 놀이치료사
(사)빛나라 아동심리놀이센터 놀이치료사
서울대학교 심리과학연구소 한국영아발달연구센터 보조연구원
숙명여자대학교 아동연구소 연구원
숙명여자대학교, 강원대학교, 배화여자대학교 강사

정유진

학 력
성신여자대학교 유아교육학과 졸업
숙명여자대학교 아동복지학과 아동심리치료전공 석사 및 박사과정

경 력
현) 맑음 부설 아동청소년심리치료연구소 책임연구원
　　(사)다문화가족 세종교육센터 책임연구원
전) 송정신경정신과 놀이치료사
　　서울신학대학교 아동발달지원센터 놀이치료사
　　숙명여자대학교 아동연구소 연구원
　　한서대학교 강사

저 서
『인간관계론』
『사회조사방법론』

민서정

학 력
숙명여자대학교 아동복지학과 아동심리치료 전공 박사 수료

경 력
현) 함께하는 아동청소년센터 책임연구원
전) 아동청소년상담센터 맑음 놀이치료사
　　신석호 소아정신과 놀이치료사
　　부천시 아동학대 예방센터
　　인천보육원 푸른마을 상담센터 부모교육
　　금천/군포시 건강가정 지원센터 부모교육
　　안산 일 대학, 국립 한경대학교 강사

아동상담
처음부터 끝까지

초판발행 2012년 11월 30일
초판 2쇄 2019년 1월 11일

지은이 최명선·홍기묵·송현정·김이경·서은미·차미숙·정유진·민서정
펴낸이 채종준
기 획 이주은
편집디자인 김소영
표지디자인 정형일

펴낸곳 한국학술정보(주)
주소 경기도 파주시 회동길 230 (문발동)
전화 031 908 3181(대표)
팩스 031 908 3189
홈페이지 http://ebook.kstudy.com
E-mail 출판사업부 publish@kstudy.com
등록 제일산－115호(2000. 6. 19)

ISBN 978-89-268-3662-0 03370 (Paper Book)
         978-89-268-3663-7 05370 (e-Book)